Werner Bätzing

Bildatlas Alpen

Die Alm Grangie Falques, 2362 m, unterhalb des Colle Agnello, 2748 m, im obersten Varaita-Tal (südliche Cottische Alpen). Im Hintergrund der Monte Pan di Zucchero, 3208 m (September 1984).

Werner Bätzing

Bildatlas Alpen

Eine Kulturlandschaft im Portrait

Wissenschaftliche Buchgesellschaft

Die Gipfel von Schreckhorn, 4078 m, Eiger, 3970 m, Mönch, 4099 m, und Jungfrau, 4158 m (von links nach rechts), in den Berner Alpen (Februar 1992).

Die Gipfel von Graukogel, 2492 m (links), und Feuersang, 2468 m (rechts), oberhalb von Bad Gastein in den Hohen Tauern. Rechts am Hang oberhalb des Waldes Lawinenverbauungen zum Schutz der ehemaligen Bergbausiedlung Böckstein (Oktober 1985).

Die Herausgabe des Werkes wurde durch die Vereinsmitglieder der WBG ermöglicht.
Redaktion: Gerd Hintermaier-Erhard
Layout und Prepress: schreiberVIS, Seeheim
Umschlaggestaltung: schreiberVIS, Seeheim
Umschlagfoto: Jörg Bodenbender
Alle Fotos von Werner Bätzing, soweit nicht in den „Bildnachweisen" anders vermerkt
Gedruckt auf säurefreiem und alterungsbeständigem Papier
Printed in Germany

www.wbg-darmstadt.de

ISBN 3-534-17645-6

Inhalt

Einleitung . . . 7

Kapitel 1: Was sind die Alpen? . . . 9
- Die „romantischen“ Alpen . . . 12
- Die „schrecklichen“ Alpen . . . 18
- Die Alpen als Sportgerät . . . 22

Kapitel 2: Naturlandschaften der Alpen . . . 26
- Die Alpen – ein Hochgebirge . . . 30
- Großlandschaften in den Alpen . . . 34
- Wasser und Eis als Landschaftsgestalter . . . 42
- Die Alpen als Regenfänger und Wasserspeicher . . . 50
- Die Vegetation der Alpen im Naturzustand . . . 54
- Sprunghafte Naturdynamik . . . 58

Kapitel 3: Traditionelle Kulturlandschaften . . . 64
- Die Alpen – kein Ungunstraum für den Menschen . . . 68
- Strategien zum Leben mit einer sprunghaften Naturdynamik . . . 72
- Charakteristika alpiner Kulturlandschaften . . . 80
- Romanische Kulturlandschaften . . . 88
- Germanische Kulturlandschaften . . . 96
- Transitwege, Marktorte und Städte . . . 104
- Die religiöse Gestaltung der Landschaft . . . 112

Kapitel 4: Die Modernisierung der Alpen . . . 116
- Verkehrserschließung als Voraussetzung der Modernisierung . . . 120
- Landwirtschaft im Alpenraum – ein Rückzug ohne Ende? . . . 126
- Gewerbe und Industrie – oft übersehen . . . 130
- Tourismus – keine Schlüsselbranche im Alpenraum . . . 134
- Die Alpenstädte als Wachstumspole . . . 140
- Die Alpen – das „Wasserschloss“ Europas . . . 144
- Naturschutz als neue „Nutzungsform“ der Alpen . . . 148

Kapitel 5: Vom Verschwinden der Alpen als menschlicher Lebensraum . . . 150
- Der Landschaftswandel in Vergleichsfotos . . . 154
- Zersiedlung und Entsiedlung . . . 162
- Verbuschung und Verwaldung . . . 170
- Zunahme von Naturkatastrophen? . . . 174
- Welche Zukunft für die Alpen? . . . 182

Anhang
- Bildnachweise . . . 188
- Literatur . . . 188
- Karte: Gliederung der Alpen in Gebirgsgruppen . . . 190
- Über den Autor . . . 192

Das Gasteiner Tal mit dem Weiler Gadaunern, 865 m, und dem Gletscher Tischlerkarkees und der Tischlerspitze, 3001 m (Hohe Tauern). Im Vordergrund intensiv genutzte Wiesen; in der Bildmitte verbuschende Kulturlandschaftsflächen, dahinter großflächige Verbuschungen, und im Hintergrund kann man trotz Neuschnees ahnen, dass sich der Gletscher seit 1850 erheblich zurückgezogen hat (Oktober 1986).

Einleitung

Die Landschaften im Alpenraum verändern sich derzeit sehr schnell, was jeder Alpenbewohner und jeder Alpenbesucher, der öfters den gleichen Ort besucht, leicht feststellen kann. Der tief greifende Wandel der Alpen von einer traditionellen ländlichen Region zu einem verstädterten Wohn-, Freizeit- und Transitraum beginnt zwar schon um das Jahr 1880, ist aber lange Zeit in vielen Seiten- und Nebentälern kaum wahrnehmbar und erhält erst ab 1965 seine gewaltige und flächenhafte Dynamik.

Die Landschaftsveränderungen, die wir heute in den Alpen beobachten, sind so groß, dass wir sie in der gesamten Geschichte nur noch mit zwei Phasen vergleichen können: der großen Expansion von Bevölkerung, Siedlung und Wirtschaft ab 1000 n. Chr. und der erstmaligen dauerhaften Besiedlung der Alpen im 6. Jahrtausend v. Chr.

Bei den heutigen Veränderungen handelt es sich nicht „bloß" um einen Wandel der Landschaft, vielmehr zeigt sich darin ein völlig verändertes Verhältnis Mensch – Umwelt, was mit der Industriellen Revolution im 19. Jahrhundert und der Globalisierung Ende des 20. Jahrhunderts zusammenhängt. Diese Landschaftsveränderungen prägen zwar ganz Europa, aber in den Alpen werden sie besonders eindrücklich und auffällig sichtbar: Gunst- und Ungunsträume sind hier vertikal so kleinräumig miteinander verzahnt, dass die moderne gegenläufige Entwicklung mit all ihren konträren Auswirkungen – Verstädterung mit Übernutzung auf der einen und Entsiedlung mit Wildnisentwicklung auf der anderen Seite – besonders drastisch ins Auge fällt. Als junges, dynamisches Hochgebirge sperren sich die Alpen weiterhin gegen den heute so selbstverständlichen technischen Umgang mit Natur und Umwelt, was man im übrigen Europa eher übersieht, in der Landschaft der Alpen aber immer wieder eindrücklich in Form von Naturkatastrophen feststellen kann.

Dieser Band stellt den vor unseren Augen ablaufenden Wandel der Landschaft Alpen mit ausgewählten Fotos und kommentierenden Texten dar, um zwei Ziele zu erreichen:

Erstens möchte er anregen und anleiten, Landschaften in den Alpen aufmerksamer und aktiver wahrzunehmen, also Landschaften „lesen" und „verstehen" zu lernen. Wer sich darauf einlässt, wird schnell merken, welches Vergnügen dies macht und wie sich dadurch der Reiz von künftigen Wanderungen und Aufenthalten im Gebirge erhöht – die Landschaft wird umso attraktiver und faszinierender, je mehr man sieht!

Zweitens möchte dieser Band dazu anregen, sich mit diesem Wandel aktiv auseinander zu setzen und ihn in Hinblick auf die heutige und zukünftige Lebensqualität im Alpenraum zu bewerten. Dies zielt auf politische Konsequenzen ab, wie sie in Gemeinde-, Regions- und Tourismusleitbildern bis hin zur Alpenkonvention überall – teilweise heftig und kontrovers – diskutiert werden.

Das Thema „Landschaft" ist allerdings ein schwieriges Thema im Grenzbereich zwischen Geographie, Ökologie, Kunst, Philosophie, Psychologie und Politik. Heute geht man meist davon aus, dass jeder Mensch eine Landschaft anders wahrnimmt, dass also ästhetische Landschaftseindrücke etwas rein Subjektives sind, über die man – genauso wenig wie über Geschmack – eigentlich nicht diskutieren oder streiten kann. Damit folgt man unbewusst derjenigen Konzeption von Ästhetik, wie sie der Philosoph Immanuel Kant in seiner „Kritik der Urteilskraft" entworfen hat. Eine alternative Position dazu, der dieser Band verpflichtet ist, wurde vom Philosophen G.W.F. Hegel in seinem Werk „Ästhetik" entwickelt, und er versteht darunter nicht etwas Subjektives, sondern den unmittelbaren, sinnlich-emotionalen Ausdruck vom „Wesen" der Dinge. Bezogen auf die Landschaft der Alpen bedeutet dieses Verständnis von Ästhetik, dass in der Landschaft die wesentlichen Elemente wie geologische Strukturen, eiszeitliche Formung, Vegetationseinheiten, Siedlungs- und Wirtschaftsentwicklung direkt zu sehen sind und dass ein Landschaftsbild die wechselseitigen Verflechtungen dieser Elemente im Raum ausdrückt. Auf die Qualität einer guten fotografischen Aufnahme bezogen heißt das, die besondere Art und Weise dieser Wechselwirkungen so „ins Bild" zu setzen, dass der Betrachter sie spontan wahrnimmt, also ohne lange Erklärungen unmittelbar einen intuitiven Eindruck davon erhält.

Das bedeutet jedoch andererseits nicht, dass Landschaftswahrnehmung deshalb eine rein objektive Angelegenheit wäre: Jeder Betrachter nimmt Landschaft unterschiedlich wahr, weil in seine Wahrnehmung frühere Erfahrungen im Umgang mit Landschaft, Umwelt, Natur und Welt einfließen, die ihm nicht oder nur teilweise bewusst sind. Aber deshalb sind ästhetische Bewertungen von Landschaften keine bloßen Geschmacksurteile, die so oder beliebig anders ausfallen können, sondern in ihnen sind konkrete, nicht austauschbare Erfahrungen enthalten, die mit der Wahrnehmung der „wesentlichen" Dinge verknüpft sind.

Wenn man Landschaftsästhetik so versteht, dann bietet sie die einmalige Möglichkeit, das schwierige Wechselverhältnis zwischen Mensch und Natur im Alpenraum – genauer: die komplizierten Vernetzungen zwischen Wirtschaft, Gesellschaft und Umwelt, die sich in der Landschaft niederschlagen – unmittelbar im Bild zu thematisieren und auf diese Weise einen einfachen Zugang zu dieser schwierigen Thematik zu eröffnen. Allerdings kann das nur gelingen, wenn die Aufnahmen sehr bewusst konzipiert und gestaltet werden und wenn der Inhalt der Bildaussagen gründlich erarbeitet wird.

Deshalb möchte dieser Band nicht nur die großen Landschaftsveränderungen präsentieren, sondern auch ansprechen, wie sich dabei und darin das Verhältnis Mensch – Alpen ändert, denn dieser Frage kommt für die Zukunft der Alpen eine Schlüsselposition zu. Erreicht werden soll dies einerseits durch eine systematische Auswahl der Alpenbilder, die jeweils typische Situationen oder Veränderungen darstellen, und andererseits durch eine ganz bestimmte Reihenfolge der Bilder, die einer Leitidee folgt. Die zusätzlichen Erläuterungen durch den Text sollen die in den Bildern enthaltenen Sachverhalte kommentieren und vertiefen, aber es sollte möglich sein, allein über die Bilder und die Abfolge der Bilder die zentralen Aussagen zu erschließen und den „roten Faden" dieses Bandes mitzuverfolgen.

Folgende Leitidee liegt der Reihenfolge der Bilder zugrunde:
Zuerst wird geklärt, welches Bild der Alpen wir – meist unbewusst – im Kopf haben und wie dieses Bild unsere Wahrnehmung der Alpen prägt (Kapitel 1). Dann werden die Landschaften der Alpen im Naturzustand dargestellt (Kapitel 2). Um den heutigen Wandel überhaupt verstehen zu können, werden danach die traditionellen Kulturlandschaften vorgestellt, die ab 1965 so besonders stark verändert werden und deren Reste und Relikte heute noch überall sichtbar sind (Kapitel 3). In Kapitel 4 wird dann die Modernisierung der Alpen im 19. und 20. Jahrhundert gezeigt, und zwar gegliedert nach wichtigen Themenbereichen. Und zum Schluss präsentiert Kapitel 5 deren Auswirkungen auf die Landschaften der Alpen und auf die Alpen insgesamt und fragt nach einer Zukunft der Alpen, bei der sie ihren „menschlichen" Charakter bewahren können.

Ich möchte all jenen sehr herzlich danken, die mir Bilder zur Verfügung gestellt haben (siehe „Bildnachweise" im Anhang), und würde mich sehr freuen, wenn dieser Band dazu beiträgt, den Blick auf die Alpen zu schärfen und so ein besseres und tieferes Verständnis für sie zu ermöglichen – denn nur auf einer solchen Grundlage kann man sinnvoll über eine lebenswerte Zukunft der Alpen diskutieren.

Das Fex-Tal (Oberengadin) mit dem Weiler Platta, 1890 m; im Hintergrund Piz Lagrev, 3164 m, und Piz Polaschin, 3013 m. In den 1970er Jahren drohte der vom angrenzenden Ort Sils Maria ausgehende Tourismus dieses Tal zu zersiedeln, was aber durch strenge Auflagen für Wohn- und Gewerbebauten und für den PKW- und LKW-Verkehr bis heute verhindert wurde (September 2001).

Was sind die Alpen?

1

Wenn das Wort „Alpen“ fällt, entstehen bei allen Menschen in Europa ganz bestimmte Bilder im Kopf. Diese stammen meist aus Postkarten, Kalendern, Illustrierten und Büchern, und sie werden in der Werbung oder im Fernsehen so häufig wiederholt, dass sie sich zu festen Stereotypen entwickelt haben. Da wir mit ihnen seit frühester Kindheit konfrontiert werden, beeinflussen sie unsere persönliche Wahrnehmung der Alpen mehr oder weniger stark.

Spannend ist es, dass sich in diesen Alpenbildern zentrale Erfahrungen der europäischen Geschichte widerspiegeln: Das so fremd und unwirklich erscheinende Hochgebirge der Alpen liegt von allen Seiten aus gut sichtbar mitten in Europa, und es hat wegen seiner Andersartigkeit zu allen Zeiten eine besondere Aufmerksamkeit auf sich gezogen. Deshalb wurden zentrale europäische Erfahrungen im Umgang mit Natur und Kultur häufig am Beispiel der Alpen festgemacht und verdichtet.

Die frühesten Alpenbilder stammen aus der Zeit des Römischen Reiches und stellen die Alpen als „montes horribiles“, als schreckliche und furchtbare Berge dar. Dieses Bild schufen Schriftsteller und Gelehrte aus den damaligen Großstädten, die inmitten fruchtbarer und gut zu bearbeitender Landschaften liegen, und sie projizierten in die Alpen alle Ängste vor einer bedrohlichen und gefährlichen Natur hinein. Dieses Bild der Alpen wird seitdem immer wieder erneuert, und es prägt die europäische Wahrnehmung der Alpen bis weit ins 18. Jahrhundert.

Dann aber ändert es sich fundamental: Im Rahmen von Aufklärung, Aufblühen von Naturwissenschaft und Technik und Industrieller Revolution verliert die Gesellschaft ihre Angst vor der Natur. Damit werden die zuvor als schön erlebten Ackerfluren und Parklandschaften langweilig, und aus den schrecklichen Bergen werden die schrecklich-schönen Berge: Sie lösen Nervenkitzel, Spannung und sportliche Herausforderung, aber keine wirkliche Gefahr mehr aus. Und die Alpinisten beweisen dies, indem sie die zuvor als unbezwingbar geltenden Gipfel „erobern“, also besteigen und ihnen so ihren feindlichen Charakter nehmen. Damit können die Alpen zum ersten Mal in der menschlichen Geschichte als „schöne Landschaft“ ästhetisch genossen werden, und dies ist die mentale Voraussetzung für den Tourismus, der wenig später entsteht.

Auch dieses Bild wird wieder von außeralpinen Menschen entworfen und geprägt. Und die Industriegesellschaft, die im Arbeitsalltag Natur hemmungslos verbraucht und zerstört, überträgt alle Ideale einer bewunderungswürdigen, guten und heilen Natur auf die Alpen – der romantische Blick auf die Alpen hängt untrennbar mit der Industrialisierung Europas zusammen.

Der nächste große gesellschaftliche Wandel in Europa, der Übergang von der Industrie- zur Dienstleistungsgesellschaft, der mit dem Prozess der Globalisierung einhergeht, verändert das Alpenbild erneut: An die Stelle der zu bestaunenden schönen Alpen tritt ihre direkte, unmittelbare Nutzung zur Erzeugung von außergewöhnlichen körperlichen Sensationen, wie sie beim Alpinskilauf, Mountainbiking oder anderen Aktivsportarten auftreten. Hierbei stehen die eigenen Körperempfindungen im Mittelpunkt, und die Landschaft drum herum wird zur Kulisse – die Alpen werden zum „Sportgerät“. Und gleichzeitig werden jetzt die Werte der Arbeitswelt – Leistungsbereitschaft, Spezialisierung, Professionalisierung, Effizienzsteigerung, Zeitoptimierung – auf die Freizeit übertragen und auf die Alpen projiziert.

Diese drei gesellschaftlichen, nacheinander entstandenen Alpenbilder sind heute gleichzeitig anzutreffen. Obwohl sie sich so stark voneinander unterscheiden, ist keines von ihnen „richtig“, denn bei allen dreien wird eine der jeweiligen gesellschaftlichen Realität entstammende Anti-Position zum Alltag auf die Alpen übertragen, was aber mit den Alpen selbst wenig zu tun hat.

Diese drei Alpenbilder prägen unsere ganz persönliche Alpensicht mehr oder weniger stark. Damit sind untrennbar zentrale Bewertungen dessen, was „die Alpen“ seien, verbunden. Ohne diese Grundlage anzusprechen, kann man nicht auf sinnvolle Weise über die Alpen diskutieren. Deshalb steht diese Thematik auch ganz bewusst am Beginn.

Daher will dieser Band den Leser und Betrachter dazu einladen, sich bei den einzelnen Kapiteln immer wieder zu fragen, mit welchem Alpenbild im Hinterkopf er die Bilder und Texte wahrnimmt und bewertet. Damit ist keineswegs die Absicht verbunden, die vertrauten Bilder zu entwerten oder aufzugeben, sondern ihr Bewusstwerden bereichert das Erleben der Alpen und erleichtert die zahlreichen, wichtigen Diskussionen um ihre Zukunft.

◀ 1 *Blick aus dem Eisack-Tal auf die Dolomiten. Vorn der Ort Lajen, 1100 m, am Rande des Grödner-Tals, dahinter St. Peter, 1210 m. Hinten rechts der Langkofel, 3181 m, hinten links die Sellagruppe, 2974 m (September 2002).*

▶ 2 *Einzelhof in der Gemeinde Dienten/Land Salzburg vor dem Hochkönig-Massiv. Der Kontrast zwischen Vorder- und Hintergrund ist geologisch bedingt, weil hier die Grauwackenzone mit ihren weichen Gesteinen an die Nördlichen Kalkalpen grenzt (Oktober 1985).*

Die „romantischen" Alpen

Der romantische Blick auf die Alpen als „schöne Landschaft" ist uns heute so vertraut und so selbstverständlich, dass wir ihn mit „den Alpen" selbst identifizieren – die Alpen sind eben schön – und nicht mehr wahrnehmen, dass es sich dabei um eine Schöpfung aus der Zeit um 1780 handelt.

Betrachten wir daher einige typische Alpenbilder genauer, die den romantischen Blick auf die Alpen repräsentieren und die wir durch Alpenkalender, Postkarten und Bildbände so gut kennen. Die Bilder 1 bis 4 sind dieser Wahrnehmung verpflichtet, und sie weisen eine gemeinsame Bildkomposition auf: Im Vordergrund befindet sich ein flacherer, sanfter Landschaftsteil, der landwirtschaftlich genutzt und menschlich geprägt ist, im Hintergrund dagegen eine steile, abweisende Felswand bzw. ein unzugänglicher Gipfel. Dieser Gegensatz wird gesteigert, wenn im Vordergrund Dörfer (Bild 1), Einzelhöfe (Bild 2 und 3) oder ein Bach (Bild 4) zu sehen sind und wenn auf den Felsen im Hintergrund Schnee liegt (Bild 1 und 3) bzw. wenn die Farbkontraste zwischen Vorder- und Hintergrund besonders deutlich ausfallen. Eine weitere Steigerungsmöglichkeit besteht darin, die Bilder so zu komponieren, dass der mittlere Bereich in seiner optischen Wirkung stark zurücktritt, sodass der flache Vorder- und der steile Hintergrund im Bild unmittelbar aufeinander stoßen.

Das Ziel dieser Bildkomposition ist es, durch den Bildaufbau beim Betrachter einen stark emotionalen Eindruck auszulösen: Der Gegensatz zwischen dem abweisenden, feindlichen und bedrohlichen Hintergrund und dem einladenden und freundlichen Vordergrund spricht auf eine intensive Weise menschliche Grunderfahrungen im Umgang mit Natur und Landschaft an.

3 Einzelhöfe in der Gemeinde Gsteig im Berner Oberland. Im Hintergrund links das Oldenhorn, 3122 m, rechts dahinter der Gipfel Sex Rouge, 2971 m, der mit einer Seilbahn des Gletscherskigebiets Les Diablerets erschlossen ist (Oktober 1981).

Der Wildbach Rio Freddo im gleichnamigen Seitental der italienischen Seealpen in etwa 1800 m Höhe. Im Hintergrund die Testa Malinvern, 2939 m, über die die italienisch-französische Grenze verläuft (Juni 1978).

Die Bildkomposition lebt also von diesem extremen Motivkontrast: Wären die Berge im Hintergrund weniger abweisend und bedrohlich und wäre die menschliche Dimension, die Kulturlandschaft, im Vordergrund nicht so einladend, dann wären solche Bilder nicht mehr „schön", sondern würden schnell langweilig. Damit sind aber normative Wertsetzungen verbunden: Die Fels- und Gipfelregion muss bzw. soll feindlich sein, die menschliche Region im Tal muss bzw. soll den Charakter einer Idylle besitzen, sodass zwar eine bedrohte, letztlich aber perfekte Harmonie zwischen Mensch und Natur sichtbar wird, bei der sich der Mensch in die vorgefundene Alpennatur einpasst, ohne sie zu verändern.

Das Erstaunliche am romantischen Alpenbild ist, dass die Gegenwart, aus der heraus es entsteht, darin nicht vorkommt: Die Industriegesellschaft verbraucht tagtäglich Natur und Landschaft im großen Stil und bewundert dann am Sonntag bzw. im Urlaub eine Mensch-Natur-Harmonie, die ihrer eigenen Alltagspraxis vollständig widerspricht. Genauer gesagt: Am Sonntag und im Urlaub soll durch Erleben der schönen Landschaft und Bewunderung der Natur der urbanisierte Alltag vergessen gemacht werden. Deshalb die romantische Wahrnehmung der „wilden" Felslandschaften der Alpen als feindliche Natur, die sich der Herrschaft des Menschen entzieht – in einer Zeit, in der die Natur großräumig vernutzt und kontrolliert wird –, und die Wahrnehmung des menschlichen Lebens in den Alpen sozusagen als Teil dieser Natur, das sich – im Gegensatz zur industriellen Gegenwart – Natur völlig ein- und unterordnet und von ihr bestimmt wird.

Es liegt auf der Hand, dass dieses Bild ein Zerrbild der Alpen ist und dass sich die Alpenbewohner damit bis heute nicht identifizieren können.

5 *Blick vom Rande des Emmentals in der Nähe der Stadt Bern auf die Berner Alpen. Von links nach rechts: Wetterhorn, 3701 m, Schreckhorn, 4078 m, Finsteraarhorn, 4166 m (November 1992).*

Die Alpen liegen als relativ kleines Hochgebirge mitten in Europa und sind darüber hinaus von wichtigen Wirtschaftsräumen und Großstädten mit einer langen Geschichte umgeben. Sie sind nicht nur häufig direkt von diesen Städten aus zu sehen (Bild 5), sondern der wechselseitige Austausch zwischen diesen Räumen führt dazu, dass viele Menschen die Alpen regelmäßig durchqueren müssen.

Die Alpen sind daher seit römischen Zeiten in Europa gut bekannt. Die landschaftliche Andersartigkeit führt aber dazu, dass ihr Charakter als Lebens- und Wirtschaftsraum kaum eine Rolle spielt und dass die europäischen Gesellschaften ihre den Alltag übersteigenden Ängste, Sehnsüchte und Bedürfnisse auf „die Alpen" projizieren. Die so entstandenen Alpenbilder sind Zerrbilder, die viel über die kulturelle Befindlichkeit Europas, wenig jedoch über die Alpen selbst aussagen.

Wenn die Industriegesellschaft die Alpen romantisch verklärt und zur Idylle macht, dann bedeutet dies, dass die Vernutzung und Zerstörung von Natur im Alltag für sie noch nicht zur Selbstverständlichkeit geworden ist – sie muss am Sonntag „kompensiert", ausgeglichen oder wenigstens vergessen werden: Die Menschen haben offensichtlich noch irgendwo eine Ahnung davon, dass in ihrem Lebensumfeld etwas Wichtiges verloren geht.

Allerdings lässt sich das, was verschwindet, nicht retten, wenn man die Sonntags-Position stark macht: Die radikalen Alternativen zwischen der Herrschaft des Menschen über Natur (Alltag) *oder* der Herrschaft der Natur über den Menschen (Sonntag) sind keine echten Alternativen, weil sie beide Male eindeutige und klare Herrschaftsbeziehungen darstellen. Das Menschliche ist dagegen durch ein Wechselverhältnis, durch ein Ineinanderverwobensein von Natur und Mensch geprägt, dem der Charakter der Totalität – entweder so *oder* genau entgegengesetzt – fehlt. Bild 6 soll diese Erfahrung ausdrücken, indem es ein Dorf zeigt, das stets durch Felsstürze bedroht ist, das aber im Laufe seiner Geschichte gelernt hat, mit dieser Bedrohung umzugehen, ohne sie technisch zu beseitigen, aber auch ohne sich ihr fatalistisch unterzuordnen.

▲6: *Der Ort Sambuco, 1135 m, im Stura-Tal mit dem Kalkfelsen des Monte Bersaio, 2386 m, in den südlichen Cottischen Alpen. Ganz unten rechts ist ein romanischer Kirchturm zu sehen, dessen Kirchenschiff (das links bis ins freie Feld hineinragte) fehlt, weil es durch einen Felssturz zerstört wurde. Die Kirche wurde im 17. Jahrhundert weiter oben auf einem Felssporn über dem Bach (genau über dem alten Kirchturm) in sichererer Position neu errichtet. Die traditionelle Lage der Häuser spiegelt die Erfahrungen im Umgang mit den vom Monte Bersaio abgehenden Felsstürzen wider. Die Gebäude in der Bildmitte stammen erst aus dem 20. Jahrhundert (September 2003).*

7 *Ein berühmter Stich von J. J. Fr. Le Barbier aus dem Jahr 1780: Der Staubbach-Wasserfall bei Lauterbrunnen im Berner Oberland. Zahlreiche Fotografien wiederholen bis heute dieses Motiv auf fast identische Weise.*

8 *Der „Malerwinkel" im Kötschachtal bei Bad Gastein in 1080 m Höhe; im Hintergrund das Tischlerkarkees (Gletscher) mit dem Tischlerkarkopf, 3004 m, und der Tischlerspitze, 3002 m, über die die Grenze zwischen Salzburg und Kärnten verläuft (September 2000).*

Wie wenig selbstverständlich der romantische Blick auf die Alpen ist, zeigt sich daran, dass diese Bildkomposition zuerst in der Landschaftsmalerei ab dem 16. Jahrhundert entwickelt und dann ab dem 18. Jahrhundert allmählich populär wurde. Deshalb spricht man heute noch davon, dass eine Landschaft, wenn sie besonders schön aussieht, wie „gemalt" erscheint: Vorbild ist nicht die Natur, sondern ein ästhetisches Kompositionsprinzip!

Es ist daher kein Zufall, dass viele Alpenbewohner die Begeisterung der Fremden für „ihre" Landschaft nicht nachvollziehen können und diese Städter schlicht für verrückt halten, weil sie sich für öde und „nutzlose" Fels- und Gletscherregionen begeistern.

Bild 7 zeigt eines der „klassischen" Alpenmotive aus der Pionierzeit der „Alpenentdeckung" (die Entdeckung der Alpen aus dem romantischen Blickwinkel), die damals tausendfach nachgemacht werden und sich als Stiche, Gemälde oder Veduten in ganz Europa verbreiten. Auch die Alpenfotografie, die einige Jahrzehnte später entsteht, greift dieses Kompositionsprinzip auf und reproduziert es millionenfach. Wegen der unendlichen Wiederholungen wirkt daher das klassische Alpenbild – dem wir gegenwärtig am häufigsten in Alpenkalendern begegnen – heute leicht als unerträgliches Klischeebild oder gar als „Kitsch", wenn man dieses Motiv auf besonders gewollte und übertriebene Weise (Alpenglühen im Hintergrund, Sennerin in Tracht im Vordergrund) umzusetzen versucht.

Damit die Alpen mit dem romantischen Blick als schöne Landschaft – also mit dem genannten Gegensatz zwischen Vorder- und Hintergrund – wahrgenommen werden können, muss man gezielt Punkte in der Landschaft suchen, die genau diese Perspektive ermöglichen. Diese sind in den Alpen selten. Bild 8 zeigt einen dieser klassischen Aussichtspunkte: Das Kötschachtal in den Hohen Tauern ist ein typisches Trogtal mit steilen Talflanken zu beiden Seiten, über die man nicht hinwegsehen kann, weshalb die Landschaft relativ langweilig wirkt. An einer Stelle des Tales, an einem leichten Knick im Talverlauf, weitet sich plötzlich – und nur für kurze Zeit – der Blick, und es entsteht ein gestaffeltes Panorama wie bei einem Gemälde: vorn die einladende Kulturlandschaft mit Bauernhof, Heustadeln, Gedenkkreuz und Wiesen und hinten die abweisende Fels- und Gletscherlandschaft der Hohen Tauern. Die vom eiszeitlichen Gletscher senkrecht geschliffene Felswand direkt über dem Bauernhof, die „Himmelwand", verstärkt diesen Kontrast noch zusätzlich.

Viele Alpenbesucher dürften sich gefragt haben, warum die Alpen an vielen Stellen eher langweilig wirken, obwohl sie doch „eigentlich" so schön sein sollten. Die Erklärung ist einfach: Die Alpen sind keineswegs von Natur aus schön, sondern diese Qualität gründet auf einer ganz bestimmten ästhetischen Bildkomposition, die nur an wenigen ausgewählten Punkten in der Landschaft zu finden ist. Im Normalfall zeigen sich die Alpen jedoch – wie Bild 9 veranschaulicht – nicht als eine schöne Landschaft.

9 *Das nördliche Gasteiner Tal in den Hohen Tauern mit dem von Skiabfahrten geprägten Fulseck, 2035 m (links), und der verschneiten Laderdinger Gamskarspitze, 2413 m (rechts). Im Tal vorne Unterberg und hinten Dorfgastein, 830 m (September 1990).*

Die „schrecklichen" Alpen

Die Sicht der Alpen als „montes horribiles", als schreckliche Berge, wurde von römischen Schriftstellern entwickelt und prägte Europa bis etwa ins Jahr 1780, also bis zur Entstehung des romantischen Alpenbildes. Dieses Bild ist heute zwar Vergangenheit, aber es ist noch so stark im kollektiven Bewusstsein verankert, dass es schnell aktualisiert werden kann. Jeder Bergwanderer und Bergsteiger kennt das Gefühl, das sich bei einem plötzlichen Wetterumschwung im Hochgebirge einstellt: Gerade eben genoss man noch die schöne Landschaft im Sonnenschein, dann aber zieht sich der Himmel schnell zu, es beginnt zu graupeln und zu schneien, Wege, Wiesen und Felsen werden glatt und rutschig – und auf einmal wirkt die gleiche Landschaft, die eben noch so schön war, nur noch bedrohlich, feindlich und hässlich. Und mit der Angst sind die „montes horribiles" wieder sehr präsent.

Ein ähnliches Umkippen von den schönen zu den schrecklichen Alpen erleben wir bei großen Naturkatastrophen in den Alpen: In Zeitungen, Radio und Fernsehen erscheinen die Alpen dann schnell als eine Horrorregion, in der man sich eigentlich nur unter großen Gefahren aufhalten könne. Und die Schlagzeilen zitieren dann nicht zufällig zentrale Begriffe aus der Phase der „schrecklichen Alpen".

Dass dieser Kippeffekt so schnell eintreten kann liegt daran, dass im romantischen Alpenbild der Aspekt der Bedrohung noch präsent ist, wenn auch reduziert auf einen sportlichen Nervenkitzel ohne wirkliche Gefährlichkeit. Aber ohne diese Andeutung von Gefahr wären die Alpen nicht auf eine faszinierende Art schön.

▲ 10 *Blick vom Monte Matto, 3088 m, in die zentralen Seealpen bei hochsommerlicher Quellbewölkung; ein plötzlich aufziehendes Sommergewitter ist hier jederzeit möglich (August 1983).*

▶ 11 *Der Lago Vercellina, 2490 m, in den südlichen Grajischen Alpen in einer von Felsen und Schutt geprägten Hochgebirgslandschaft. Fehlen die einladenden Elemente wie Wiesen oder Gebäude, erhält selbst ein Idealtopos der Idylle wie ein Bergsee einen abweisenden und bedrohlichen Charakter (September 1978).*

12 *Der Stich von David Herliberger aus der „Topographie der Eydgenossenschaft" von 1756 trägt den Titel: „Schnee-Lauwen oder Schnee-Brüche wie sich dieselbigen ab gähstozigen Gebirgen fast senkrecht herunter stürzen".*

Das von den Römern entworfene Alpenbild bezieht sich nicht nur auf die Berge, sondern auch auf die Menschen, die in den Alpen leben. Sie werden als „Barbaren" angesehen, die unter der permanenten Bedrohung der Natur mehr wie Tiere als wie Menschen leben und denen das fehle, worauf die Römer so stolz sind, nämlich Kultur.

Dieses Bild ist schon damals, also zu Christi Zeiten, ein Zerrbild: Die Alpen sind bereits seit 5000 Jahren dauerhaft besiedelt, und die Alpenbewohner haben mit großen kulturellen Leistungen die Alpen in einen Lebens- und Wirtschaftsraum umgewandelt, von dem die römischen Städte regelmäßig eine Reihe von Lebensmitteln beziehen. Und die neuen Römerstraßen machen eine Durchquerung sogar relativ einfach und schnell.

Das Bild der schrecklichen Alpen ist also keineswegs realitätsnah, sondern es überzeichnet einen Aspekt der Alpennatur und gibt ihm eine absolute Bedeutung. Bild 12 zeigt dies sehr anschaulich: Die Darstellung einer Lawine als große Kugel, die von einer senkrechten Felswand direkt von oben auf ein kleines Dorf herabfällt und in der noch Bäume, Gebäude sowie eine Gämse stecken, ist ein beliebtes und oft wiederholtes Motiv, um die Schrecklichkeit der Alpen zu illustrieren. Aber jeder, der die Alpen nur etwas kennt, weiß, dass Lawinen keine Kugeln sind und erst recht nicht über senkrechte Felswände

herabfallen. Das heißt nichts anderes, als dass solche Illustrationen in Städten außerhalb der Alpen entstehen und dass die Zeichner bzw. Kupferstecher die Verhältnisse in den Alpen nicht kennen: Das Bild der Alpen im Kopf ist stärker als die Realität.

So ist es kein Zufall, dass diese Darstellung der Lawine als Kugel heute noch verwendet wird, nämlich in Comic-Zeichnungen oder Karikaturen. Der erste Eindruck vieler Kinder in Europa von den Alpen wird stark durch solche Bilder geprägt.

Indem die vorindustriellen Gesellschaften in Europa ihre Angst vor der Natur aus ihrem eigenen Alltag verdrängen und sie gern auf die fernen Alpen projizieren, versuchen sie sie in den Griff zu bekommen. Insofern sind die „schrecklichen Alpen" weniger eine Beschreibung der Alpen als vielmehr der Ausdruck der Angst der europäischen Gesellschaften vor der tagtäglichen Bedrohung durch die Natur. Da man dieser Angst aber nicht begegnen und sie nicht bewältigen kann, wenn man sie bei sich selbst verleugnet und auf etwas Anderes, Fremdes überträgt, stellen diese „montes horribiles" zugleich das Symbol des Scheiterns dieser Angstbewältigung dar.

Der Wandel von den schrecklichen zu den schönen Alpen lässt dann anschaulich sichtbar werden, wie die neu entstehende Industriegesellschaft mit dieser Angst umgeht: Die Natur stellt für sie keine wirkliche Gefahr, sondern nur noch eine spielerische oder sportliche Herausforderung dar. Damit glaubt die Industriegesellschaft, dass sie Natur technisch vollständig im Griff habe. Dennoch bleibt noch die Erinnerung an die frühere Gefahr im „Hintergrund" erhalten, und diese verschwindet erst beim Übergang zur Dienstleistungsgesellschaft endgültig.

▲ 13 *Das Gestein der zentralen Seealpen – hier der Colletto di Valscura, 2520 m, in der Nähe der Testa Malinvern zwischen Gesso- und Stura-Tal – besteht aus sehr langsam verwitternden Gneisen und Graniten mit geringer Bodenbildung, sodass der Ödlandanteil hier sehr hoch ist. Eine solche Landschaft wirkt – besonders bei schlechtem Wetter – abweisend und wenig „schön". Daran ändert auch der Lago Malinvern, 2122 m, im Vordergrund wenig (August 1999).*

Die Alpen als Sportgerät

Mit dem Wandel der Industrie- zur Dienstleistungsgesellschaft oder anders ausgedrückt: mit dem Wandel der Moderne zur Postmoderne verändert sich das Alpenbild ab den 1970er Jahren noch einmal fundamental: Die Alpen werden nicht mehr als schrecklich-schöne Landschaft bewundert, sondern sie werden jetzt als Sportgerät unmittelbar und ganz direkt genutzt, um bei der Ausübung von Aktivsportarten außergewöhnliche Körperempfindungen hervorzurufen. Das „typische" Alpenbild zeigt daher jetzt im Zentrum einen Sportler in voller, wagemutiger Aktion, wobei im Hintergrund noch einige Gipfel und Bergketten zu sehen sind, die aber nur noch eine untergeordnete Rolle spielen.

Im Winter tritt neben den klassischen Abfahrtsski mittlerweile der Carvingski, das Snowboard sowie eine Reihe von ausgefallenen Fun-Sportgeräten. Im Sommer werden Trendsportarten wie Mountainbiken, Gleitschirmfliegen, Nordic Walking, Riverrafting, Canyoning usw. immer beliebter, und daneben dringen Flachlandsportarten wie Tennis und Golf verstärkt in die Alpen vor.

▲ 14 *Gleitschirmflieger im Berner Oberland vor dem Gipfel der Jungfrau, 4158 m. Geeignete Startplätze im Hochgebirge mit idealer Thermik und guter Erreichbarkeit durch eine Bergbahn ziehen an schönen Wochenenden oft Hunderte von Gleitschirmfliegern an (Juni 1991).*

▶ 15 *Langläufer auf dem Corvatsch-Gletscher in 3200 m Höhe Ende September. Mithilfe der Technik kann man auch in Jahreszeiten Ski fahren, in denen es von der Natur her eigentlich nicht möglich wäre, und ein Helikopter nimmt einem dort den anstrengenden Aufstieg ab, wo es keinen Lift gibt. Im Hintergrund die Bernina-Gruppe mit Piz Morteratsch, 3751 m, Piz Bernina, 4020 m, und Piz Roseg, 3937 m (von links nach rechts) (September 2001).*

16 *Ein geländegängiges Motorrad vor der Kulisse der Seealpen. Die verschiedensten Formen von motorgetriebenen Zwei- und Vierradfahrzeugen sind heute ebenfalls ein Teil des „Sportgerätes Alpen" und belasten einsam gewordene Teile der italienischen und französischen Alpen erheblich mit Lärm (August 1998).*

17 *Sportklettern an einem Autobahnpfeiler in der Nähe des Felbertauerntunnels (Osttirol) (Juli 1997).*

Mit dem Wandel des Alpenbildes ab den 1970er Jahren ändern sich auch die Verhaltensweisen der Alpenbesucher grundlegend.

Die traditionellen Aktivitäten der Spaziergänger, Bergwanderer und Kletterer zielen auf das Erleben der Schönheit der Alpenlandschaft ab und können daher als „kontemplative" Handlungen bezeichnet werden: Pausen, in denen man lange das Panorama bewundert, sind dafür charakteristisch. Selbst bei den Kletterern, bei denen die „Eroberung" eines Gipfels das Ziel darstellt, spielt die Landschaft eine zentrale Rolle, indem sie beweisen wollen, dass die Felsen der Alpen gar nicht so feindlich sind, wie sie von unten her durch die romantische Brille betrachtet aussehen.

Ganz anders die postmodernen Individuen: Sie bewegen sich in den Alpen, um bestimmte Körpersensationen zu erleben, wobei die schöne Landschaft zur Kulisse und zur Nebensächlichkeit wird. Ihr Tun kann daher als „körperzentriert" bezeichnet werden, das sich ausschließlich auf sich selbst bezieht und von daher seinen Sinn erhält. Da nur positive Körpererlebnisse gewollt, alle negativen dagegen nicht akzeptiert werden, braucht es dazu eine umfangreiche technische Erschließung der Alpen.

Zwei Aspekte fallen dabei besonders auf. Erstens werden alle Aktivitäten zum Selbstzweck: Man bewegt sich nicht mehr im Gelände, um die schöne Landschaft, sondern um den eigenen Körper zu erleben; deshalb können Skifahrer, Mountainbiker oder Gleitschirmflieger mehrmals am Tag die gleiche Strecke bewältigen, was für klassische Wanderer undenkbar wäre. Und Kletterern, bei denen das Körpererlebnis im Zentrum steht, kommt es nicht darauf an, einen Gipfel zu erreichen, sondern die Schwerkraft zu überwinden, und sie können daher genauso gut an Hauswänden, Kirchtürmen oder Autobahnpfeilern (Bild 17) klettern. Deshalb ist es kein Zufall, dass diese körperzentrierten Freizeitaktivitäten aus sich heraus die Tendenz entwickeln, in künstlichen Räumen, Anlagen oder Freizeitzentren ausgeübt zu werden: Ein künstlich angelegter Klettergarten kann viel perfekter, funktionaler sein als natürliche Felsen. Damit werden die Alpen langfristig für diese Sportler überflüssig.

Als zweiter Aspekt fällt auf, dass die Alpen nicht mehr als gefährlich und Angst auslösend erlebt werden. Offenbar ist das Gefühl der technischen Beherrschbarkeit der Natur, das in der Industriegesellschaft noch einen etwas fragilen Charakter hatte, jetzt völlig selbstverständlich geworden. Es stellt die Voraussetzung dafür dar, sich in den Alpen allein auf sein eigenes Körpererleben konzentrieren zu können, ohne dabei von irgendwelchen „störenden" Naturfaktoren abgelenkt zu werden.

Charakteristisch für die Alpen als Sport- und Erlebniswelt ist es, dass sie – nachdem sie dafür aufwändig technisch hergerichtet wurden – unmittelbar genutzt und gebraucht werden. Sie sind jetzt ein Hilfsmittel zur Befriedigung von bestimmten Körpererlebnissen und werden gekauft und behandelt wie eine Ware – und notfalls eben auch umgetauscht und zurückgegeben.

In den meisten Fällen treten diese drei Alpenbilder nicht in reiner Form auf, sondern vielfältig vermischt und gebrochen. Sie wurden hier jedoch ganz bewusst idealtypisch und plakativ vorgestellt, um die normativen Wertsetzungen, die jeweils mit ihnen verbunden sind, deutlich herauszuarbeiten. Der Leser und Betrachter ist jetzt eingeladen zu überlegen, wie er selbst die Alpen sieht und wie sich bei ihm diese drei Alpenbilder mischen.

Naturlandschaften der Alpen

2

Lösen wir uns von den Alpenbildern, die die außeralpinen Gesellschaften in Europa entworfen haben, und fragen wir danach, wie Naturwissenschaftler die Alpen definieren und wie die Alpen im Naturzustand ausgesehen haben, dann erhalten wir ein völlig anderes Bild.

Nach naturwissenschaftlicher Sichtweise sind die Alpen ein Hochgebirge, also ein Gebirge, das große Reliefunterschiede aufweist, das über die aktuelle Baumgrenze hinaus aufragt und das in den Eiszeiten vergletschert war bzw. heute noch teilweise vergletschert ist, sodass die Landschaft sichtbar glazial geprägt ist.

Diese Definition bezieht sich nur auf das obere Höhenstockwerk der Alpen ab etwa 2000 m, weil nur hier die so genannten „hochgebirgsspezifischen" Prozesse und Landschaftsformen zu finden sind. Obwohl in den tieferen Lagen diese Prozesse und Formen seltener werden, so werden auch diese Regionen noch zum Hochgebirge und damit zu den Alpen gezählt.

Die Alpen sind ein Teil des großen alpidischen Gebirgssystems, das sich von den Pyrenäen bis zum Himalaya erstreckt. Der Form nach ist es ein Kettengebirge, also ein langes und schmales Hochgebirge (1200 km lang und 150 bis 250 km breit), das aus mehreren parallelen Gebirgsketten besteht. In den Längstalfurchen zwischen diesen Ketten fließen die großen Alpenflüsse, die an wenigen Stellen diese Ketten in Form von kurzen, steilen Quertälern zerschneiden und dann die Alpen verlassen.

Da die Alpen ein junges Hochgebirge sind, dessen Hebung immer noch andauert, haben es die Flüsse und Bäche erst relativ wenig abgetragen. Die Gebirgsketten bestehen daher oft aus breiteren Hochflächen, während die großen Alpentäler meist schmaler als die Gebirgsstöcke ausgebildet sind.

Die Alpen liegen im Übergangsbereich zwischen einem mitteleuropäischen Klima (kühl-gemäßigt und ganzjährig feucht) und einem mediterranen Klima (warm und sommertrocken), wodurch der Nordrand gegenüber dem Südrand klimatisch benachteiligt ist. Die tiefen Längstalfurchen im Alpeninneren sind dagegen auf allen Seiten vor feuchten Winden geschützt. Sie sind deshalb sehr trocken und wegen der seltenen Wolkenbildung ziemlich warm, sodass sie als „inneralpine Trockenzonen" klimatisch sogar begünstigt sind. Der östliche Teil der Ostalpen wiederum ist kontinentalen Klimaeinflüssen (sommerheiß/winterkalt und relativ trocken) ausgesetzt.

Um 10 000 v. Chr., also am Ende der letzten Eiszeit, waren die Alpen fast vollständig vergletschert. Mit dem Rückzug der Gletscher breitete sich dann die Vegetation wieder aus. Wegen der Kürze der Zeit sind jedoch die Wald- und Strauchgesellschaften, die bis heute in die Alpen vorgedrungen sind, wenig artenreich. Im Gegensatz dazu sind die Rasengesellschaften sehr artenreich, weil viele Pflanzen auf kleinen, nicht vergletscherten Arealen in den Alpen die Eiszeiten überstanden haben und nicht erst von weit her einwandern mussten.

Bevor der Mensch in die Alpen vordrang, waren sie nahezu überall mit dichtem Wald bestanden, der viel weiter nach oben reichte als heute. Die alpinen Rasen waren sehr klein und häufig voneinander durch Wald und Felsen isoliert, sodass die Landschaft der Alpen ein völlig anderes Aussehen hatte, als wir sie kennen.

Zentrales Charakteristikum des Naturraums Alpen ist seine sprunghafte Naturdynamik: Weil die Gebirgsbildung derzeit noch weitergeht – Abtragungsprozesse in den oberen, Ablagerungsprozesse in den unteren Höhenstufen –, laufen viele Naturprozesse mit großer Intensität ab und zeichnen sich durch einen plötzlichen Verlauf wie bei Felssturz, Lawine, Mure, Hochwasser usw. aus. Es ist nicht richtig, diese Ereignisse in den Medien als „Naturkatastrophe" zu bezeichnen, weil sie für die Natur der Alpen keine Katastrophe, sondern den Normalfall bedeuten. Gerade jene Landschaftsformen der Alpen, die wir als typisch alpin bezeichnen, also steile Grate und Gipfel (entstanden durch regelmäßige Felsstürze) oder senkrechte Felswände (durch Bergsturz) verdanken ihre Entstehung dieser sprunghaften Naturdynamik.

Mit diesen Eigenschaften eines jungen Hochgebirges sind die Alpen in Europa eine einzigartige Landschaft, für die es nichts Vergleichbares gibt. Nur im äußersten Norden (Nordschweden, Mittel-/Nordnorwegen, Island) und im äußersten Osten (Kaukasus) gibt es ähnliche Gebirge, aber diese liegen so weit von den Kernräumen Europas entfernt, dass sie keine vergleichbare Bedeutung besitzen. Und da in den Alpen die Landschaft anders aussieht und andere naturräumliche Prozesse ablaufen als im übrigen Europa, ist es nachvollziehbar, dass die Alpen in der europäischen Geschichte stets eine besondere Aufmerksamkeit erfahren haben.

< 18 *Blick über die Nufenen-Passstraße im Bedretto-Tal/Tessin (vorn) auf den San-Giacomo-Pass, 2313 m, über den die Grenze Schweiz – Italien verläuft (Bildmitte). Direkt hinter dem Pass der künstlich vergrößerte Lago del Toggia, 2191 m, dahinter der Lago Castel, 2224 m. Links oberhalb der Seen der Monte Basodino, 3273 m, mit dem großen Basodino-Gletscher. Rechts hinten die Monte-Rosa-Gruppe. Dieses Bild lässt den ausgedehnten Charakter der Hochflächen in den Alpen gut sichtbar werden (September 2003).*

19 *Der Gipfel des Gran Paradiso, 4061 m, mit dem Laveciau-Gletscher in den nördlichen Grajischen Alpen (Aosta-Tal), ein typisches Bild der Alpen als Hochgebirge (September 1978).*

Die Alpen – ein Hochgebirge

▲20 *Blick aus etwa 2800 m Höhe in der Nähe des Colle Agnello (Varaita-/Guil-Tal) über die südlichen Cottischen Alpen von Norden auf die Seealpen. Das weichere Gestein der Cottischen Alpen bildet sanftere Formen mit ausgeprägten, von der Erosion noch nicht zerschnittenen Hochflächen im Bereich zwischen 2400 und 2600 m aus. Die Gneise und Granite im Kern der Seealpen dagegen führen zu einem steilen Relief mit einer Gipfelflur um 3000–3100 m. Der Gipfel mit dem größeren Schneefeld in der Bildmitte ist der Monte Gelas, 3143 m, mit dem südlichsten Gletscher der Alpen, der heute fast verschwunden ist. Ganz rechts (mit Schneefeld) der Monte Matto, 3088 m, links davon die Argentera, 3286 m, der höchste Gipfel der Seealpen (September 1983).*

Der Druck der Afrikanischen Platte auf die Europäische Platte führte dazu, dass sich im Bereich des Zusammenstoßes beide Platten kleinräumig ineinander verzahnten und dass die Gesteine dabei gefaltet wurden, wobei in einer langen Anfangsphase das Gebirge nur geringe Höhen erreichte. Da sich der von Süden kommende Druck an den alten Gebirgen von Zentralmassiv, Vogesen-Schwarzwald und Böhmisches Massiv staute, entstand ein Kettengebirge mit einer gebogenen Form, wodurch die Westalpen stärker gefaltet wurden als die Ostalpen.

In einer späteren Phase, in der der Druck der Afrikanischen Platte noch einmal zunahm, wurden die gefalteten Gesteine in die Höhe gehoben, demzufolge die Alpen Hochgebirgscharakter erhielten (Bild 18, 19 und 23). Weil die Hebung aber nicht gleichmäßig ablief, sondern in einzelnen Hebungsphasen erfolgte, zwischen denen der Druck aus Süden nachließ, entstand der „Stockwerksbau" der Alpen: In den Hebungsphasen wurden große Flächen mit flacherem Relief gemeinsam gehoben, und bevor die Erosion durch das fließende Wasser diese Flachreliefs wieder zerstört hatte, setzte die nächste Hebungsphase ein (Bild 18 und 20). Die steilsten Gebiete der Alpen finden sich daher am Alpenrand und am Rand der großen inneralpinen Längstäler, und oft trifft man – was viele Alpenbesucher verblüfft – gerade oben im Gebirge auf ausgedehnte Hochebenen. Es sind entweder große Almflächen oder weite vergletscherte Gebiete.

Der Charakter der Alpen als Kettengebirge führt dazu, dass sie von der Ferne bzw. von unten

21 *Die südlichen Cottischen Alpen, hier aus dem Maira-Tal gesehen, werden wegen ihres Landschaftscharakters auch „Dolomiten von Cuneo" genannt. Der höchste Berg im Hintergrund ist der Monte Oronaye, 3100 m (Juni 1977).*

22 *Der Gipfel des Dôme de la Sache, 3601 m, in der Vanoise-Gruppe westlich der Skistation Tignes (September 1978).*

oft wie eine „Mauer" wirken (Bild 20, 21 und 23), die unüberquerbar erscheint (im Bild der Alpen als „montes horribiles" wird dieser Aspekt verabsolutiert). Zum Kettengebirge gehört auch, dass die Gipfel einer Berggruppe, die aus dem gleichen Gestein aufgebaut sind, meist eine ähnliche Höhe und Form aufweisen, sodass sie – vor allem aus der Ferne – einen relativ ebenmäßigen Eindruck erwecken (Bild 20 und 23). Ausgesprochene „Bergindividuen", also markante, isolierte Felsgipfel mit einer unverwechselbaren Form vom Typ „Matterhorn" sind dagegen in den Alpen keineswegs der Normalfall: Sie entstehen nur dort, wo lokal härteres Gestein an der Oberfläche ansteht und das umgebende weichere Gestein bereits erodiert wurde (Bild 22), oder im Kulminationspunkt mehrerer scharfer Grate (Matterhorn, Bild 187, oder Finsteraarhorn, Bild 23).

Die Alpen bestehen jedoch keinesfalls nur aus hohen Gebirgsketten mit weitläufigen Hochflächen, sondern gleichermaßen aus tief eingeschnittenen Tälern und kleineren und größeren inneralpinen Becken mit flachem Relief (Bild 24 und 25), von denen das Klagenfurter Becken in Kärnten mit 1750 km² Fläche das größte ist. Die durchschnittliche mittlere Seehöhe der Alpen von 1400 m macht dies anschaulich deutlich.

Auch wenn in den tiefen Lagen die hochgebirgstypischen Landschaftsformen und Prozesse seltener werden und oft Verhältnisse herrschen, die denen der außeralpinen Regionen ähnlich sind, so zählen sie doch eindeutig zum Hochgebirge und damit zu den Alpen: Viele Prozesse des Hochgebirgsstockwerks wie Steinschlag, Felssturz, Lawinen, Muren, Hochwasser sind dank Relief und Schwerkraft eng mit den tiefen Lagen verzahnt und beeinflussen sie in regelmäßigen Abständen unmittelbar und heftig.

In den klassischen Alpenbildern und in der Wahrnehmung der Alpen als Tourismus- und Freizeitraum werden die tiefen Lagen der Alpen jedoch nicht mehr zu den Alpen gerechnet, weil ihnen die „alpine" Dimension im Sinne des Hochgebirges fehlt. In der Perspektive der Landschaftsökologie ist diese Ausgrenzung jedoch nicht gerechtfertigt, und nur bei einer stabilen Schönwettersituation, bei der die Berge im Dunst weit entfernt zu sein scheinen, wirken diese tiefen Lagen wie normale Flachlandgebiete.

Die enge Verzahnung zwischen „oben" und „unten" betrifft jedoch nicht nur die Alpen selbst, sondern auch das Verhältnis der Alpen zu ihren Vorländern (Bild 23), allerdings in deutlich abgeschwächter Form: Zwar bleiben die Auswirkungen der meisten hochgebirgstypischen Prozesse auf den eigentlichen Alpenraum beschränkt, aber das fließende Wasser beeinflusst in Form von Hochwasser, Flutwellen und mit dem Wasser mitgeführten Materialien weite Teile der Voralpen-Landschaften.

23 *Die Alpen als Kettengebirge gesehen vom Gipfel des Chasseral, 1607 m, im Schweizer Jura. Der Bildausschnitt zeigt die Berner Alpen mit (von links nach rechts) Wetterhorn, 3701 m, Schreckhorn, 4078 m, Finsteraarhorn, 4274 m, Eiger, 3970 m (das schwarze Dreieck), Mönch, 4099 m, und Jungfrau, 4158 m. Im Vordergrund der Bieler See, in der Mitte links Teile der Stadt Bern (März 1990).*

24 *Das Mieminger Plateau, 800 – 1000 m, westlich von Innsbruck. Vorn der Ort Wildermieming, 872 m, hinten links die Samnaun-Gruppe mit dem Furgler, 3004 m, hinten rechts die Lechtaler Alpen. Links am Bildrand im Dunst das Inntal, das 200 Höhenmeter tiefer liegt (September 2002).*

25 *Das vom eiszeitlichen Gletscher stark eingetiefte und verbreiterte Tal der Stura di Demonte (Piemont/Italien), das die Grenze zwischen den Cottischen Alpen und den Seealpen bildet; im Hintergrund das Talbecken von Demonte, das sehr günstige Bedingungen für den Ackerbau bietet und das sehr früh besiedelt wurde. Der ebene Talboden liegt bei 750 m, die Berge am linken Bildrand erreichen 1800 m (September 1985).*

▲ 26 *Der Nordrand der Alpen bei Bern: Blick vom hochgelegenen Rande des Gürbetals aus etwa 900 m Höhe auf die erste Alpenkette, die Berner Voralpen, auch Freiburger Alpen genannt. Der markante Gipfel links ist das Stockhorn, 2190 m, in der Bildmitte Nünenenflue, 2101 m, und Gantrisch, 2175 m, rechts der Ochsen, 2188 m (Mai 1995).*

Großlandschaften in den Alpen

Jedem Alpenbesucher fällt auf, dass die Alpen einerseits sehr unterschiedlich aussehen, andererseits weit voneinander entfernte Gebiete sich zum Verwechseln ähnlich sein können.

Die Hauptursache für die unterschiedlichen Landschaftsformen der Alpen liegt im Gestein, während Unterschiede im Klima und in der Vegetation eine geringere Rolle spielen. Will man daher Großlandschaften voneinander abgrenzen, deren Landschaftsbild sich signifikant unterscheidet, so muss man sich an der Geologie und den Gesteinsmerkmalen orientieren. Auf Grund der extremen Vielfalt und Kleinräumigkeit der geologischen Struktur der Alpen können hier nur wenige Hauptmerkmale behandelt werden. Ihre Darstellung orientiert sich in etwa an einem Querschnitt durch die Ostalpen entlang einer Linie von Salzburg nach Udine, also dort, wo die Geologie der Alpen relativ einfach und übersichtlich ausgeprägt ist.

Der Alpenrand ist im Norden und Süden unterschiedlich ausgebildet (Bild 26 – 28), weil der Druck der Kontinentalplatten von Süd nach Nord gerichtet ist. Am Nordrand der Alpen wurden in einer geologisch jungen Phase noch Gesteine randlich in die Alpenbildung einbezogen, die ursprünglich in den Alpen abgetragen und durch Wasser bzw. Eis an den Rand der Alpen transportiert worden waren und dann erneut verfestigt und leicht aufgefaltet wurden. Deshalb findet sich am Nordrand der Alpen ein schmales Band mit relativ weichen Gesteinen, das eine Höhe von 800 m und mehr erreichen kann und einen Übergangsbereich zwischen dem Schweizer Mittelland (Bild 26 und 28) bzw. dem schwäbisch-oberbayerisch-österreichischen Alpenvorland und dem eigentlichen Alpenraum darstellt. Dadurch ist es hier oft nicht einfach, eine klare Alpengrenze zu erkennen.

Genau entgegengesetzt ist dagegen die Situation am Alpensüdrand (Bild 27): Im Zuge der Alpenauffaltung entstand hier ein großer und tiefer Trog, der allmählich mit den Abtragungen aus den Alpen und dem Apennin aufgefüllt wurde und auch heute noch weiter aufgefüllt wird. Daher bilden hier die steil abfallenden Gesteinsschichten einen extremen Gegensatz zur fast waagerechten oberitalienischen Tiefebene, und man kann beinahe seinen Fuß von der Ebene auf die Alpen setzen.

Daher zeigen die Alpen von Süden her einen stärker ausgeprägten „Mauer"-Charakter als im Norden – das Bild der Alpen als „montes horribiles" entstand übrigens auch am Südrand der Alpen.

◄ 27 *Der Südrand der Alpen bei Cuneo mit dem sehr abrupten Landschaftswandel von der waagerechten Ebene zum Gebirge: Vorn die oberitalienische Tiefebene in der Nähe der Kleinstadt Dronero, ca. 550 m, hinten die Ligurischen Alpen, deren höchste Gipfel in den Wolken verschwunden sind (September 1984).*

► 28 *Der Nordrand der Alpen mit dem Thuner See, 558 m, und dem Übergang von den Alpen ins Alpenvorland: Das tief eingeschnittene Tal etwas rechts von der Bildmitte ist das Justis-Tal, das als äußerstes Alpental auf der linken Seite vom Sigriswilgrat (Sigriswiler Rothorn, 2034 m) und auf der rechten Seite vom Güggisgrat (Gemmenalphorn, 2067 m) begrenzt wird. Am nördlichen (linken) Fuße des Sigriswilgrates enden die Alpen im geologischen Sinne, und es beginnt die voralpin geprägte Hügellandschaft des Emmentals (Oktober 1989).*

Überall jedoch, wo heute große Flüsse die Alpen verlassen und in den Eiszeiten große Gletscher bis ins Alpenvorland vordrangen, fehlt das schmale Flysch-Band mit seinen weichen Gesteinen. Sowohl im Norden wie im Süden der Alpen wird es außerdem durch die von Gletschern ausgeschürften Becken vieler Alpenrandseen unterbrochen (Bild 28), die nach außen hin durch große Endmoränenwälle begrenzt werden. Am Ende der letzten Eiszeit waren diese Seen sehr viel größer – der Bodensee reichte damals fast bis nach Chur, der Genfer See bis nach Martigny –, aber sie werden seitdem immer mehr zugeschüttet und in einigen Tausend Jahren ganz verschwunden sein.

30 Blick von der Inn-Terrasse bei Marktl in der Nähe der Salzach-Mündung auf die Nördlichen Kalkalpen. Der tiefe Einschnitt in der Bildmitte ist das schluchtartig ausgebildete Salzach-Quertal, das die Kalkalpen zerschneidet. Links das Tennengebirge (2412 m), rechts das Steinerne Meer mit dem Watzmann (2713 m) (März 1985).

29 Die Gipfel der Gastlosen, 1935 m, über dem Jaunbach in den Freiburger Alpen (August 1982).

Den eigentlichen, landschaftlich sehr eindrucksvollen Alpenrand bilden als nächste Großlandschaft die Kalkalpen (Bilder 29, 30 und 31), die fast überall die Alpen nach außen hin abschließen. Sie fehlen lediglich am Alpeninnenbogen zwischen Biella und Cuneo (Piemont) und am Südostrand zwischen Wien und Graz. Auf Grund ganz ähnlicher Gesteinsqualitäten bieten die weit voneinander entfernten Nördlichen und Südlichen Kalkalpen ein sehr ähnliches Landschaftsbild.

Kalkstein ist ein wasserlösliches Gestein, das nur langsam verwittert und dabei oft senkrechte Wände ausbildet (Bild 2, 30 und 31). Weil das schnell versickernde Wasser hier meist unterirdisch abfließt und erst am Fuß der Felsen in starken Karstquellen ans Tageslicht tritt, kann sich nur dort ein Boden bilden, wo die eiszeitlichen Gletscher Moränenmaterial hinterlassen haben. Deshalb sind die Kalkalpen großflächig mit wenig Vegetation bedeckt (die „bleichen Berge“) und stellen für Pflanzen, Tiere und den Menschen einen sehr schwierigen Lebensraum dar. Dort, wo große, ebene Hochflächen wie z. B. im Steinernen Meer oder Toten Gebirge ausgebildet sind, finden sich die lebensfeindlichsten Gebiete der gesamten Alpen.

Auf Grund dieser Eigenschaften und weil es hier häufig hohe senkrechte Wände gibt, stellen die randlichen Kalkalpen einen Trennraum dar, der das Alpeninnere zum Alpenvorland hin regelrecht abriegelt: Die senkrechten Felswände sind auf direktem Weg fast nirgendwo einfach zu überschreiten, und die kurzen Quertäler, die sie zerschneiden, sind häufig eng und schluchtartig ausgestaltet. Und in den wenigen Fällen, wo die eiszeitlichen Gletscher diese Durchbrüche stark geweitet haben wie z. B. an Inn, Rhein oder Rhône, grenzen die steil abgeschliffenen Felswände direkt an versumpfte Talauen.

Die Alpen empfangen die Menschen, die von außerhalb kommen, also mit einer besonders imposanten Landschaft, die entweder Schrecken oder Begeisterung auslöst, aber selten einfach bloß „neutral“ wirkt.

31 Die Kalkwände des Hochkönig-Massivs im Steinernen Meer, im Gipfelbereich ca. 2600–2700 m hoch, brechen nach Süden hin senkrecht ab (Oktober 1985).

Nach den randlichen Kalkalpen folgt alpeneinwärts fast überall ein größeres Gebiet mit weichen Gesteinen, die sehr unterschiedlich benannt (in den Ostalpen z. B. „Grauwackenzone") und im Dialekt oft als „Grasberge" bezeichnet werden (Bilder 32 und 33). Diese Gesteine zerfallen relativ schnell, sodass sie gute und tiefgründige Böden ausbilden, die jedoch stark erosionsgefährdet sind.

Wegen dieser Gesteinsmerkmale sind die maximalen Gipfelhöhen hier deutlich niedriger als in den Kalkalpen, die Hangneigungen sind eher moderat und das Ödland, also vegetationsfreie Felsen und Geröllhalden, nimmt einen geringen Flächenanteil ein. Zusätzlich haben sich hier die großen Alpenflüsse in Längsrichtung des Gebirges eingegraben und mit ihren Wassermassen bzw. in den Eiszeiten die Gletscher mit ihren Eismassen die Abtragung besonders stark gefördert, wobei wegen des weichen Gesteins breite und weite Täler entstanden sind (Bild 33). Auch die von hier abzweigenden Seitentäler sind im unteren Talverlauf oft noch relativ breit ausgebildet.

Da die weichen Gesteine zwischen den Längstälern ebenfalls relativ niedrige Bergzüge bilden, sind die einzelnen Längstalabschnitte miteinander durch relativ tief liegende Pässe gut miteinander verbunden, z. B. im Bereich Inn – Salzach – Enns in den Ostalpen. Dies erleichtert die Ausbreitung von Pflanzen und Tieren im Alpeninneren.

Dieser Bereich der weichen Gesteine zwischen den randlichen Kalkalpen und den kristallinen Gesteinen der Zentralalpen stellt den Kernraum der menschlichen Siedlung und Nutzung dar. Hier ist die landwirtschaftliche Bevölkerungsdichte dank großflächigerer tieferer Lagen und guter Bodenbildung so hoch, dass sich in den Längstälern – und im

32 *Steinernes Meer (links) und Tennengebirge (rechts) mit dem tief eingeschnittenen Salzach-Quertal (Bildmitte). Dieser Blick aus dem Alpeninneren, aus dem Gasteiner Tal, zeigt deutlich die landschaftlichen Gegensätze zwischen den steilen Kalkalpen („Steinberge" im Dialekt) und den sanften Formen der „Grasberge". Im Bereich der „Grasberge" gibt es immer wieder kleine Gebiete mit härterem Gestein, die Felsrippen ausbilden (wie im Vordergrund des Bildes), aber diese sind nicht landschaftsbestimmend (September 1986).*

gesamten Alpenraum fast nur hier – Städte entwickelt haben. Und nicht zufällig liegen hier auch die Kernräume der Alpenterritorien wie Tirol, Wallis oder Graubünden.

Weil diesen Gebieten oft der schroffe alpine Landschaftscharakter fehlt, werden sie – gerade aus touristischer Perspektive – immer wieder aus den „richtigen" Alpen ausgeschlossen. Aus naturräumlichen und geschichtlichen Gründen ist dies jedoch eindeutig falsch – diese Gebiete sind ein wichtiger Teil der Alpen.

33 *Das große und breite Salzach-Längstal mit Blick nach Osten, in der Bildmitte der Ort Mittersill, 788 m. Links die Nördlichen Kalkalpen, rechts die Hohen Tauern. Im unteren linken Bildteil ist sehr deutlich eine Geländeterrasse zu erkennen, die 50 bis 100 Höhenmeter über dem Talboden liegt (ihr Steilabhang ist mit Wald bedeckt). Es handelt sich dabei um einen ehemaligen Talboden, in den sich die Salzach spätestens während der letzten Eiszeit eingetieft hat. Die heutige Talaue ist übrigens stark vom Menschen verändert (vergleiche dazu die Bilder 54 und 55), und im Hintergrund lassen sich die ehemaligen Mäander der Salzach noch erkennen (September 2003).*

Als letzte Großlandschaft befindet sich im Zentrum der Alpen – eingeschlossen von dem Gebiet der weichen Gesteine auf beiden Seiten im Norden und im Süden (bzw. in den Südwestalpen im Westen und Osten) – ein Gebiet mit besonders harten Gesteinen, die der Abtragung einen sehr großen Widerstand entgegensetzen. Diese bilden von den Hohen Tauern im Osten bis hin zu den Seealpen im Südwesten ein durchgehendes breites Gesteinsband, das den Alpenhauptkamm aufbaut. Nur im Osten der Ostalpen (Niedere Tauern bis Wienerwald) und in den Ligurischen Alpen fehlen diese Gesteine, und der Alpenhauptkamm besteht hier aus Kalksteinen.

Diese harten Gesteine der Zentralalpen sind meist Gneise und Granite, die nur langsam verwittern und die deshalb die höchsten Gipfel der Alpen bilden. Auch wenn diese Alpenregion sehr abweisend aussieht, so ist sie erheblich weniger steril als die Kalkalpen: Das Wasser fließt oberirdisch ab, sodass weite, wasser- und vegetationslose Hochflächen fehlen, das Relief ist zwar steil, aber nie senkrecht, und die Bodenbildung läuft zwar langsam ab, aber oft gibt es mindestens Böden im Anfangsstadium mit einer schütteren Vegetation. Die starke Vergletscherung während der Eiszeiten hat viele zuvor schmale Scharten zu breiten Pässen umgeformt, zahlreiche Kare haben ein flaches Relief, und viele Moränenreste ermöglichen eine ausreichende und manchmal sogar eine gute Bodenentwicklung (Bild 35). Daher ist diese Alpenregion trotz der schwierigen Rahmenbedingungen – große Seehöhe, hohe Niederschläge, steiles Relief – ein wichtiger Lebensraum für Pflanzen und Tiere, der auch von Menschen recht gut nutzbar ist.

Der Gegensatz zwischen einem abweisenden und feindlichen Landschaftsbild und seiner Funktion als Lebensraum ist also in der Großlandschaft der Zentralalpen am stärksten ausgeprägt.

Während die Bilder der „montes horribiles“ oft von den Kalkalpen am Alpenrand bestimmt wurden, bezieht sich die touristische Wahrnehmung der Alpen als schrecklich-schöne Landschaft meist auf die Zentralalpenregion und auf die hier liegenden höchsten Gipfel der gesamten Alpen. Und weil diese Alpenregion auf städtische Besucher so nutzungsfeindlich wirkt, meinen die meisten, sie seien hier in einer Urlandschaft, in einer unberührten und unveränderten Natur. Das nächste Kapitel wird zeigen, dass dies ein Irrtum ist.

◀ 34 *Der Großglockner, 3798 m, in den Hohen Tauern, hier von Osten her gesehen, ist der Kulminationspunkt eines Bergmassivs, das aus Gneisen und Graniten besteht. Dieses Gestein bildet wegen seiner Härte häufig längere, exponierte Grate („Sägezahngrate") anstelle markanter Einzelgipfel und steile, aber nie senkrechte Felswände aus (September 1986).*

▲ 35 *Der Monte Malinvern, 2939 m, in den Seealpen zeigt die typische Form eines Granitberges. Auch er bildet auf allen Seiten sehr steile, aber nie senkrechte Felswände aus. Auch der Vordergrund wird vom gleichen Gestein geprägt; hier hat sich aufgrund der tieferen Lage, ca. 1600–1700 m, und einer Moränendecke die Bodenbildung ganz gut entwickelt (August 1981).*

36 *Die Abtragung eines Bergrückens durch fließendes Wasser in den Berner Alpen bei Frutigen führt zur Herausbildung von scharfen Reliefstrukturen (August 1982).*

37 *Frostsprengung hat diese Felsen im Monviso-Massiv (Cottische Alpen/Piemont) in 2900 m Höhe bereits stark zerstört. Am Fuß der Felswände haben sich große Schutthalden gebildet, die im Untergrund ganzjährig durch gefrorenes Wasser (Permafrost) zusammengehalten werden. Wenn der Permafrost im Zuge der Klimaerwärmung auftaut, dann werden diese Schutthalden mobil und können bis in tiefe Tallagen transportiert werden.*

Wasser und Eis als Landschaftsgestalter

Die Art der Gesteine ist der bestimmende Faktor für Relief und Landschaftsbild in den Alpen: Weiche Gesteine führen zu sanften Hangformen, niedrigen Gipfelhöhen und einem geringen Ödlandanteil, Gneise und Granite und andere harte Gesteine zu steilen Felswänden mit hoch aufragenden Gipfeln sowie Kalkstein zu senkrechten Felswänden, weiten, wasserlosen Karsthochflächen und einem besonders hohen Ödlandanteil.

Diese Grundformen des Reliefs werden jedoch seit Beginn der Gebirgsbildung durch die Abtragungsprozesse modifiziert. Die beiden wichtigsten Kräfte, Wasser und Eis, bringen sehr unterschiedliche Formen hervor: Wasser arbeitet in einem jungen Hochgebirge aus dem Fels scharfe Formen heraus, das Eis dagegen schleift Kanten und Ecken ab und führt zu gerundeten und flacheren Formen (Bild 36 und 38).

Während das Wasser in der langen Anfangsphase der Gebirgsbildung der Alpen der entscheidende Faktor der Reliefmodifikation war und diese Rolle seit 10 000 Jahren erneut spielt, war das Eis in Form von Gletschern nur in den verschiedenen Eis-

zeiten alpenweit die dominierende Kraft und beschränkt sich heute nur noch auf kleine, schwindende Flächen in sehr großer Höhe. Trotzdem ist die eiszeitliche Prägung der Landschaft heute in den Alpen noch gut zu sehen: Da das Wasser seit dem Ende der letzten Eiszeit die Oberflächenformen der harten Gesteine (Gneise, Granite, Kalkstein) nur wenig verändern konnte, ist der eiszeitliche Formenschatz noch überall gut sichtbar. Anders dagegen sieht es bei den weichen Gesteinen aus, die dem Wasser weniger Widerstand entgegensetzen; hier sind die eiszeitlichen Formen heute stark verwischt und manchmal auch ganz verschwunden.

Die Landschaftsformen, die durch die Wechselwirkung zwischen Gesteinsart und Abtrag durch Wasser und Eis entstehen, sind typisch für Hochgebirge, und in den Landschaften im näheren und weiteren Umkreis um die Alpen herum gibt es sie kein zweites Mal. Diese hochgebirgstypischen Landschaftsformen sind im oberen Höhenstockwerk am klarsten ausgebildet und verwischen immer stärker, je tiefer man kommt.

Das Wasser prägt das alpine Relief auf zwei unterschiedliche Weisen – in Form der Frostsprengung und der Erosionskraft des fließenden Wassers.

Frostsprengung beruht auf der physikalischen Eigenschaft, dass gefrorenes Wasser ein um 10 Prozent größeres Volumen als flüssiges Wasser besitzt. Alle Felsen enthalten überall mehr oder weniger zahlreiche Felsspalten, Risse und Ritzen, in die angesichts der hohen Niederschläge in der Gipfelregion ständig Wasser eindringt, das später gefriert und dabei kleine Felsstücke absprengt. Dieser Prozess wirkt dann besonders stark, wenn das Wasser in regelmäßigen kürzeren Abständen auftaut und erneut gefriert. Dadurch werden die Felsen allmählich abgetragen und an ihrem Fuß entstehen große Schutthalden, die größere Flächen bedecken können (Bild 37).

Die Erosionskraft des Wassers (Bild 36) beruht nicht nur darauf, dass das fließende Wasser Gesteins- und Bodenpartikel losreißt und abtransportiert, sondern auch, dass im Wasser viele Stoffe mitgeführt werden, die auf dem Untergrund und an den Ufern reiben und schleifen und ihn dadurch erodieren: Je größer die Menge des mitgeführten Gesteinsmaterials, desto größer die Erosionskraft eines Gewässers. Sie ist am stärksten, wenn Bäche und Flüsse Hochwasser führen und besonders viel Material mit sich reißen.

▲38 *Dieses Bild aus den südlichen Grajischen Alpen am Talschluss des Val Grande der Lanzo-Täler (links Uia di Ciamarella, 3676 m, rechts Cima Monfret, 3373 m) zeigt das Nebeneinander von weichen, glazial gerundeten Gesteinsformen und von durch Frostsprengung zugespitzten, scharfen Graten sowie verschiedene Gletschertypen: Auf der ebenen Hochfläche in etwa 3100–3200 m eine Eiskappe oder Firnhaube (in der Mitte hinten), auf der linken Seite sogenannte Flankenvereisungen und rechts ein Talgletscher (Gletscherzunge nicht mehr sichtbar) mit einem Eisabbruch an einer Felsstufe im rechten Teil, der einen kleinen Hängegletscher bildet (September 1978).*

39 *Eine Steinschlag- und Lawinenrinne in den zentralen Seealpen (Sant'Anna-Seitental mit Rocca Bravaria, 2550 m), die lockeres Gesteinsmaterial und Schnee aus dem Gipfelbereich direkt ins Tal transportiert. Der kleine Pass links neben dem Gipfel ist 2311 m hoch, der Talboden liegt bei 1700 m. Am Fuß der Rinne ist gut zu erkennen, dass der Wildbach einen Teil des hier abgelagerten Materials bereits weiterverfrachtet hat (Umlagerung), demzufolge eine deutliche Geländestufe entstanden ist (August 1986).*

40 *An der Stelle, an der ein kleiner, steiler Seitenbach ins flache Haupttal mündet, verringert sich sein Gefälle abrupt, sodass das im Wasser mitgeführte Material abgelagert wird. Dadurch entsteht im Laufe der Zeit ein Schwemmkegel mit einer konischen Form, der ab einer gewissen Größe den Hauptfluss an den Gegenhang drückt. Hier ein Schwemmkegel in etwa 1350 m Höhe im Rhônetal bei Ulrichen (Goms/Oberwallis) (August 1986).*

Typisch für Hochgebirge ist es, dass die oberen und unteren Höhenstockwerke eng miteinander verzahnt sind. Die zentrale Rolle spielt dabei die Schwerkraft, die in Verbindung mit fließendem Wasser besonders stark zum Ausdruck kommt. Dies führt zu den Landschaftsformen Steinschlag-/Lawinenrinne (Bild 39) und Schwemmkegel (Bild 40), die zu den charakteristischen Formen eines Hochgebirges gehören und die man auch in den Alpen überall sehen kann.

Aufgrund der Geländeform sammelt sich das aus einer Felswand herausgesprengte Gesteinsmaterial oft in einer Rinne, wo es – wenn es schwerer und größer ist – talwärts rollt oder erst einmal liegen bleibt und später von Hochwässern oder Lawinen ins Tal transportiert wird.

Ähnliches passiert mit einem steilen Seitenbach, der oft zugleich auch als Steinschlag- und Lawinenrinne dient und beim Auftreffen auf das Haupttal einen größeren Schwemmkegel ausbildet. Da vom Bach an der Stelle, wo das Gefälle plötzlich aufhört, die mitgeführten Materialien (darunter sehr viele Schwebstoffe und feine Partikel) deponiert werden, ist der Boden hier besonders fruchtbar. Seine

41 *Ansätze für eine Landschaftsstruktur in Form eines „Fischgrätenmusters" durch fließendes Wasser (Rio-Freddo-Seitental in den italienischen Seealpen). Der Hang in der Bildmitte (der fast nicht sichtbare Talboden liegt bei 1300–1400 m, der Grat beginnt auf der linken Seite bei 1900 m und erreicht ganz rechts 2400 m) wurde seit dem Ende der letzten Eiszeit durch die Erosion des Wassers nahezu regelmäßig in Rippen und Rinnen unterteilt (September 2003). Im Hintergrund die Oberitalienische Tiefebene bei Cuneo.*

Fruchtbarkeit kann durch Bewässerung, die sehr einfach möglich ist, sogar noch gesteigert werden. Deshalb sind Schwemmkegel besonders bevorzugte Siedlungsplätze für die Menschen, und deshalb gibt es nicht sehr viele, die – so wie auf Bild 40 – völlig unbesiedelt sind.

Wenn fließendes Wasser eine Landschaft mit gleichartigem Gestein prägt, dann entsteht ein „Fischgrätenmuster": Es bilden sich in regelmäßigen Abständen einige Hauptflüsse aus, in die von beiden Seiten jeweils im rechten Winkel zahlreiche parallel fließende Seitenbäche münden, die alle etwa gleich weit voneinander entfernt sind. In den Alpen sind solche Landschaften selten, weil die Gesteinsart häufig wechselt (was die Wasserläufe beeinflusst) und weil die eiszeitlichen Gletscher solche Strukturen zerstört haben. Bild 41 zeigt einen Ansatz zu einer solchen Landschaftsstruktur, die in den Alpen selten ist und die auch nicht zum hochgebirgstypischen Formenschatz zählt.

Um die heute noch so deutlich sichtbare eiszeitliche Prägung der Alpen zu verstehen, ist es nützlich, sich den Prozess der Entstehung eines Gletschers zu verdeutlichen. Bleibt der Schnee in der Höhe mehrere Jahre lang liegen ohne abzutauen, dann wandelt er sich allmählich in Eis um, das auf geneigtem Untergrund allmählich zu fließen beginnt und so weit talwärts fließt, bis es taut (Bild 42).

Die Entstehung eines sogenannten „Kargletschers" ist auf Bild 43 gut nachzuvollziehen: Im Grenzbereich von Gletscher und Fels ist der Fels oft gut durchfeuchtet – der Gletscher taut im Sommer tagsüber oberflächlich auf, während das Wasser nachts wieder friert –, sodass hier die Frostsprengung gut wirken kann. Dadurch „frisst" sich der Gletscher quasi in den Fels hinein, wodurch allmählich eine sesselförmige Hohlform entsteht, die „Kar" genannt wird. Weil das fließende Eis diese Hohlform weiter vergrößert, bildet sich am Boden des Kars oft eine Eintiefung, die durch eine abgerundete Kar-

42 *Die stark von Gletschern geprägte Region der zentralen Grajischen Alpen mit den Gipfeln la Grivola, 3969 m (links), Gran Paradiso, 4061 m (halbrechts), la Tresenta, 3609 m, Ciarforon, 3642 m (ganz rechts), sowie der Monte-Rosa-Gruppe (Mitte links ganz hinten) und die zentralen Walliser Alpen mit Tête de Valpelline und Dent d'Hérens sowie – halbverdeckt – dem Matterhorn (ganz links hinten) in den Walliser Alpen. Die heutigen Gletscher fließen vom Gipfel oder vom Grat abwärts und enden bei etwa 2800 m Höhe, aber es lassen sich im Gelände (gleichmäßig abgeschrägte Hangstücke) noch gut die Spuren der eiszeitlichen Gletscher erkennen, die bis in das Tal in der Bildmitte (Piano di Nivolet, 2400 m) geflossen sind und es zu einem U-Tal umgeformt haben. Auch der Rosset- und der Leytaz-See, 2703 m, sowie die Rosset-Hochebene, auf der beide liegen (links vorn), wurden von eiszeitlichen Gletschern geschaffen (September 1978).*

schwelle abgeschlossen wird und in der nach Abschmelzen des Gletschers oft ein Karsee übrig bleibt.

Während diese Formen bei den aktuellen Gletschern nur zu ahnen sind, sind die Entstehungsgebiete der eiszeitlichen Gletscher, die oft sehr viel tiefer lagen, in der Form der Felskare heute überall in Gebieten oberhalb von 2000 m zu sehen (Bild 43). Bei den Karen handelt es sich um eine so typische Hochgebirgsform, dass sie manchmal zur Definition eines Hochgebirges verwendet wird.

Viele Kare dienen seit langem der Almwirtschaft, und die Karseen sind leicht von der Elektrizitätswirtschaft zu nutzen, da man durch einen kleinen Staudamm schnell ihr Fassungsvermögen vervielfachen kann. Und nicht zuletzt sind Karseen sehr beliebte Ziele von Bergwanderungen, an deren Ufern gern Schutzhütten errichtet wurden.

43 *Der Rocciamelone, 3538 m, der südliche Eckpfeiler der Grajischen Alpen über dem Susa-Tal (hinten), das unter einer Wolkendecke liegt, deren Obergrenze bei 2200 m endet. Beim Blick in die steile Nordwand lässt sich in der Bildmitte genau unterhalb des Gipfels ein großes Kar in 2600 m Höhe erkennen, das durch einen eiszeitlichen Gletscher geschaffen wurde und in dem heute nur noch kleine Gletscherreste zu finden sind. Von hier aus floss in den Eiszeiten ein Gletscher ins Tal, heute ziehen sich nur noch Lawinenrinnen abwärts. Auf dem Gipfel des Rocciamelone steht übrigens eine kleine Kapelle, zu der jeweils am 5. August die höchste Wallfahrt der gesamten Alpen führt. Der mit Seilen gesicherte Aufstieg von der Südseite zum Gipfel kann vom Weitwanderweg „Grande Traversata delle Alpi (GTA)" aus leicht erreicht werden (August 1978).*

▲ 44 *Fließende Eismassen verwandeln ein vom Fluss geschaffenes V-Tal (Kerbtal) in ein breites, trogförmiges U-Tal (Trogtal). Am Alpenrand, wo die eiszeitlichen Gletscher oft sehr mächtig waren, haben sie besonders eindrückliche Trogtäler geschaffen, so wie hier am Alpensüdrand zwischen Lugano und Como. Unten der Luganer See, 271 m, mit der Gotthard-Autobahn, oben der Grat, der von Süden zum nicht sichtbaren Monte Generoso führt (September 1993).*

▶ 45 und 46 *Das Roseg-Tal in der Bernina-Gruppe der Engadiner Alpen im Jahr 1890 (oben) und 1993 (unten) mit La Sella, 3584 m (links), Piz Glütschaint, 3594 m (Mitte links), und Il Chapütschin, 3386 m (rechts). Im Jahr 1890 vereinigte sich der Roseg-Gletscher (Bildmitte) noch in einer Höhe von 2000 m mit dem Tschierva-Gletscher (von links kommend), allerdings zeigen die gut sichtbaren Seitenmoränen und die Mittelmoräne an, dass sich die beiden Gletscher im Jahr 1890 bereits ein Stück weit von ihrem Höchststand im Jahr 1850 zurückgezogen haben. Hundert Jahre später ist vom Tschierva-Gletscher nur noch die gewaltige Seitenmoräne zu sehen, die vom fließenden Wasser bereits leicht erodiert wird. Der Roseg-Gletscher hat sich bereits in den Talschluss zurückgezogen, wobei der von Moränen aufgestaute See in 2160 m Höhe nicht zu sehen ist. Aus der ehemaligen Alm im Vordergrund hat sich inzwischen ein Hotel „entwickelt", das Almgebäude auf der anderen Flussseite ist verschwunden, und der Wald ist sehr viel dichter geworden.*

Die Gletscher der Alpen zeigen die Veränderungen unseres Klimas besonders eindrücklich und anschaulich. Sehr auffällig ist ihr starker Rückzug, den man nicht nur bei Fotovergleichen feststellt (Bild 45 und 46), sondern der auch in der Landschaft selbst ablesbar ist: Große schotterbedeckte ebene Gletschervorfelder, ausgeprägte End- und Seitenmoränen, Hangflächen mit noch sehr schütterer Vegetation (ehemals eisbedeckt) usw.

Die Dramatik, die aus solchen Bildvergleichen oft abgeleitet wird, ist aber etwas zu relativieren: Der Gletscherhöchststand um 1850 ist der Zeitpunkt der stärksten Vergletscherung der Alpen seit dem Ende der letzten Eiszeit – er ist daher nicht ein Normal-, sondern eher ein Ausnahmefall. Und heute sind die Gletscher erst so weit zurückgeschmolzen wie mehrmals seit 10 000 Jahren, sodass bis jetzt noch keine außergewöhnliche Situation eingetreten ist.

Sorge bereitet allerdings das besonders schnelle Abschmelzen der Gletscher vor allem in den letzten 30–40 Jahren, das als deutliches Indiz für eine menschlich beeinflusste Klimaerwärmung interpretiert wird.

Die Alpen als Regenfänger und Wasserspeicher

Wasser in jeder Form, also als Gletscher, Schnee, Bach, Fluss oder See, ist ein zentrales Element der Alpenlandschaft, ja, wir können uns die Alpen ohne Wasser gar nicht vorstellen. Diese Erfahrung hat das europäische Bild vom Hochgebirge so tief geprägt, dass wasserarme, trockene Hochgebirge – wie es sie im südlichen Mittelmeerraum, in Vorderasien, in Australien oder in Teilen der Anden gibt – für uns gar keine „richtigen" Gebirge sind.

Die Alpen sind ein niederschlagsreiches Gebirge, weil sie im Bereich der Westwinde liegen, die über dem Atlantik große Mengen an Feuchtigkeit aufnehmen. Stoßen solche feuchten Winde auf ein Hochgebirge, so werden sie zum Aufsteigen gezwungen, wobei sie sich abregnen. Deshalb sind Gebirge in der Westwindzone „Regenfänger", also Gebiete mit stark erhöhtem Niederschlag.

Da die Alpen im Übergangsbereich zwischen der kühl-gemäßigten und der mediterranen Klimazone liegen, erhält die Nordabdachung der Alpen ganzjährig Niederschläge, während die Südwest- und Südalpen im Frühjahr und Herbst ihre Niederschlagsmaxima aufweisen und sommertrocken sind. Die inneralpinen Längstäler im Zentrum der Alpen sind dagegen ganzjährig trocken und weisen ein kontinental geprägtes Klima auf.

Die große Bedeutung des Wassers in den Alpen hängt jedoch nicht nur von den hohen Niederschlägen, sondern auch von der Eigenschaft eines Hochgebirges ab, Wasser zu speichern und erst verzögert abfließen zu lassen. Als kurzfristiger Wasserspeicher wirken die zahlreichen Seen und die großen Schotterkörper in den Haupttälern, wobei besonders die großen Alpenrandseen Hochwasserspitzen einige Tage lang dämpfen können. Sehr viel größere Bedeutung hat der Schnee, weil durch ihn alle Niederschläge von November bis zum Frühling/Frühsommer in den Alpen zurückgehalten werden. Am wichtigsten für die Funktion „Wasserspeicher" sind aber die Gletscher der Alpen, in denen so viel Wasser gespeichert ist, wie im Alpenraum in etwa einem Jahr fällt. Weil Gletscher das Schmelzwasser relativ gleichmäßig abgeben, werden dadurch die Niederschlagsschwankungen mehrerer Jahre ausgeglichen. Deshalb führen in den sommertrockenen Alpenregionen selbst im Hochsommer die Alpenflüsse Wasser, und die Alpen versorgen das europäische Umland auch in trockenen Jahren relativ gleichmäßig mit Wasser.

◄ 47 *Der Torrente Meris in den italienischen Seealpen bei Valdieri im Gesso-Tal während der Schneeschmelze Ende Juni. Selbst im August führt dieser Bach – trotz fehlendem Gletscher und fehlender Niederschläge wegen der Sommertrockenheit – noch Wasser, weil erst jetzt hoch gelegene und schattige Schneefelder abtauen (Juni 1979).*

► 48 *Der Lac du Basto, 2331 m, in den französischen Seealpen im Valmasque-Tal ist als hoch gelegener Karsee oft bis in den Juli hinein zugefroren. Hier beginnt er Anfang Juli gerade aufzutauen, aber es wird noch einige Wochen dauern, bis er völlig eisfrei sein wird (Juli 1978).*

49 *Die Vertiefung, in der der Lauenensee, 1381 m, im hintersten Lauenental (westliche Berner Alpen bei Gstaad) liegt, wurde vom eiszeitlichen Gletscher geschaffen. Seit dem Ende der Eiszeit wird dieser See allmählich zugeschüttet und besitzt an seinen Rändern bereits große vermoorte Flächen. Im westlichen Nachbartal gab es bei Gsteig in der gleichen Lage ebenfalls einen See, der jedoch seit langem verlandet ist (Juli 1982).*

Die Speicherung der Niederschläge in den Alpen ist deshalb so wichtig, weil das Wasser nicht nur verzögert abgegeben wird, sondern weil dadurch ein Ausgleich zwischen Tagen/Wochen/Monaten/Jahren mit viel und mit wenig Niederschlag geschaffen wird. Dies führt zu einem relativ gleichmäßigen Wasserabfluss aus den Alpen, der im Winter mit Abstand am niedrigsten ist.

Das bedeutet jedoch nicht, dass es keine Extremereignisse gibt: Wenn im Juni oder Juli bei einem Wärmeeinbruch die Null-Grad-Grenze schnell auf 3500 m ansteigt und gleichzeitig starker Niederschlag als relativ warmer Regen auf die noch geschlossene Schneedecke im oberen Höhenstockwerk fällt, dann fallen Schneeschmelze und Regenabfluss zusammen und führen zu einem heftigen Hochwasser. Das passiert zwar nicht jedes Jahr, aber doch mit gewisser Regelmäßigkeit.

Die Seen der Alpen und des Alpenvorlands sind am Ende der letzten Eiszeit entstanden, als die Gletscher abschmolzen und oft übertiefte Becken und zahllose Moränen zurückließen. Hier entstanden überall sehr viele kleinere und größere Seen. Die Prozesse der Erosion bewirkten jedoch, dass diese Seen allmählich zugeschüttet wurden, sei es durch Steinschlag und Felssturz, sei es durch fließendes Wasser und durch das von ihm mittransportierte Material. Zahlreiche Seen sind heute bereits verschwunden und nur noch an der ebenen Geländeoberfläche zu erkennen – wenn es in den Alpen irgendwo eine besonders waagerechte Oberfläche gibt, dann handelt es sich praktisch immer um einen ehemaligen See. Andere Seen sind derzeit am Verlanden (Bild 49) und werden in wenigen Jahrzehnten verschwunden sein. Und die größten Alpenseen, die Alpenrandseen, haben seit dem Ende der letzten Eiszeit meist schon die Hälfte ihrer Fläche eingebüßt. Die Bäche und Flüsse, die in sie münden, bilden Schwemmkegel aus, die im Laufe der Zeit immer größer werden, wie man es bei der Mündung des Rheins in den Bodensee (die ursprünglich bei Chur lag) oder der der Rhône in den Genfer See gut sehen kann; sie werden in etwa 10 000 Jahren ebenfalls verschwunden sein.

Im Gegensatz zu vielen anderen Formen des Hochgebirges sind die Alpenseen, erdgeschichtlich betrachtet, eher ein flüchtiges und kurzlebiges Landschaftselement.

50 *Der Karsee Lago soprano della Sella, 2329 m, in den italienischen Seealpen im Gesso-Tal wird Anfang Juli an den Stellen allmählich eisfrei, die täglich lange Zeit von der Sonne beschienen werden. Im Hintergrund die Rocca di Valmiana, 3006 m (Juli 1979).*

Die Vegetation der Alpen im Naturzustand

Wenn wir an die Alpen denken, dann erscheint fast automatisch die Almregion als große, waldfreie Fläche vor unserem geistigen Auge, deren Kurzgrasflur in einem deutlichen Kontrast zur Felsregion darüber und zur Waldregion darunter steht. Fälschlicherweise geht man davon aus, dass dies auch der Naturzustand der Alpen sei.

Vielmehr ist die waldfreie Almregion das Ergebnis menschlicher Arbeit, durch die die Obergrenze des Waldes alpenweit um etwa 300 Höhenmeter abgesenkt wurde (Bild 51). Im Naturzustand reichten die Wälder teilweise bis in Höhen um 2300–2400 m, und erst darüber gab es die alpinen Rasen (Bild 53), die jedoch in der Fläche relativ klein waren und gewöhnlich stark mit Felsen und Schutt durchsetzt waren. Sie sahen daher erheblich anders aus als heutige Almweiden mit ihrer durchgehend geschlossenen Vegetationsdecke.

Die Waldobergrenze hängt im Naturzustand vom Klima ab, also von der Länge der Vegetationsperiode. Die niedrigsten Obergrenzen des Waldes finden wir deshalb am Alpennordrand mit seinem kühlen Klima, sie liegen hier zwischen 1500 und 1900 m Höhe. Am wärmeren Südrand liegen sie bereits zwischen 1800 und 2100 m und in den inneralpinen Trockenzonen erreichen sie ihre Maximalwerte: im Vintschgau / Südtirol 2100–2200 m, im Wallis 2200–2300 m und im Haut Queyras/Frankreich sogar 2200–2400 m (Bild 53). Das bedeutet, dass die

▲ 51 Die Hochlagen der Alpen, die wir als waldfreie Gebiete kennen, waren im Naturzustand fast vollständig bewaldet. Dieses Bild zeigt Aufforstungen von ehemaligen Almweiden und Bergmähdern in der Valle Stura di Demonte/Piemont (südliche Cottische Alpen), die genau an den Gemeindegrenzen der Gemeinde Demonte (ganz rechts; diese Aufforstungen stammen aus der Mussolini-Zeit) und Aisone (Bildmitte; aus den 1950er Jahren) enden. Im Talbereich Aufforstungen und Verbuschungen auf ehemaligen Ackerflächen. Das Kalkband in der Bildmitte endet bei 1600–1700 m, der Grat erreicht ganz links 2039 m. Im Naturzustand wäre die gesamte sichtbare Landschaft von Wald bedeckt (September 1985).

Alpen im Naturzustand fast überall bis in große Höhen mit Wald bedeckt waren und ein völlig anderes Landschaftsbild als heute boten, weil der kleinräumige Wechsel zwischen Wald und offenen Flächen fehlte (Bild 52). Die Alpen wirkten daher wesentlich strenger und dunkler als heute.

Da sich die Wälder in den Alpen erst allmählich nach dem Ende der letzten Eiszeit wieder ausbreiten konnten und dabei teilweise von weit her „einwandern" mussten (während der Eiszeit hatten sich keine Bäume in den Alpen halten können), sind die natürlichen Wälder der Alpen noch vergleichsweise artenarm. Es wird noch mehrere zehntausend Jahre brauchen, bis sich eine Artenvielfalt einstellen wird, wie sie für Wälder von eiszeitlich nicht vergletscherten Gebieten typisch ist.

Dagegen sind die alpinen Rasen im Naturzustand sehr artenreich, weil viele Vertreter dieser Vegetationsgesellschaften die Eiszeiten in den Alpen an geschützten Standorten überdauert haben.

Es gab nur wenige Stellen, die im Naturzustand nicht bewaldet waren: Neben felsigen Standorten waren dies zu feuchte Standorte wie verlandende Seen und Moore sowie Flussauen. Und darüber hinaus gab es überall zahlreiche Steinschlag- und Lawinenrinnen, auf denen die aufkommenden Bäume sehr bald wieder durch herabstürzende Steine und Lawinen zerstört wurden. Zusammen mit diesem Material gelangten auch Pflanzen der alpinen Rasen aus dem oberen Stockwerk in tiefe Lagen und fanden hier gewisse Wuchsmöglichkeiten, solange diese Flächen nicht verwaldeten.

52 *So könnten die Alpen im Naturzustand ausgesehen haben: Alle Hänge, Grate und Gipfel sind bis weit hinauf bewaldet, nur im obersten Bereich gibt es einige alpine Rasen. Der Blick geht vom Aufstieg auf die Punta Tre Chiosis, 3080 m (Varaita-Tal/Piemont, Monviso-Gruppe in den Cottischen Alpen), aus etwa 2900 m Höhe nach Süden. Rechts die Gipfel der Chambeyron-Gruppe in den Cottischen Alpen mit Pelvo d'Elva, 3064 m, als höchstem Berg, hinten links die Seealpen mit Cima Argentera und Monte Matto als höchsten sichtbaren Gipfeln (August 1981).*

Am schwersten dürfte es uns fallen, uns den Naturzustand der Alpen vorzustellen, wenn wir an die Talbereiche denken, denn diese wurden vom Menschen ganz besonders stark verändert. Die letzten noch erhaltenen Wildflusslandschaften der Alpen – der Lech in Tirol, der Tagliamento im Friaul, die Stura di Demonte in Piemont – geben uns jedoch einen guten Eindruck dafür (Bild 54 und 55).

Am Ende der letzten Eiszeit hatten die Gletscher alle größeren und kleineren Täler sehr stark eingetieft und mit Moränenmaterial angefüllt; darauf lagerte sich das Material ab, das von den benachbarten, noch vegetationslosen Hängen abbrach und vom fließenden Wasser herbeitransportiert wurde. Messungen haben ergeben, dass zwischen dem heutigen Talboden und dem festen Felsuntergrund oft eine Differenz von einigen Hundert Höhenmetern besteht. Diese gewaltigen Schotterkörper sind zugleich wichtige Wasserspeicher.

Als nach der Eiszeit der Wald die Alpen großflächig wiederbesiedelte, bildete sich auch im Talboden ein sogenannter „Auenwald" aus Erlen, Eschen

▲53 *So etwa können alpine Rasen im Naturzustand aussehen, mit einer eher schütteren Vegetationsdecke, die oft durch Felsen und Schutt unterbrochen ist. Das Bild wurde in 2500 m Höhe im Guil-Tal (Queyras/Frankreich, Cottische Alpen) aufgenommen, im Hintergrund in der Mitte der Monviso, 3841 m (August 1978).*

und Weiden, der bei Hochwasser periodisch überschwemmt wurde. Nur in der Talmitte blieb ein breiter, vegetationsloser Streifen frei. Hier floss der Fluss in mehreren parallelen Armen, der bei Hochwasser oft sein Bett verlagerte. Dadurch wurden Sand- und Kiesbänke an einer Stelle abgetragen und an einer anderen wieder neu aufgeschüttet („Umlagerungsstrecken"); auch Teile des Auwaldes wurden weggerissen und entstanden gleichzeitig an anderen Orten neu.

Sehr häufig wurde der Fluss durch die Schwemmkegel der Seitenbäche mal in die eine, mal in die andere Richtung abgelenkt. Bei dem geringen

54 und 55 *Das Lechtal in Tirol ist eine der letzten Wildflusslandschaften der Alpen; es zeigt sehr anschaulich, wie die Talbereiche der Alpen im Naturzustand wohl ausgesehen haben. Bild 54 zeigt das Lechtal zwischen den Orten Stanzach und Forchach, 910 m (Bildmitte), mit den sogenannten „Lechherzen" (die weißen Flächen im Talgrund). Sie entstehen dadurch, dass die Wildflussdynamik durch Buhnen, die von beiden Ufern aus in das Flussbett hineingebaut werden, gebremst wurde, während sie sich zwischen ihnen weiter ungestört entfalten konnte. Bild 54 zeigt, dass im Naturzustand der breite Talboden zum großen Teil bewaldet war, und Bild 55 (Radsperrenbodenau bei Forchach, Blick talaufwärts) verdeutlicht, dass sich die größeren Alpenflüsse ein breites, vegetationsloses Flussbett geschaffen hatten, in dem sie sich verzweigten und immer wieder ihr Flussbett verlegten (Juli 2003).*

Gefälle, das für solche Umlagerungsstrecken charakteristisch ist, konnten Schwemmkegel leicht den Hauptfluss aufstauen. Wenn der Fluss dieses Hindernis durchbrach, gab es eine Flutwelle. Bei diesen Wildflusslandschaften handelte es sich also um sehr dynamische Lebensräume, die sich ständig veränderten.

Weil die eiszeitlichen Gletscher alle Täler sehr stark eingetieft haben und sie daher oft auf lange Strecken nur ein schwaches Gefälle besitzen (die Rhône zwischen Sierre und Genfer See nur 150 m auf 70 km, die Etsch zwischen Meran und Verona nur 260 Höhenmeter auf 170 km usw.), sind die „Umlagerungsstrecken" im Naturzustand sehr lang. Die Flussstrecken, auf denen sich ein Fluss eintieft (die „Erosionsstrecken"), sind dagegen eher kurz und finden sich in der Regel in Quellnähe, wo steile Täler entstehen. Und Flussstrecken, auf denen der Fluss sein mitgeführtes Material ablagert (die „Akkumulationsstrecken"), sind am kürzesten; sie finden sich am Alpenrand oder vor Engstellen im Talverlauf. Hier kommt es besonders häufig zu Hochwasser.

Sprunghafte Naturdynamik

Die Alpen sind ein junges Hochgebirge, dessen Gebirgsbildung aufgrund der anhaltenden Hebung noch lange nicht beendet ist. In den oberen Höhenstufen dominieren Abtragungs- und in den unteren Höhenstufen Ab- und Umlagerungsprozesse, weshalb die Landschaften der Alpen einem ständigen Wandel unterworfen sind.

Die zahlreichen Prozesse, die mit der Gebirgsbildung verbunden sind, laufen jedoch nur teilweise kontinuierlich und gleichmäßig ab; häufig sind sie mit einer „sprunghaften Dynamik", also plötzlichen Ereignissen verbunden. Solche Ereignisse wie Felsstürze, Lawinen und Hochwasser gibt es in den anderen Landschaften Europas nur selten, in den Alpen bilden sie dagegen den Normalfall.

Beim Prozess der Alpenbildung wurden verschiedenste Gesteine zuerst über- und ineinander geschoben, dann gefaltet und schließlich in die Höhe gehoben. Dadurch liegen heute oft harte über weichen Gesteinen und wasserstauende Schichten mitten zwischen wasserdurchlässigem Gesteinsmaterial. Sind solche Gesteinsschichten schräg gestellt, kommt es immer wieder zu Bergstürzen (Bild 56) oder zu langsamen, großflächigen Rutschvorgängen, die sich irgendwann plötzlich beschleunigen und zu einer schnellen Felsgleitung entwickeln.

Auch die normale Frostsprengung führt in gewissen Zeitabständen zum plötzlichen Herausbre-

▲ 56 *Blick vom Rigi-Gipfel, 1797 m, nach Nordosten auf das Massiv des Rossberg (höchste Erhebung: Wildspitz, 1580 m), im Hintergrund das Alpstein-Massiv in den Appenzeller Alpen mit dem Säntis, 2503 m. Die helle Felswand in der Bildmitte, die sich nach rechts unten zieht, ist die Abrissnische des Bergsturzes von Goldau, der am 3. September 1806 um 4 Uhr früh abging. 50 Millionen m*^{3} *Fels bedeckten das Dorf Goldau mit einer 30 m hohen Schuttdecke, zerstörten 331 Gebäude und töteten 457 Menschen. Auf dem Bild sind die schräg gestellten Felsschichten gut zu erkennen, die aus Molassegesteinen (Ablagerungsschutt aus den Alpen, der in der letzten Phase der Alpenbildung noch verfestigt und aufgefaltet wurde) bestehen und die in gewissen Abständen mit Mergelbändern durchsetzt sind. Da Mergel wasserundurchlässig ist, bilden sie Gleitschichten aus, auf denen die darüber liegenden Gesteinspakete leicht abrutschen können. Der Bergsturz begann am Gipfel des Gnipen, 1568 m (Mitte links), und endete im Tal der Rigiaa in 460 m Höhe (Oktober 1989).*

chen größerer Gesteinsmassen, besonders im Kalkstein, wodurch Felsstürze entstehen (Bild 57).

Das fließende Wasser verursacht ebenfalls immer wieder plötzliche, sprunghafte Ereignisse: Das hoch emporragende Gebirge führt zu besonders hohen Niederschlägen, und das steile Relief zu einem sehr schnellen und heftigen Abfluss mit hohen Erosionskräften. Daraus folgen häufige Hochwasser und Hangrutschungen. Ein besonders heftiges Ereignis ist eine „Mure" (Bild 180): Bei einem starken Niederschlagsereignis führt ein Bach Hochwasser, dieses staut sich an einer Engstelle durch herabgestürzte Felsblöcke und verkeilte Baumstämme auf und bildet für kurze Zeit einen See, der dann mit einer großen Flutwelle ausbricht: Ein riesiges Gemisch aus Wasser, Steinen, Erdreich und Vegetation stürzt dann talwärts und lagert sich als Schwemmkegel in der Talaue des Haupttales ab.

Ausgangsmaterial für weitere solche dynamischen Prozesse, die zu besonders spektakulären Landschaftsformen führen, sind die Moränenreste aus der letzten Eiszeit, deren plötzliche Erosion zu Erdpyramiden, Steinpilzen und anderen bizarren Formen führen kann (Bild 58 und 59).

Einzelereignisse dieser sprunghaften Dynamik werden oft als „Naturkatastrophe" bezeichnet, was jedoch nicht richtig ist: Sie sind ein charakteristisches Element der Natur eines jungen Hochgebirges und keineswegs eine Katastrophe für die Natur. Im Gegenteil: Gerade diesen sprunghaften Prozessen verdanken die Landschaften der Alpen oft ihren spektakulären – sachlich ausgedrückt: hochgebirgsspezifischen – Landschaftscharakter!

▲57 *Ein kleiner Felssturz ist aus einer Kalkwand im Neraissa-Tal (Seitental der Stura di Demonte/Cottische Alpen) abgegangen und hat sich auf einer eiszeitlich geprägten Karmulde in 2100 m abgelagert. Bei einem solchen „trockenen" Sturz wird das Gesteinsmaterial so sortiert, dass die größten Felsbrocken am weitesten rollen, während die kleineren Steine am oberen Kegelende liegen bleiben. Bei einem „nassen" Sturz, also einem Gemisch aus Wasser, Gesteinen und Erdreich ist es dagegen genau umgekehrt, hier bleiben die großen Steine am Anfang des Ablagerungsgebietes liegen (September 1984).*

Am Ende der letzten Eiszeit war die sprunghafte Naturdynamik in den Alpen am stärksten ausgeprägt: Die noch nackten, vegetationsfreien Hänge boten dem schnellen Abfluss der Niederschläge keinen Widerstand, überall gab es leicht umlagerund erodierbares Moränenmaterial. Die Klimaerwärmung ließ den Prozess der Frostsprengung explodieren und zahlreiche, zuvor vom Eis zusammengehaltene Schuttflächen in Bewegung kommen. Zahlreiche steile Felsflanken, die bislang durch das Gletschereis gestützt wurden, brachen nach dem Abschmelzen der Gletscher in großen Bergstürzen zu Tal.

Nach ein- bis zweitausend Jahren waren diese durch das Ende der Eiszeit ausgelösten hochdynamischen Prozesse zwar erst einmal abgeschlossen, aber bis heute gibt es in den Alpen noch zahlreiche labile Situationen, die schnell außer Kontrolle geraten und sogenannte „Naturkatastrophen" (für den Menschen) auslösen können (Bild 58 und 59, Ähnliches gilt für den Bergsturz im Veltlin 1987 und den von Randa bei Zermatt 1991).

Etwa gleichzeitig mit dem Nachlassen der außergewöhnlich starken nacheiszeitlichen Landschaftsdynamik begannen die Alpen, sich wieder mit einer Vegetationsdecke zu überziehen. Diese trägt – besonders in Form der Wälder – zu einer Dämpfung der sprunghaften Naturprozesse bei: Erstens wird dadurch das Mikroklima ausgeglichener und temperierter, also weniger extrem trocken oder extrem nass bzw. extrem heiß oder extrem kalt. Zweitens sorgt das Wurzelwerk der Bäume dafür, dass ein erheblicher Teil des Niederschlags nicht sofort abfließt, sondern dass er für einige Zeit gespeichert und dann langsam-kontinuierlich abgegeben wird. Und drittens sorgt die Vegetationsdecke dafür, dass die Bodenerosion sehr gering gehalten wird und die Prozesse Steinschlag und Lawinen so stark abgebremst werden, dass sie oft den Talboden nicht mehr erreichen.

Die Waldvegetation, in abgeschwächter Form aber auch die Zwergsträucher und Rasen der alpinen Stufe sorgen also für eine Abschwächung der Dynamik besonders sprunghafter Prozesse im Alpenraum.

◄ 58 und ▲ 59 *Eine Endmoräne aus der letzten Eiszeit im Neraissa-Seitental (Valle Stura di Demonte/Piemont, Cottische Alpen), die im Jahr 1890 während eines besonders intensiven Starkregens plötzlich erodiert wurde. Bild 59 zeigt die ehemalige Moräne im Überblick, deren unterstes Ende in etwa 1650 m Höhe liegt (etwas unterhalb des unteren Bildrandes). Der Gletscher war in einem Kar in 2100 m Höhe entstanden (Bild 57), und der Felsgrat am oberen Bildende ist 2500 m hoch. Während des Erosionsereignisses wurden große Mengen des lockeren Moränenmaterials talwärts verfrachtet, und im Moränenkörper entstanden zahlreiche Rippen und Grate. Dort, wo das Moränenmaterial gegen den fallenden Starkregen durch einen Stein oder Felsen abgeschirmt worden war, blieb ein Moränenpfeiler, eine „Erdpyramide" stehen (Bild 58). Wie historische Bilder aus dem Jahr 1910 belegen, haben sich diese Erdpyramiden seitdem nicht verändert, obwohl sie so fragil aussehen. Es braucht ein neues, außergewöhnliches Niederschlagsereignis, damit sie so plötzlich verschwinden, wie sie entstanden sind (Bild 58: September 1981, Bild 59: September 1984).*

Dies gilt vor allem für die unteren Höhenlagen, in etwas abgeschwächter Form für die mittleren Lagen und in noch geringerer Form für die Region der Almen, während die vegetationsfreien höchsten Lagen davon natürlich nicht profitieren.

Weil die Alpen dadurch geprägt sind, dass Berg- und Tallagen eng miteinander verzahnt sind, sodass die sprunghafte Dynamik der höchsten Lagen ständig auch die tiefen Tallagen erreicht, ist sie das herausragende und charakteristische Gestaltungselement der Alpen. Daran ändert auch der Wald nichts, der zwar viele sprunghafte Prozesse des Hochgebirges mildern, aber nicht völlig verhindern kann.

Den Naturraum Alpen können wir also zusammenfassend so charakterisieren:

Die Alpen sind ein junges, kettenförmiges Hochgebirge, das im Zentrum Europas im Übergangsbereich vom kühl-gemäßigten zum mediterranen Klima liegt. Sie weisen einen komplizierten geologischen Bau auf, der mit zahlreichen labilen Gesteinsformationen verbunden ist. Als „Regenfänger" verzeichnen sie sehr hohe Niederschläge. Weil der Prozess der Gebirgsbildung noch andauert, sind die Prozesse des Gesteinsabtrags in hohen Lagen sowie die der Ab- und Umlagerung in tiefen Lagen sehr aktiv, wobei Wasser und Eis eine sehr wichtige Rolle spielen. In Verbindung mit den labilen Gesteinsformationen und den hohen Niederschlägen führt dies dazu, dass viele Naturprozesse in sprunghafter Form, als plötzlich auftretende Ereignisse ablaufen. Die Vegetation im Alpenraum, vor allem der Bergwald, kann diese Dynamik zwar dämpfen, aber nicht verhindern.

Die Landschaften der Alpen sind direkter Ausdruck dieser Eigenschaften des Naturraums Alpen: Ihr Hauptcharakteristikum ist fast überall ein steiles Relief mit klaren Unterschieden zwischen den Formen der hohen Lagen (Dominanz Abtrag, Zurücktreten der Vegetation) und denen der tieferen Lagen (Dominanz Ab- und Umlagerung, Zurücktreten des Ödlandes), die jedoch stets miteinander verzahnt sind. Dieser landschaftliche Kontrast ist das zentrale Merkmal aller Landschaften der Alpen.

Darüber hinaus gibt es relevante Unterschiede zwischen den Landschaften in der Nähe des Alpenrandes und denen im Zentrum: Der Alpenrand wird fast überall von den sehr steilen und mauerartig aufgebauten Kalkalpen mit ihren großen und hohen Ödlandflächen gebildet, wobei die Südlichen Kalkalpen deutlich wärmer sind als die Nördlichen. Anschließend Richtung Zentrum finden sich Landschaften aus weichen Gesteinen mit sanfterem Relief, geringeren Gipfelhöhen und geringen Ödlandanteilen, deren Talsohlen meist ziemlich tief liegen und die teilweise sehr trocken und warm sind, so dass sie Gunsträume für Pflanzen und Tiere darstellen. In den Zentralalpen dominieren entlang dem Alpenhauptkamm sehr harte Gesteine mit steilen und sehr hohen Gipfeln, Gletschern und einer Vielzahl hochgebirgstypischer Formen und Prozesse.

Durch diese regionalen Unterschiede wird das zentrale Charakteristikum der Landschaft Alpen jeweils auf eine spezifische Weise abgeändert und variiert, aber in aller regionaler Vielfalt bleiben die Alpen stets als junges Hochgebirge sichtbar.

▲60 *Lawinen gehen im Frühling im Gasteiner Tal (Hohe Tauern) aus einem steilen Hang ab und reißen einen Teil der Vegetationsdecke und des Oberbodens mit. Die Untergrenze des Schnees liegt bei 1600 m, der Grat oben, der die Wasserscheide Gasteiner Ache – Salzach bildet, bei 2000 m (mit Urkübel, 2010 m) (April 1988).*

61 *Blick aus dem Tal der Stura di Demonte auf die Ligurischen Alpen (September 1980).*

Traditionelle Kulturlandschaften

3

Der Begriff „Kulturlandschaft“ bedeutet, dass eine Naturlandschaft vom Menschen zum Zweck seiner Lebenssicherung, also aus ökonomischen Gründen umgestaltet und verändert wird. „Traditionell“ bedeutet dabei, dass es sich um Kulturlandschaften handelt, die aus der Zeit der Agrargesellschaft, also aus der vorindustriellen Zeit stammen. Diese Gesellschaft lebt auf der Grundlage der Nutzung der Sonnenenergie (Wachstum von Nutzpflanzen und Haustieren) und dem Einsatz von sehr viel Handarbeit, was an der Landschaftsgestaltung und an den Landschaftsformen konkret ablesbar ist.

Mit der Industriellen Revolution wird Energie (Kohle, Öl) sehr billig, werden durch Maschinen ausgeführte Arbeitsschritte relativ günstig und Handarbeit fast unbezahlbar teuer. Die daraus erwachsenden Änderungen der Landnutzung und des Landschaftsbildes werden in Kapitel 4 und 5 dargestellt. Damit man aber den heute ablaufenden, fundamentalen Landschaftswandel angemessen verstehen kann, muss man wissen, wie die traditionellen Kulturlandschaften ausgesehen haben, denn sie sind erstens auf Restflächen und in Reliktformen noch heute überall in den Alpen zu erkennen, und sie prägen zweitens den „romantischen Blick“ auf die Alpen (Kapitel 1) in Form einer falschen Idylle.

Da das Wissen um die traditionellen Kulturlandschaften in den Alpen heute weitgehend verschwunden ist, fällt dieses Kapitel etwas umfangreicher aus als die anderen.

Angesichts des schwierigen Naturraums Alpen mit der für den Menschen existenzbedrohenden sprunghaften Naturdynamik muss zuerst einmal betont werden, dass die Alpen im Agrarzeitalter keineswegs einen Ungunstraum für den Menschen darstellten: Sofern er bestimmte Bereiche systematisch mied, konnte er größere Teilflächen der Alpen recht gut nutzen, und dies war deswegen für ihn interessant, weil die außeralpinen Landschaften lange Zeit ebenfalls nicht so leicht zu nutzen waren und die heutigen agrarischen Gunstgebiete meist erst im 19. und 20. Jahrhundert durch Entwässerung geschaffen wurden.

Allerdings konnte der Mensch die Alpen nicht „einfach so“ nutzen: Kulturlandschaften sind als menschliche Werke ökologisch instabil, d. h., sie werden schnell wieder zerstört, wenn sich der Mensch nicht gleichzeitig mit seiner Nutzung auch für ihre permanente Stabilisierung verantwortlich fühlt. Das Erfahrungswissen der Agrargesellschaften lässt sich in fünf Punkten zusammenfassen:

1. Nicht jede Fläche der Alpen kann genutzt werden, sondern Flächen mit einer besonders sprunghaften Naturdynamik müssen gemieden werden.
2. Systematisches Ausweichen vor den Naturgefahren bei der Anlage von Siedlungen und Gebäuden.
3. Orientierung der Nutzung an den sehr kleinräumigen Strukturen der Naturlandschaft, also keine Entwicklung von großräumigen Nutzungsformen, die das Gelände vereinheitlichen.
4. Gezielte Suche nach dem richtigen Maß der Nutzungsintensität, also weder zu intensiv noch zu extensiv, weder ein zu früher Beginn der Nutzung im Frühjahr noch ein zu später im Sommer, damit sich die Vegetationsdecke bei der Nutzung gut regeneriert.
5. Aufwendung von sehr viel Pflege- und Reparaturarbeit in der Kulturlandschaft, um die Folgen der sprunghaften Naturdynamik immer sofort wieder zu beseitigen, bevor sie bedrohlich werden.

Diese fünf Nutzungsstrategien lassen sich im Almbereich besonders gut dokumentieren, weil die gemeinschaftliche Form der Nutzung hier oft zu genau schriftlich festgelegten Bestimmungen geführt hat, damit die Almen nicht übernutzt und damit zerstört werden.

Die traditionellen Kulturlandschaften, die auf diese Weise in generationenübergreifender Perspektive dauerhaft-langfristig genutzt werden, sind – dank menschlicher Arbeit – ökologisch stabil. Sie sind darüber hinaus auch deutlich artenreicher als die Naturlandschaft, denn sie rotten keine Tiere und Pflanzen aus, sondern führen dank der Auflichtung der Wälder zu einer räumlichen Ausbreitung der Rasen- und Wiesenvegetation mit steigender Artenzahl.

Der „romantische Blick“ sieht die Alpen ausschließlich als bäuerlichen Raum. Das ist jedoch falsch, denn seit Beginn der Besiedelung der Alpen

◄ 62 *Der Blick ins Tal des Grundbaches mit der Verkehrsachse Füssen-Reutte-Fernpass zeigt, wie klein die siedlungsgünstigen Lagen in den Tälern und wie ausgedehnt die oberen Stockwerke der Alpen sind. Vorn der Ort Bichlbach, 1075 m, auf dem Schwemmkegel des Grundbaches, dann die Orte Wengle, 1083 m, und Lähn, 1112 m (Bildmitte), im Talkessel dahinter liegen Lermoos, 994 m, und Ehrwald, 994 m. Die Berge im Vordergrund gehören zu den Lechtaler Alpen und sind um die 2200 m hoch, hinten links über Lermoos das Zugspitz-Massiv, 2961 m, und gegenüber die Mieminger Kette, die 2600–2700 m erreicht (Mai 2002). Das Bild zeigt darüber hinaus eine „Talwasserscheide“, wie es sie häufig in den Alpen gibt: Der Grundbach vorn fließt in den Lech, der Riegebach (hinter der Engstelle im Tal) dagegen in die Loisach (später in die Isar); aber dieses Tal wurde nicht vom fließenden Wasser, sondern vom eiszeitlichen Gletscher geschaffen, und deshalb liegt die Wasserscheide kaum wahrnehmbar mitten im Tal und bildet keinen Pass aus.*

63 *Die traditionelle Kulturlandschaft erstreckt sich in den Alpen stets über mehrere Höhenstufen, weil die talnahen Flächen allein viel zu klein sind. Im Neraissa-Seitental (Cottische Alpen) wurden alle flacheren Hangteile völlig gerodet, während auf den steileren Flächen der Wald stehen gelassen wurde. Der Talboden liegt auf 1500 m Höhe und wurde – wie an den Ackerterrassen ersichtlich – bis 1965 als Acker genutzt (heute Wiesen). Die Flächen darüber waren bis 1965 Bergmähder, die bis in 2100 m Höhe reichten (heute Weiden), und darüber erstreckten sich bis zum Grat in 2286 m Höhe die Almweiden (heute ungenutzt). Die gleichzeitige Nutzung aller Höhenstockwerke führte früher zu permanenten Wanderungen aller Menschen – auch der Kinder – bergauf und bergab. Deshalb waren traditionelle Bauerngesellschaften völlig fassungslos, als die ersten Touristen kamen und einfach nur zum Vergnügen auf die Berge stiegen, und sie hielten diese Betätigung für nutzlos und sinnlos (September 1984).*

durch den Menschen spielen der Bergbau und die Verarbeitung von Gold, Silber, Kupfer und Salz sowie der Transitverkehr durch die Alpen eine wichtige Rolle. Und spätestens in der Zeit des Römischen Reiches entstehen zahlreiche Märkte und Städte in den Alpen, womit die Alpentäler in großräumige Wirtschaftsverflechtungen und Arbeitsteilungen eingebunden werden. Der wie in Urzeiten nur vom Ertrag der eigenen Äcker und Weiden autark lebende Älpler ist ein romantisches Zerrbild von Städtern, die sich in der Zeit der Industriellen Revolution nach dem „heilen" Landleben sehnen und dies scheinbar in den Alpen finden. Die Alpen sind um 1760/80 moderner, als es auf den ersten, flüchtigen Blick aussieht.

Die Alpen – kein Ungunstraum für den Menschen

Die Wurzeln der europäischen Landwirtschaft liegen im Vorderen Orient: Hier wurden um 10 000 v. Chr. in den Gebirgen der heutigen Staaten Syrien, Türkei, Irak und Iran der Ackerbau und die Viehwirtschaft „erfunden", also die ersten Getreidesorten kultiviert und Ziege und Schaf, später auch Rind und Schwein domestiziert. Ab 6000 v. Chr. dringt diese Innovation nach Europa vor, das im Mittelmeerraum ganz ähnliche Naturbedingungen wie im Entstehungsgebiet aufweist, während das feuchtere und kühlere Mitteleuropa dafür ein etwas schwierigeres Umfeld bietet. Trotzdem wird das landwirtschaftliche Grundmuster des Vorderen Orients in Europa nicht fundamental verändert, sondern nur etwas variiert: Ackerbau und Viehwirtschaft werden überall gemeinsam in wechselseitiger Ergänzung betrieben.

Damit sind zugleich die ökologischen Ansprüche der Landwirtschaft abgedeckt: Der Ackerbau benötigt ein warmes Klima mit hoher Sonnenscheindauer, die Viehwirtschaft dagegen stellt geringere Ansprüche und kann auch bei größerer Feuchtigkeit und Trockenheit noch betrieben werden. Deshalb ist der Ackerbau in der Regel der limitierende Faktor: Wo kein Getreide mehr wächst, können auch die besten Weideflächen nicht mehr genutzt werden, weil man sich von den Produkten der Viehwirtschaft allein nicht ausreichend ernähren kann.

Auch in den Alpen stellt der Ackerbau die kritische Größe dar: Nur in den inneralpinen Trockenzonen und am mediterran geprägten Südsaum der Alpen ist es für ihn warm und trocken genug. Zwar gelang es relativ früh, an die Höhenlagen der Alpen angepasste Getreidesorten zu züchten, die bis in 2000 m Höhe wachsen können, aber diese Anpassung wird durch ein sehr starkes Absinken der Erträge mit steigender Höhe erkauft. Der Ackerbau ist daher in starkem Maße auf die tieferen Lagen der Alpen beschränkt, die nicht besonders flächengroß sind. Dort allerdings sind seine Voraussetzungen ähnlich gut wie im übrigen Mittelmeerraum, dem große Gunstgebiete für Ackerbau ebenfalls völlig fehlen.

Viel besser sieht dagegen die Lage für die Viehwirtschaft aus. Schafe und Ziegen sind gebirgsgängig und von Vorderasien her an eine karge Vegetation angepasst. Sie können daher nicht nur die weiten Hochflächen, sondern auch die flächengroßen Hänge in allen Höhenstockwerken gut nutzen, und sie müssen nur im Winter mit Vorräten aus der ertragreichen Jahreszeit gefüttert werden. Dafür sind jedoch die Weideflächen der Alpen – im Gegensatz zu denen des Mittelmeerraums – dank Schnee- und Gletscher-

schmelze stets durchfeuchtet und liefern deshalb im Sommer gute Erträge.

Damit können wir das Grundmuster der alpinen Landwirtschaft so beschreiben: Der Ackerbau wird in der Regel auf den besten Böden im Talbereich betrieben, während sich die Viehwirtschaft auf die höheren Lagen konzentriert. Damit steht dem flächenkleinen und arbeitsintensiven Ackerbau eine großflächige und arbeitsextensive Viehwirtschaft gegenüber, wobei beide Bereiche vertikal in der Höhe übereinander gestaffelt sind (Bilder 62–65). Damit besitzt in den Alpen der Ackerbau ein geringeres, die Viehwirtschaft ein größeres Gewicht als in der vorderasiatisch-mediterranen Landwirtschaft, und mit dieser Variation können die Alpen durchaus gut landwirtschaftlich genutzt werden, wie die früh einsetzende Besiedlung beweist. Allerdings gilt diese Aussage nur für die inneralpinen Trockenzonen und den mediterran geprägten Südsaum der Alpen, also für etwa die Hälfte der Alpenfläche.

Die kontinental geprägten östlichen Ostalpen und der feuchte und kühle Nordsaum der Alpen sind dagegen ein Ungunstraum, genau wie die Mittelgebirge in Mitteleuropa und ganz Nordeuropa. Sie sind lange Zeit nur dünn besiedelt und werden erst im Mittelalter auf der Grundlage einer erneuten Veränderung der Landwirtschaft flächenhaft genutzt, indem Nutzungssysteme entstehen, bei denen der Ackerbau noch einmal zurücktritt und die Viehwirtschaft ein noch größeres Gewicht erhält.

Darüber hinaus wertet aber auch eine nicht landwirtschaftliche Ressource die Alpen zusätzlich auf: Die Alpen sind reich an armen Lagerstätten für Gold, Silber, Kupfer und andere Metalle sowie für Salz. Dies sorgt seit vorgeschichtlichen Zeiten für einen blühenden Bergbau, der seinerseits die landwirtschaftliche Nutzung intensiviert und durch den die Alpen eng mit den europäischen Wirtschaftszentren verflochten werden.

64 und 65 *wurden beide fast vom gleichen Standort in 2000 m Höhe aufgenommen, nämlich von dem Seitengrat, der das Gasteiner Tal vom Salzach-Längstal trennt. Bild 64 zeigt vorn den kleinen Paarsee, 1970 m, mit dem Hasseckalmkogel, 2020 m, darüber hinten links das Salzach-Längstal und hinten rechts die Nördlichen Kalkalpen mit dem Wilden Kaiser. Bild 65 richtet den Blick während einer Föhnwetterlage nach Norden über das Gasteiner Tal (vorn Dorfgastein, 830 m) auf die Hohen Tauern (Schneeuntergrenze bei 2000 m). Beide Bilder machen deutlich, wie klein die Talbereiche gegenüber den Höhenlagen in den Alpen sind (Oktober 1996).*

Da in Europa im Gegensatz zum trockeneren Vorderasien größere waldfreie Gebiete fehlen, bedeutet Landwirtschaft hier immer Waldrodung. Genauer gesagt: Man braucht für den Ackerbau kleine waldfreie Parzellen, während man Schafe und Ziegen durchaus in einer langen Anfangszeit im Wald weiden lassen kann.

Auch in Hinblick auf die sehr mühsame Waldrodung bieten die Alpen eine Reihe von Vorteilen: Die alpinen Rasen über der natürlichen Waldgrenze boten ideale Weidemöglichkeiten, wie es sie anderswo in Europa kaum gab. Der Wald war überall – und ganz besonders in der Nähe der oberen Waldgrenze, also in der Nähe der alpinen Rasen – von Lawinen- und Steinschlagrinnen durchzogen, also aufgelichtet und bot oft besonders gute Weidemöglichkeiten, weil das mit den Lawinen talwärts verfrachtete Material den Boden düngte. Überdies besaßen die zahlreichen Schwemmkegel in jedem etwas größeren Alpental ackerbaulich gesehen eine sehr gute Bodenqualität und waren häufig nur mit einem lückenhaften Wald bedeckt und daher leicht zu roden.

Lediglich diejenigen Teilflächen, die unserem heutigen Blick nach eigentlich optimal nutzbar wären, nämlich die breiten Talauen, waren ausgesprochene Ungunstflächen (Bild 66): Die regelmäßigen Frühjahrs- und die episodischen Sommer- und Herbsthochwasser sowie die hohe Dynamik der Umlagerungsstrecken waren für den Menschen so bedrohlich, dass er diese Talauen weder besiedelte noch intensiver nutzte; sie dienten lediglich als extensive Viehweide in Zeiten mit niedrigem Wasserstand. Diese Talauen wurden erst mit den neuen technischen Möglichkeiten des Industriezeitalters (Begradigung, Eindämmung, Tieferlegung des Flusses, Entwässerung der gesamten Aue) zu intensiv genutzten Gebieten umgewandelt und erst nach 1955 besiedelt.

Damit sind die Alpen im Rahmen der vorindustriellen Agrargesellschaften ein recht günstiger Raum, dessen spezifische Nachteile durchaus durch eine Reihe von Vorteilen aufgewogen werden. Das Bild der Alpen als Ungunstraum und als prinzipiell benachteiligte Region wird viel stärker vom Bild der „Alpen im Kopf" als von der realen Situation bestimmt.

▲66 *Die breite, heute als Wiese genutzte Talaue der Stura di Demonte (Piemont) mit einer Vielzahl kleiner Entwässerungsgräben (Mai 1980).*

▶67 *Vorn die vergleichsweise kleinen Ackerfluren im Dauersiedlungsraum (als Wiese genutzt), hinten die großflächigen Almweiden auf Hochflächen, die von der Erosion erst randlich erfasst wurden; die steilen Hänge in der Mitte waren früher kleinräumig aufgelichtet (Wiesen und Weideparzellen) und wurden vor 70 Jahren aufgeforstet. Das Bild zeigt vorn Weiler in der Gemeinde Prazzo im Maira-Tal (südliche Cottische Alpen) in 1500 m Höhe, die Almflächen darüber liegen zwischen 2000 und 2200 m, und ganz hinten sind die Ligurischen Alpen (links die Punta Marguareis, 2651 m) zu erkennen (September 1983).*

Strategien zum Leben mit einer sprunghaften Naturdynamik

Während Jäger- und Sammlergesellschaften, die seit Hunderttausenden von Jahren die Alpen nutzten, die Vegetation und Tierwelt und damit auch die Landschaft der Alpen nicht veränderten, bedeutete das Sesshaftwerden der ersten Bauerngesellschaften einen gravierenden Eingriff: Der Wald musste für Siedlungen, Acker-, Wiesen- und Weideflächen gerodet werden, und dies bedeutete für die Landschaften der Alpen eine fundamentale ökologische Umgestaltung.

Da der Wald der beste Schutz gegen Lawinen, Steinschlag und Hochwasser ist, also die sprunghafte Dynamik der Alpennatur am effektivsten dämpfen kann, führt Waldrodung zur Erhöhung des naturräumlichen Gefahrenpotenzials für den Menschen. Deshalb können Bauerngesellschaften die Alpen nicht „einfach so“ für Ackerbau und Viehwirtschaft nutzen, sondern sie müssen ihre Nutzung so gestalten, dass mit ihr und durch sie die sprunghafte Naturdynamik gedämpft wird. Dies gilt grundsätzlich für alle Bauerngesellschaften weltweit, aber es wird im Alpenraum besonders eindrücklich sichtbar. Das einschlägige Erfahrungswissen aus den Alpen lässt sich in fünf Strategien zusammenfassen.

Die erste Strategie lautet, dass der Wald nicht überall gerodet werden darf, um Kulturland zu gewinnen, sondern dass er auf bestimmten Teilflächen, meist auf steileren und/oder schattigeren Hängen, als Lawinen- und Erosionsschutz stehen bleiben muss. Dies kann man noch heute im Landschaftsbild ablesen, wo die steilen Flächen meist mit Wald bestockt sind (Bild 69), was am Beispiel der „Bannwälder“ (Bild 68) besonders gut sichtbar ist. Diese stehen seit dem Mittelalter unter strengem Schutz, was deutlich macht, dass bereits damals die Zusammenhänge zwischen Waldrodung und Naturkatastrophen bekannt sind.

Indem man Grenzen für die Ausweitung des Kulturlandes akzeptiert und bestimmte Wälder bewusst nicht rodet, versucht man also, das Auslösen von besonders heftigen und existenzgefährdenden Naturdynamiken zu vermeiden.

◄ 68 *Bannwald über dem Ort Realp, 1538 m, an der Furka-Reuß im glazial geprägten Urseren-Tal (Kanton Uri/Urner Alpen); seine Untergrenze liegt bei 1630 m, seine Obergrenze bei 1880 m. Der Gipfel etwas links der Bildmitte ist der Spitzberg, 2935 m. Der Bannwald im 9 km entfernten Andermatt ist seit dem 25. Juli 1397 streng geschützt, und dies gilt bis heute (Oktober 1989).*

► 69 *Hänge im Obersimmental etwas unterhalb des Jaun-Passes, 1509 m. Bewusst wurden hier nur die flacheren Hangteile gerodet, während auf allen steileren der Wald als Lawinen- und Erosionsschutz stehen gelassen wurde (August 1982).*

Die zweite Strategie ist mit der ersten eng verwandt, und sie besteht darin, denjenigen sprunghaften Prozessen systematisch auszuweichen, deren Dynamik so groß ist, dass sie vom Menschen nicht kontrolliert werden kann. Dies betrifft die Anlage von Siedlungen und Gebäuden im Bereich von Lawinen- und Steinschlaggebieten und im Hochwasserbereich. Deshalb entstehen zahlreiche traditionelle Siedlungen an Plätzen, die uns heute als „unlogisch" erscheinen, die aber den großen Vorteil einer sicheren Lage haben (Bild 70). Aus diesem Grunde finden sich auch in den ebenen Talauen der Alpenflüsse bis etwa 1955 keine Dörfer, Weiler und Wohngebäude. Lediglich die Siedlungen auf den Schwemmkegeln bilden dabei eine gewisse Ausnahme: Sie sind zwar vor den Hochwässern des Hauptflusses, nicht jedoch vor denen des Seitenbaches geschützt. Diese Gefährdung wird jedoch wegen der besonders großen Vorteile (sehr guter Boden) in Kauf genommen.

Auch Flächen, die regelmäßig überschwemmt, von Felsstürzen überdeckt oder die häufig vermurt werden, unterliegen entweder gar nicht oder nur sehr extensiv einer Nutzung. Die extensivste Form ist die Beweidung durch Schafe und Ziegen, bei der man zudem auf eventuelle Gefahren recht schnell reagieren kann.

Dieses Ausweichen vor Gefahren, was früher völlig selbstverständlich war, muss heute gesondert erwähnt werden, weil es für unsere moderne Gesellschaft mit ihrem technischen Naturumgang etwas Fremdes geworden ist.

Die dritte Strategie zur Dämpfung der sprunghaften Dynamik besteht in der kleinräumigen Gestaltung der Nutzung gemäß den vorgefundenen naturräumlichen Strukturen. Typisch für die Alpen ist ja der häufige Wechsel von Gesteinsfolgen und die kleinräumige Überformung aller Landschaften durch die Eiszeiten und ihre Moränenablagerungen. Dies führt zu zahlreichen Mikrostandorten, die sich in Hinblick auf Trockenheit/Feuchtigkeit, Bodenqualität, Relief, Erosionsanfälligkeit usw. deutlich unterscheiden. Würde man diese Standorte alle auf die gleiche Art und Weise nutzen wollen, müsste man diese Unterschiede ausgleichen, also zu trockene Flächen bewässern, zu feuchte entwässern, zu steile Flächen abflachen, zu magere Flächen gezielt düngen usw., also die Landschaft großflächig vereinheitlichen und nivellieren. Dies würde die Gefahr von Bodenerosionen, Lawinen, Hochwasser oder Muren stark ansteigen lassen.

Die traditionellen Bauerngesellschaften haben so nur in sehr geringem Maße gehandelt: Im Rahmen eines Landwirtschaftssystems, das auf der Nutzung von Sonnenenergie und Handarbeit basiert, bringt die Vereinheitlichung der Nutzflächen kaum Vorteile (dies ändert sich erst beim Einsatz von Tech-

◀ 70 *Das Ausweichen vor potenziellen Risiken wie Lawinen, Muren, Hochwasser und Steinschlag prägt zahlreiche Siedlungslagen in den Alpen. Aus diesen Gründen sowie aus dem Grund, fruchtbares Ackerland nicht zu überbauen, wurde der Ort San Martino superiore, 1431 m (Gemeinde Stroppo im Maira-Tal, südliche Cottische Alpen), auf einem Felssporn errichtet (September 1984).*

nik); hingegen erhöht die Berücksichtigung der naturräumlichen Kleinräumigkeit bei der Nutzung die Arbeitszeit vergleichsweise wenig, schließt aber unerwünschte dynamische Prozesse aus.

Die Kleinräumigkeit der traditionellen Kulturlandschaften, die man heute oft noch gut sehen kann, ist also ebenfalls eine Strategie zur Dämpfung der sprunghaften Naturdynamik in den Alpen.

▲ 71 *Kleinräumiges Muster der traditionellen Kulturlandschaft um den Weiler Baletti, 1673 m, herum (Gemeinde Elva im Maira-Tal, südliche Cottische Alpen). Die bewässerten Wiesen auf den ehemaligen Ackerparzellen sind hellgrün, die nicht bewässerten Wiesen darüber gelbgrün, im Vordergrund die gelben Weideflächen; auf den steilen Flächen stockt der Wald (September 1984).*

Die vierte Strategie zur Dämpfung der sprunghaften Naturdynamik besteht darin, das richtige Maß der Nutzung, also diejenige Mitte zwischen einer zu extensiven und einer zu intensiven Nutzung herauszufinden, bei der sich die Vegetationsdecke während und mit der Nutzung am besten regeneriert.

Wird eine Weide z. B. zu extensiv genutzt, d. h., befinden sich zu wenige Tiere auf einer bestimmten Fläche, dann fressen die Tiere selektiv nur die besten Futterkräuter und lassen den Rest stehen; in wenigen Jahren wird diese Weide dann durch sogenannte „Weideunkräuter" dominiert, die vom Vieh nicht gefressen werden, und es kommen zahlreiche Sträucher und Bäume auf – die Weide verschwindet.

Wird eine Weide dagegen zu intensiv genutzt, d. h., befinden sich zu viele Tiere auf einer bestimmten Fläche, dann fressen die Tiere alles ab, sodass sich die Vegetationsdecke nicht mehr regenerieren kann und vegetationsfreie Stellen immer größer werden. In wenigen Jahren ist die Vegetationsdecke dann weitgehend verschwunden und die Bodenerosion setzt ein – die Weide verschwindet ebenfalls.

Gleiches gilt für den Weidebeginn und die Weidedauer: Wird eine Weide zu früh im Jahr genutzt, wird der Prozess der Samenbildung und der Regeneration der Pflanzen gestört, wird sie dagegen zu spät im Jahr genutzt, so ist der Futterwert der Pflanzen zu gering. Wird eine Weide zu lange genutzt, kann sich die Vegetationsdecke nur noch schlecht regenerieren, wird sie dagegen zu kurz genutzt, können sich Sträucher und Bäume schnell ausbreiten.

Wenn eine Weide also dauerhaft als produktive Weide genutzt werden soll, sodass sie weder durch Verbuschung/Verwaldung noch durch Bodenabtrag/Erosion verschwindet, so braucht es dafür eine ganz bestimmte Anzahl Tiere, die weder zu klein noch zu groß sein darf, und ein ganz bestimmtes Datum für Beginn und Ende der Nutzung sowie eine bestimmte Nutzungsdauer. Dann wird die Vegetationsdecke der Weide gleichmäßig abgefressen, ohne dass stehen bleibende größere Pflanzen einen Angriffspunkt für Bodenerosion bilden (sie würden im Winter durch Kriechschnee oder Lawinen leicht herausgerissen). Diese Vegetationsdecke wird im Laufe der Zeit so dicht und so gleichmäßig, dass sie einen guten Schutz gegen Erosion und Lawinen darstellt (der Schnee rutscht auf einer gleichmäßig kurzen Vegetationsdecke nur schwer ab, während sich langes, überständiges Gras beim ersten Schnee nach unten legt, sodass gute Gleitbahnen für Lawinen entstehen).

Ähnliches gilt für Wiesen: Mäht man zu selten, also weniger als einmal pro Jahr, dann kommen Sträucher und Bäume auf, mäht man zu häufig, also mehr als zweimal pro Jahr, dann bleiben nur wenige robuste Pflanzenarten übrig und die Artenzahl geht stark zurück. Der ehemals sehr unterschiedliche Wurzelhorizont mit einer Mischung aus Flach- und Tiefwurzlern homogenisiert sich dann zu einem

72 *Schafherde auf der Rosset-Hochfläche in 2650 m Höhe im obersten Valsavarenche-Tal im Kerngebiet des Gran-Paradiso-Nationalparks. Im Hintergrund die Aiguille Rousse, 3482 m, am Ende des Orco-Tales mit der italienisch-französischen Grenze (September 1978).*

gleichmäßigen Wurzelhorizont, der eine Art Gleitschicht darstellt, die die Bodenerosion fördert und die Fähigkeit der Böden zur Wasserspeicherung reduziert.

Das richtige Maß der Nutzung ist also sehr entscheidend dafür, dass die meist künstlich geschaffene Vegetationsdecke stabil und dicht wird bzw. bleibt, dass sie eine gute Biomasseproduktion gewährleistet, dass sie sich nicht allmählich wieder in Strauch-/Waldgesellschaften verwandelt und dass sie die sprunghafte Dynamik dank guter Wasserspeicherfähigkeit und als guter Erosions- und Lawinenschutz dämpft. Auf nicht extremen Standorten kann

73 *Sogenannte „Viehwege“ oder „Viehgangeln“ im obersten Jaun-Tal (Abländschen, Freiburger Alpen) in ca. 1700 m Höhe. Diese entstehen auf allen etwas steileren Weideflächen durch die Angewohnheit der Tiere, hier der Rinder, beim Weiden hangparallel zu gehen und dabei mit dem Kopf nach oben zu fressen. Auch hier ist das richtige Maß entscheidend: Sind zu viele Tiere auf der Weide, dann werden die Viehgangeln tief ausgetreten und fördern den Bodenabtrag; bei der richtigen Zahl der Tiere und angemessenem Beginn und Dauer der Weidezeit können die Viehgangeln wie hier den Boden sogar festigen und durch die leichte Terrassierung zusätzlich stabilisieren (August 1982).*

daher die Kulturlandschaft, die auf diese Weise genutzt wird, dann die ökologische Stabilität eines Waldes erreichen.

Die Suche und die Gewährleistung des richtigen Maßes der Nutzung prägt alle Nutzungsformen der traditionellen Bauerngesellschaften in den Alpen. Am deutlichsten lässt sich diese Strategie an den gemeinschaftlich genutzten Almen feststellen (Bild 72 und 73): Hier bestand die Gefahr, dass sich einzelne Nutzer zu Lasten der Gemeinschaft einen Vorteil verschaffen, indem sie viel zu intensiv wirtschaften. Deshalb wurden in zahllosen Alp- oder Almsatzungen die Rahmenbedingungen der „richtigen“ Almnutzung bis ins letzte Detail festgelegt (genaue Zahl der Tiere, Beginn und Ende der Almzeit usw.). In Regionen, wo eine Unternutzung drohte, wurde ein „Almzwang“ für alle Tiere im Tal eingeführt, damit die richtige Zahl der Tiere erreicht werden konnte.

Nur ein Teil dieser detaillierten Regelungen wurde schriftlich festgelegt, die meisten wurden lediglich mündlich weitergegeben. In ihnen ist jahrhundertelanges Erfahrungswissen im Umgang mit der kleinräumigen Alpennatur enthalten, das sich in der Formung der Kulturlandschaft teilweise sichtbar niedergeschlagen hat.

74 *Weil auf allen geneigten Ackerflächen das fließende Wasser immer den Boden abträgt und weil bei der Bodenbearbeitung mit Pflug und Haue die Erde immer hangabwärts verlagert wird, ist das „Erd-Auftragen" vom unteren zum oberen Rand der Ackerparzelle eine der wichtigsten und zugleich anstrengendsten der traditionellen Pflege- und Reparaturarbeiten im Frühjahr, das nicht zufällig auch „Erd-Aufschinden" genannt wird. Hier ein Beispiel aus dem Tuxer Tal in Tirol (Zillertaler und Tuxer Alpen) aus dem Jahr 1943, das von Erika Hubatschek aufgenommen wurde.*

Die fünfte und letzte Strategie besteht darin, alle Kulturlandschaften mittels einer großen Menge von Pflege- und Reparaturarbeiten jeweils dort gezielt zu stabilisieren, wo sie als künstliche Ökosysteme immer wieder durch natürliche Prozesse instabil werden. Dies sind einerseits regelmäßige Pflegearbeiten, andererseits periodisch anfallende Reparaturarbeiten.

Die meisten der regelmäßigen Pflegearbeiten werden im Frühling und Frühsommer ausgeführt. Dazu gehört das „Erd-Auftragen" auf allen geneigten Ackerflächen (Bild 74), das Beseitigen der Schnee- und Lawinenschäden an Wegen, Zäunen oder Wasserleitungen und das Wegräumen von Steinen und Schutt aus dem gesamten Kulturland, das durch Lawinen im Laufe des Winters dort abgelagert wurde. Im Hochsommer werden dann die Bachbetten gesäubert, damit sich kein Material ansammelt, das einen Stau oder gar eine Mure auslösen könnte, und es werden die aufkommenden Sträucher und Bäume „geschwendet", also entfernt (Bild 75).

Neben den regelmäßigen gibt es dann auch die unregelmäßigen Arbeiten: Sie fallen dann an, wenn nach einem heftigen Sommergewitter der Boden abrutscht und wieder gesichert werden muss, wenn eine Mure oder ein Felssturz abgegangen ist und das Kulturland von den Ablagerungen befreit werden muss, wenn ein Sturm Bäume entwurzelt hat usw. Unter Einsatz großer Arbeitsleistungen werden also die Auswirkungen der sprunghaften Naturdynamik möglichst sofort nachträglich repariert und beseitigt.

Während die Strategien 1 und 2, also die Nichtnutzung besonders problematischer Teilflächen und das systematische Ausweichen vor zu großen Gefahren, einen präventiven Charakter besitzen und die heftigsten Dynamiken von vornherein ausschließen, zielen die Strategien 3 und 4, also die kleinräumige Nutzung und die Ausrichtung der Nutzung am richtigen Maß, auf die Minimierung der vom Menschen durch die Nutzung ausgelösten Naturprozesse. Strategie 5 ist schließlich einer nachsorgenden Perspektive verpflichtet.

Mit dieser Kombination aus sehr unterschiedlichen, sich wechselseitig ergänzenden Strategien ist es den traditionellen Bauerngesellschaften in den Alpen häufig – aber nicht immer – gelungen, ihrer Kulturlandschaft diejenige ökologische Stabilität zu geben, die sie von Natur aus gerade nicht hat, die aber erforderlich ist, damit der Mensch dauerhaft in den Alpen leben kann. Zahllose Siedlungen und Fluren, die seit Jahrhunderten an der gleichen Stelle liegen und die heute noch bewohnt bzw. genutzt werden, beweisen dies.

Die bäuerliche Kulturlandschaft ist auf diese Weise in vielen Fällen ökologisch ähnlich stabil wie die Waldgesellschaften, die zuvor auf diesen Flächen gestanden haben. Dies gilt aber nur unter der Bedingung der permanenten Bearbeitung – wird diese eingestellt oder stark reduziert, dann erhalten die Naturprozesse schnell ihren sprunghaften Charakter zurück.

Bäuerliche Arbeit kann sich daher nicht nur auf die alleinige Produktion von Lebensmitteln konzentrieren, sondern muss sich zugleich dafür verantwortlich fühlen, dass die Voraussetzung und Grundlage ihrer Produktion, die ökologisch stabile Kulturlandschaft, erhalten bleibt. Oder anders ausgedrückt: Sie muss die Produktion so gestalten, dass der Erhalt, die „Reproduktion" der Kulturlandschaft gewährleistet ist, denn andernfalls würde sie sich ihre eigene Grundlage zerstören. Diese doppelte Aufgabe gilt zwar für alle Bauerngesellschaften der Erde, sie wird aber in den Alpen besonders eindrücklich sichtbar.

Ähnlich wie alle Bauerngesellschaften denken und handeln auch diejenigen in den Alpen langfristig. Dafür ist die Maxime: „Gib den Hof so an deinen Sohn weiter, wie du ihn von deinem Vater empfangen hast!", ein gutes Beispiel, denn sie verpflichtet den jeweiligen Hofinhaber dazu, das Anwesen in seiner Substanz zu erhalten und es keineswegs aus kurzfristig-individuellen Interessen zu Lasten der nachfolgenden Generation zu verschlechtern. Bauerngesellschaften wissen in der Regel, dass ihre aktuelle wirtschaftliche Situation stark von der Arbeit der vorangegangenen Generation abhängig ist, und sie erleben dies als Verpflichtung für die nachfolgenden Generationen. Deshalb ist ein kurzfristiges und individuell-egoistisches Handeln normalerweise wenig verbreitet, was man an zahlreichen Regelungen und Gewohnheitsrechten ablesen kann, wo jeweils der Hof, die Familie oder die Alm *über* den Interessen einer einzelnen Person steht. Ohne diesen sozialen und kulturellen Rahmen wäre die ökologische Stabilität der Kulturlandschaft nicht zu erreichen.

75 *Die Alm Obere Brüesche, 1794 m (Gemeinde Lauenen), unterhalb des Wasserngrates/Brüeschegrates (2100–2200 m) in den Berner Alpen. Aus Schutz vor Lawinen und Steinschlag wurden die Almgebäude in Falllinie übereinander errichtet, und das obere Gebäude erhielt an der Bergseite einen Lawinenkeil. Die vegetationsfreien Stellen im steilen Übergangsbereich zwischen Almweiden und Felshang wurden früher regelmäßig befestigt und eingesät. Ebenfalls war es notwendig, die Almfläche im Frühsommer zu „räumen", also von Steinen zu befreien, die von Felsstürzen und Lawinenabgängen stammten, und zu „schwenden", also neu aufkommende Sträucher und Bäume zu entfernen (August 1982).*

Charakteristika alpiner Kulturlandschaften

Aufgrund des Reliefs der Alpen und der unterschiedlichen ökologischen Ansprüche von Ackerbau und Viehwirtschaft an den Naturraum besteht das zentrale Charakteristikum der alpinen Kulturlandschaften in ihrer vertikalen Staffelung: In der Regel liegt der Hauptsiedlungsort mit den wichtigsten Ackerflächen unten im Tal. Die Flur besitzt hier eine eher kleine Ausdehnung, während sich direkt darüber weitläufige Hang- und Hochflächen erstrecken, die viehwirtschaftlich genutzt werden. Um die einzelnen Höhenstockwerke optimal zu nutzen, deren Vegetationsbeginn und -dauer sehr unterschiedlich sind, wurden zwischen der Flur im Tal und den Almflächen oft noch Zwischenstockwerke der Nutzung angelegt, die sehr unterschiedlich benannt werden, z. B. als Maiensässen oder Voralmen, und von denen es eine unüberschaubar große Vielfalt im Alpenraum gibt.

Aus diesem Charakteristikum der alpinen Kulturlandschaft folgt das zentrale Merkmal der Landwirtschaft im Alpenraum, womit sie sich von allen außeralpinen Formen der Landwirtschaft unterscheidet: die Ausbildung von „Staffelsystemen", also von Nutzflächen in verschiedenen Höhenstufen, die jeweils zu unterschiedlichen Zeiten bearbeitet werden und zwischen denen sich die Familien bzw. jeweils einzelne Familienmitglieder auf und ab bewegen. Und die Kunst besteht darin, die Erträge der einzelnen Nutzungsstockwerke so miteinander zu kombinieren, dass eine Familie davon leben kann.

▲76 *Der Ort Guarda, 1653 m (Bildmitte), im Unterengadin mit dem Piz Buin, 3312 m (Mitte links), und dem Piz Fliana, 3281 m (links mit Schneefleck). Der Ort und die ihn umgebende Flur der ehemaligen Ackerparzellen liegen auf einer leichten Talverflachung in gut besonnter, südexponierter Lage, darüber folgt der Bannwald und dann die Almweiden (Oktober 1994).*

▶77 *Der Ort l'Echalp, 1677 m, im obersten Guiltal (Haut Queyras, Cottische Alpen); der höchste Gipfel im Hintergrund ist die Punta Ramiere, 3303 m. Die grünen Flächen in Dorfnähe sind bewässerte Wiesen auf ehemaligen Ackerparzellen, direkt darüber nicht bewässerte Wiesen. Der Bannwald ist stark aufgelichtet, darüber die Almweiden, die oberhalb des Dorfes bis zum Grat in 2600 m Höhe reichen (September 1983).*

Die auf Dauerhaftigkeit angelegten Nutzungsformen, die sich zur Dämpfung der sprunghaften Naturdynamik an den fünf genannten Strategien orientieren, führen in der Regel zu einer großen Artenvielfalt auf den Kulturflächen. Insgesamt ist die Artenvielfalt der bäuerlichen Kulturlandschaften sogar deutlich höher als im Naturzustand, wofür es fünf Ursachen gibt.

Erstens führt die sehr kleinräumige Nutzung der Landschaft mit der Nichtrodung von relevanten Waldflächen dazu, dass keine Pflanzen- und Tierarten aus den Alpen verschwinden, die hier vor der Besiedlung durch den Menschen heimisch waren. Dies gilt selbst für Raubtiere wie Wolf, Bär oder Luchs, mit denen Bauerngesellschaften in den Alpen mehrere Tausend Jahre lang zusammengelebt haben. Ihre Ausrottung wird erst durch die Erfindung des Gewehrs möglich, also eines typischen Instruments der Industriegesellschaft.

Zweitens sorgt der richtige Beginn und die richtige Dauer der Nutzung dafür, dass sich die Vegetationsdecke mit der Nutzung gut entwickeln kann. Die regelmäßige Mahd oder Beweidung verhindert, dass sich einige wenige Pflanzen zu Lasten aller anderen durchsetzen und dominant werden, weshalb vergleichsweise viele Pflanzen und Pflanzenarten Wuchsmöglichkeiten erhalten. Und da der Boden auf Weiden und Wiesen selten gedüngt wird, bleiben die Unterschiede zwischen magereren und fetteren Standorten bei der Nutzung erhalten.

Drittens ist die Kulturlandschaft sehr kleinräumig geprägt und enthält dadurch besonders viele Grenzsäume in zahlreichen Varianten, die für die Artenvielfalt so wichtig sind. Darüber hinaus sorgt die Auflichtung der eher artenarmen Wälder dafür, dass sich die von Natur aus kleinen, aber sehr artenreichen Rasengesellschaften gut ausbreiten können.

Viertens verwildern aus den Gärten am Rande der Alpen und aus denen von Dörfern in den Alpen immer wieder Pflanzen und breiten sich ins Gebirge aus, wie z. B. der Affodil, die Totenblume der Griechen. Hinzu kommen die Auswirkungen der großräumigen Schafwanderungen zwischen den Almweiden im Sommer und den Alpenvorländern im Winter, bei denen immer wieder Pflanzensamen aus dem Tiefland in die Alpen eingebracht werden.

Fünftens werden mit der Entstehung von Bauerngesellschaften die Getreidesorten und die gesamte „Ackerbegleitflora", die Ackerunkräuter in die Alpen eingeführt; alle diese Pflanzen stammen aus dem Vorderen Orient und verbreiten sich schnell in den Alpen.

Aus diesen Gründen ist die Artenvielfalt in den bäuerlichen Kulturlandschaften deutlich höher als im Naturzustand und deshalb liegt der Höhepunkt der Artenvielfalt im Alpenraum in der Zeit um 1800 – 1850.

▲ 78 *Im Mai ist der Unterschied zwischen den Flächen, die im letzten Jahr als Wiese oder Weide genutzt wurden, und den nicht mehr genutzten Flächen besonders gut sichtbar (hier im Neraissa-Tal/Cottische Alpen in 1200 – 1300 m Höhe): Während das abgemähte oder abgeweidete Gras bereits seit zwei Wochen wächst, bildet das lange Gras der nicht mehr genutzten Flächen einen dichten Grasfilz, der das Wachstum der Vegetation um etwa drei bis vier Wochen verzögert: Die menschliche Nutzung fördert die frühe und schnelle Vegetationsentwicklung (Mai 1980).*

▶ 79 und 80 *Sehr artenreiche Vegetationsgesellschaften auf Nutzflächen im Neraissa-Tal (Cottische Alpen). Bild 79 zeigt eine artenreiche Almweide in 2050 m Höhe, Bild 80 eine Mähwiese auf einer ehemaligen Ackerparzelle in 1520 m Höhe: Wenn die Kulturlandschaften richtig genutzt werden, dann bilden sie oft sehr artenreiche Vegetationsgesellschaften aus (Ende Juni 1997, dritte Juniwoche 1995).*

▲ 81 *Die gleichmäßige Vegetationsdecke dieser Almweide in etwa 2200 m Höhe in der Nähe des Grates zwischen Maira- und Varaita-Tal (Cottische Alpen) lässt die kleinsten Geländeunebenheiten deutlich sichtbar werden. In der Bildmitte zwei ehemalige, inzwischen verwachsene Wege (Juni 1979).*

Ein weiteres Charakteristikum der alpinen Kulturlandschaften besteht darin, dass auf Grund ihrer kleinräumigen Gestaltung alle naturräumlichen Unterschiede und Strukturen sehr viel deutlicher sichtbar werden, als wenn ein geschlossener Wald auf der gleichen Stelle wachsen würde.

Grund ist, dass fast alle flacheren und steileren Flächen in den Alpen ein bewegtes Mikrorelief besitzen und es selten größere Flächen mit einer gleichmäßigen Oberfläche gibt. Dies liegt am kleinräumigen Wechsel der unterschiedlichen Gesteinsarten, an den unregelmäßigen Auswirkungen der Frostsprengung und der Verwitterung, an der eiszeitlichen Überprägung des Reliefs und am chaotischen Abtrag des fließenden Wassers. Die niedrige Vegetationsdecke der Kulturlandschaften macht diese Mikroformen vor allem im Mai/Juni und im September/Oktober sehr gut sichtbar, besonders wenn die Sonne schräg steht und der Schattenwurf auch kleinste Geländeunterschiede herausarbeitet (Bild 81 bis 84). Dort, wo im Naturzustand auf allen diesen Flächen Wald steht, lässt er diese Unterschiede weitgehend verschwinden: Die langen Baumstämme und die Kronen bilden meist eine relativ einheitliche Waldoberfläche aus, die die Reliefunterschiede am Boden ausgleicht und oft sogar Rinnen und Gräben unsichtbar macht.

Die kleinräumige Kulturlandschaft erhöht daher nicht nur die Artenvielfalt, sondern sie vergrößert auch die landschaftliche Vielfalt sehr stark. Dies ist deswegen so wichtig, weil die Alpen von Natur aus keine offene Landschaft sind, genauer gesagt, weil sie im unteren und mittleren Höhenbereich keine offene Landschaft sind: Hier durchbrechen nur die Sand- und Kiesbänke in den Auenwäldern und einige Felswände und wenige kleine isolierte Felsgipfel im Bergwald die flächendeckenden Wälder, während die waldfreien Flächen des obersten Stockwerkes von unten entweder gar nicht oder nur an wenigen Stellen relativ klein zu sehen sind. Alle Bilder dieses Kapitels mit Ausnahme von Bild 72 zeigen Landschaften, die im Naturzustand vollständig oder sehr stark mit Wald bedeckt wären, und sie machen damit anschaulich nachvollziehbar, welche Bedeutung die traditionelle Kulturlandschaft für die Kleinräumigkeit der Alpenlandschaft besitzt.

82 *Die bewegte, kleinräumige Oberfläche dieses Berghanges im Gasteiner Tal (Hohe Tauern) in 850–950 m Höhe ist dank der Nutzung als Mähwiese gut zu erkennen, auch wenn einige Parzellen bereits verbuschen. Stünde hier ein Wald, wären diese Reliefunterschiede nicht mehr wahrzunehmen, und die Baumwipfel würden den Eindruck eines gleichförmigen Hanges vortäuschen (Oktober 1984).*

Dadurch wird die Landschaft der Alpen für die Besucher von außerhalb sehr viel abwechslungsreicher, interessanter und lebendiger als im Naturzustand, und viele Menschen würden auch sagen, dass sie dadurch „schöner" wird.

Für die Bewohner der Alpen dagegen war dieser Aspekt lange Zeit unwichtig, denn „schön" ist eine Landschaft für vorindustrielle Bauerngesellschaften – wie zahlreiche Orts- und Flurnamen in den Alpen belegen – immer nur dort, wo es besonders fruchtbare und gut zu bearbeitende Stellen gibt. Nur diese werden dann entsprechend benannt wie „Schönbühl", „Schönwies", „Schönegg" usw., nie jedoch ein gesamtes Tal oder eine ganze Region.

Aber es gibt für die Bewohner der Alpen noch eine ganz andere wichtige Bedeutung der Kulturlandschaft: In ihrer kleinräumigen Gestaltung erkennen sie ihre eigene Arbeit und die der vorangegangenen Generationen wieder, sie sehen, wie sich ihre jahrhundertelange Arbeit im Landschaftsbild und in den Landschaftsformen niedergeschlagen hat und wie aus der abweisenden und teilweise bedrohlichen Alpennatur ein menschlicher Lebensraum geworden ist.

Gerade solche Kulturlandschaften können mit Fug und Recht mit dem oft missbräuchlich verwendeten Begriff „Heimat" bezeichnet werden: Sie stellen einen Teil der Natur dar, der mittels Arbeit zu einem menschlichen Lebensraum umgewandelt wurde, wobei aus der engen Verflechtung von Natur- und Kulturfaktoren Landschaften entstanden sind, die einen besonderen, unverwechselbaren Charakter ausstrahlen und in denen sich die lange Geschichte des menschlichen Umgangs mit der Natur auch für Laien ersichtlich widerspiegelt.

Allerdings wissen diese Bauerngesellschaften auch, dass ihre Kulturlandschaften nicht einfach „da" sind, sondern steter Nutzung und Pflege bedürfen und ohne sie schnell wieder verschwinden würden.

Die traditionellen Kulturlandschaften im Alpenraum bieten also keineswegs bloß ein attraktives oder schönes Alpenbild. Vielmehr sind sie sichtbarer Ausdruck einer ganz bestimmten Form der Naturnutzung (vorderasiatisches Grundmuster der Landwirtschaft, alpenspezifisch in Form von Staffelsystemen modifiziert), die langfristig und generationenübergreifend angelegt ist und deren zentrales Interesse neben der Produktion von Lebensmitteln darin besteht, die sprunghafte Naturdynamik zu dämpfen und die menschlich geschaffenen Kulturflächen ökologisch stabil zu halten (fünf Strategien der Naturnutzung, die Produktion und Reproduktion eng miteinander verbinden). Das Produkt dieser spezifischen Interaktion Mensch – Natur ist eine Landschaft, die die naturräumlichen Strukturen besonders betont und herausarbeitet und die kleinräumiger und artenreicher ist als die Naturlandschaft. Diese Landschaft kann nur dann ein menschlicher Lebensraum und eine „Heimat" sein, wenn der Mensch für ihre Gesamtheit Verantwortung übernimmt, diese Verantwortung täglich lebt und sie an die nachfolgende Generation weitergibt – andernfalls würde die Kulturlandschaft entweder zuwachsen und im Wald verschwinden oder von Erosion, Muren, Lawinen oder Hochwasser zerstört werden.

Diese grundsätzlichen Aussagen gelten im Grunde für die gesamte Bandbreite der vielen unterschiedlichen Kulturlandschaften in den Alpen und versuchen die Gemeinsamkeiten in der nahezu unendlichen Vielfalt zu benennen. Um dieser aber wenigstens ansatzweise etwas gerecht zu werden, stellen die beiden folgenden Abschnitte die beiden wichtigsten Kulturlandschaftstypen der Alpen etwas näher vor, nämlich die romanischen und die germanischen Kulturlandschaften.

Die romanischen Kulturlandschaften finden sich häufig – aber nicht immer – in den Alpenregionen, in denen Französisch, Italienisch, Rätoromanisch, Frankoprovenzalisch oder Okzitanisch gesprochen wird. Sie liegen meist in den inneralpinen Trockenzonen sowie im mediterran geprägten Südsaum der Alpen und gehören zu den sogenannten

▲83 Die kurze Vegetation der Kulturlandschaft lässt kleinste Reliefunterschiede wie schwach ausgebildete Gratrücken und Moränenflecken deutlich hervortreten: Hier am Rande der Emmentaler Alpen oberhalb des Thuner Sees bei Heiligenschwendi in etwa 1100 m Höhe (Oktober 1992).

84 *Eine klassische „Hängetal"-Situation, wie sie in den Alpen häufig vorkommt: Der eiszeitliche Stura-Gletscher hat das Haupttal der Stura di Demonte zu einem breiten Trogtal mit steilen Talflanken umgewandelt (Vordergrund). Die zwei kleineren Gletscher, die aus den beiden Seitentälern der Seealpen kamen (Bildmitte und links), wurden durch den Hauptgletscher blockiert und konnten sich daher nicht so stark eintiefen, sodass an der Mündung ins Stura-Tal eine Höhendifferenz von 250 m entstand. In den eisfreien Zeiten zerschnitt das fließende Wasser der beiden Seitentäler diese Felsschwelle und schuf zwei schluchtartige Einschnitte (im Bild als Schattenpartien). Der Mensch nutzte die moränenbedeckten flacheren Teile der Felsschwelle, um Ackerparzellen anzulegen, und wandelte größere Teile des breiten und flachen Doppelschwemmkegels in Wiesengrund um. Die beiden Bachläufe auf dem Schwemmkegel sind an ihrer Auenvegetation gut erkennbar; sie haben noch die Möglichkeit, über die Ufer zu treten, ohne sofort im Kulturland Schaden anzurichten. Der Kern der Schwemmkegelsiedlung Pratolungo, 899 m, liegt in der relativ sichersten Position auf dem Schwemmkegel, nämlich an seinem obersten Ende (die Ortsverlängerung nach unten ist jüngeren Datums). Die Umwandlung der Natur- zur Kulturlandschaft lässt die Hängetal-Situation besonders deutlich werden: Wären alle gerodeten Flächen mit einem Auwald oder Bergwald bestanden, wären diese Strukturen viel schlechter zu erkennen (August 1986).*

„Altsiedellandschaften", die früh besiedelt wurden. Die germanischen Kulturlandschaften befinden sich häufig – aber nicht immer – in den Alpenregionen, in denen Deutsch gesprochen wird. Sie liegen meist im kühlen Nordsaum der Alpen sowie im kontinental geprägten Ostteil der Ostalpen und gehören zu den sogenannten „Jungsiedelräumen", die erst ab dem Mittelalter dichter besiedelt wurden. Beide unterscheiden sich deutlich in der Form der landwirtschaftlichen Nutzung, in der Siedlungs- und Sozialstruktur, in den kulturellen Werten und folglich auch im Landschaftsbild.

85 *Das enge, fast burgartig zusammengebaute Dorf Celle, 1675 m, im obersten Varaita-Tal in den Cottischen Alpen. Es ist in solchen Orten oft nicht einfach zu erkennen, wo ein Haus aufhört und das nächste beginnt (August 1981).*

Romanische Kulturlandschaften

Der romanische Typ der Berglandwirtschaft ist dadurch charakterisiert, dass der Ackerbau die zentrale Stellung im Rahmen der traditionellen Wirtschaft, Ernährung und Kultur einnimmt, während die Viehwirtschaft weniger wichtig ist: In den tief gelegenen Tälern am Alpenrand hat die Viehwirtschaft nur einen randlichen Stellenwert, nimmt aber an Bedeutung zu, je höher ein Ort im Gebirge liegt – ohne allerdings jemals eine dominante Position zu erreichen; im besten Falle besitzen die Produkte der Viehwirtschaft für die Bauernfamilie den gleichen Stellenwert wie die Produkte des Ackerbaus. Allerdings erfordert der Ackerbau den drei- bis vierfachen Arbeitseinsatz, weshalb er immer im Zentrum der Aktivitäten steht. Dies kann man auch daran sehen, dass die wichtigsten Feste im Jahreslauf mit dem Ackerbau zusammenhängen (Ernte, Brotbacken).

Diese Agrarstruktur kann man in der Landschaft – auch heute noch – deutlich erkennen: Die ortsnahen Fluren um die Siedlungen herum weisen praktisch überall Ackerterrassen auf, wurden also früher als Ackerflächen genutzt (Bild 86). In den günstigen tieferen Lagen gab es traditionsbedingt kaum Wiesen- oder Weideflächen. Die heute noch gut erkennbaren kleinen Ackerterrassen an vielen Steilhängen verraten deutlich, wie groß früher der Druck war, Ackerflächen anzulegen: Ohne Getreideprodukte konnte eine Bauernfamilie auch die schönsten Almgebiete nicht nutzen, weil man von den Produkten der Viehwirtschaft allein nicht leben konnte.

Mit dieser agrarischen Ausrichtung sind weitere Charakteristika verbunden, die ebenfalls in der Landschaft zu sehen sind: Ackerparzellen erfordern sehr viel Arbeitseinsatz auf kleinen Flächen, bringen aber andererseits einen relativ hohen Ertrag. Deshalb können von vergleichsweise kleinen Ackerflächen relativ viele Menschen leben, sodass in diesen Alpenregionen eine hohe Bevölkerungsdichte herrscht. Da es für eine Familie sinnvoll ist, ihre Ackerflächen in

der Flur breit zu streuen, damit ein Unwetter, eine Mure oder eine Lawine nicht gleich die gesamte Getreideernte eines Jahres auf einmal zerstört, werden die Ackerflächen systematisch parzelliert. Damit eng verbunden ist die Erbsitte der Realteilung, bei der *jedes* Kind Parzellen aus dem elterlichen Erbe erhält. Und man kann nur bzw. erst dann heiraten, wenn die Parzellen, die beide Ehepartner in die neue Ehe einbringen, groß genug sind, um eine Familie zu ernähren.

Diese Realteilung betrifft auch die Gebäude, die ebenfalls geteilt und dann häufig durch Anbauten vergrößert werden, sodass dicht zusammengebaute Haufendörfer entstehen, bei denen die Häuser oft ineinander übergehen (Bild 85). Deshalb gibt es in diesem Agrarsystem keinen „Hof" (also ein Gebäude, das stets von der gleichen Familie bewohnt wird, mit festen Flurstücken), sondern Gebäudeteile und Ackerparzellen sind stets in Bewegung und werden stets neu kombiniert.

Charakteristisch für dieses System ist weiterhin, dass eine Familie üblicherweise eine Reihe von Ackerparzellen und Gebäudeteilen als Eigentum besitzt, während die Viehwirtschaft auf den Flächen im Gemeinschaftsbesitz (Wälder und Almen) betrieben wird. Daher ist die Zahl der privaten Wiesenparzellen sehr klein und private Weideparzellen bilden die Ausnahme.

Die romanische Berglandwirtschaft ist also ein relativ arbeits- und flächenintensives Agrarsystem, was man noch heute vor allem im ehemals intensiv genutzten Talbereich an zahlreichen Landschaftsrelikten ablesen kann.

86 *Ackerflur unterhalb des Dorfes Podio soprano, 1302 m (am Bildrand links) im Neraissa-Tal in den südlichen Cottischen Alpen, auf der noch einige Parzellen als Winterroggen- und Kartoffelacker, die meisten jedoch als Wiese genutzt werden. Die halbkreisförmige, moränenbedeckte und 100 m hohe Mulde wurde vom eiszeitlichen Stura-Gletscher geschaffen, der an dieser Stelle von einem größeren Seitengletscher nach Norden (im Bild links) gedrückt wurde. Die Verwandlung dieses Hanges in eine Ackerflur macht diese Struktur besonders gut sichtbar. Die Ackerterrassen sind Stufenraine, die sich im Laufe der Zeit allmählich durch das Pflügen ausgebildet haben (Juli 1988).*

87 *Mähwiesen kommen im Unterschied zu Ackerparzellen ohne Terrassen aus, denn der Boden ist stets mit Gras bedeckt und kann daher nicht so leicht erodiert werden: Wiesen in 950 m Höhe in der Nähe des Ortes Pradleves im Grana-Tal in den Cottischen Alpen (Mai 1980).*

88 *Pflügen eines Kartoffelackers im Neraissa-Tal (Cottische Alpen) mit Maultier und Hakenpflug. Wegen der fast vollständigen Einstellung des Ackerbaus in den Alpen sind solche Szenen nur noch sehr selten zu sehen (Mai 1980).*

Um auf Ackerparzellen die Bodenerosion zu vermindern, pflügt man hangparallel (Bild 88). Da das Wenden des Pfluges mühsam ist, sind Ackerparzellen sehr lange und sehr schmale, hangparallel verlaufende Parzellen. Beim Pflügen beginnt man in der Regel am obersten Rand der Parzelle, wobei mit der obersten Furche die Erde etwas hangabwärts verlagert wird, während später am unteren Rand die unterste Furche so angelegt wird, dass die hangabwärts verlagerte Erde noch auf der eigenen Parzelle verbleibt, sodass hier die Erde etwas angehäuft wird. Im Laufe der Zeit wird dadurch am oberen Parzellenrand immer mehr Erde abgetragen, während sich am unteren Parzellenrand immer mehr Erde akkumuliert – so entstehen entlang der Parzellengrenzen allmählich Stufenraine oder Ackerterrassen (Bild 86 und 89). Gelegentlich werden auch senkrechte Steinmauern errichtet, wenn das Relief sehr steil ist oder wenn man jeden Quadratmeter Fläche nutzen will.

Wiesen dagegen kommen ohne Terrassen aus, weil sie beim Mähen hinderlich wären und die Bodenerosion hier sehr viel geringer ist als bei Äckern (Bild 87). Allerdings sind Wiesenflächen in Ortsnähe im romanischen Raum der Alpen eher selten: Wenn der Boden halbwegs fruchtbar ist, wird er in Ackerfläche umgewandelt, wenn nicht, bleibt der Wald stehen oder der Boden wird zu Weideflächen umgewandelt, die im Frühling und Herbst genutzt werden.

Staffelsysteme haben im Rahmen der romanischen Berglandwirtschaft einen hohen Stellenwert: Der Hauptwohnsitz im Tal ist nur im Winter durchgehend bewohnt, während im übrigen Teil des Jahres sich die Familie in einer oder in mehreren Sommersiedlungen aufhält, die oft 500 m höher liegen (Bild 89). Solche Siedlungen sehen ganz ähnlich aus wie Wintersiedlungen, es fehlt lediglich der Backofen (früher wurde einmal im Jahr im November gebacken), und sie haben keine oder wenige Balkone (zum Trocknen und Lagern von Landwirtschaftsprodukten). Auch die Flur der Sommersiedlungen unterscheidet sich wenig von der der Wintersiedlungen, auch hier dominieren die Ackerflächen. Allerdings gibt es in dieser Höhenlage jetzt mehr Wiesen als weiter unten, die dazu dienen, das Winterfutter für die Tiere zu gewinnen.

In Tälern mit besonders großen Reliefunterschieden gibt es mehrere Sommer- bzw. Temporärsiedlungen, um die unterschiedlichen Zeiten des Vegetationsbeginns und der Vegetationsdauer optimal zu nutzen. Den Rekord im Alpenraum hält das Val d'Anniviers im französischsprachigen Wallis, wo es früher bis zu 20 verschiedene Nutzungsstufen gab, um die Flur zwischen 520 m (Weinberge im Rhônetal) und 2800 m (höchste Almweiden) zu bewirtschaften; eine einzelne Familie besaß daher bis zu 70 Wohn- und Wirtschaftsgebäude!

▶ 89 *Die Sommersiedlung Neraissa superiore, 1520 m (unten am Bildrand) war früher von Mai bis September bewohnt. Die dazugehörige ortsnahe Flur ist durch Äcker und Wiesen gekennzeichnet. In der unteren Bildhälfte deutlich ausgeprägte Ackerparzellen, die bis 1965 als Acker, danach bis heute als Wiese genutzt werden (erkennbar am intensiven Grünton). Die anderen Flächen (gelbgrüne Farbtöne) werden heute als Weidefläche genutzt und waren bis 1965 Bergmähder. Innerhalb dieser Flächen sind im oberen rechten Bildteil einige wesentlich ältere und schmalere Ackerterrassen zu erkennen, die bereits im Kataster von 1900 als Wiese verzeichnet sind und auf einen früher viel ausgedehnteren Ackerbau verweisen, der hier bis in 1660 m Höhe reichte. Solche Landschaftsrelikte können wichtige Hinweise auf frühere Nutzungen geben (September 1984).*

90 *Auf den Almweiden gab es früher nur selten Ställe, vielmehr wurde das Vieh nachts zum Schutz vor den Raubtieren in Steinpferchen zusammengetrieben. Dieser Steinpferch in 2100 m Höhe im Neraissa-Tal wurde bis 1965 genutzt. Nicht sichtbar sind zwei kleine Tonnengewölbe am Stein, die halb unterirdisch daneben liegen und die früher als Schlafstätte und als Käsekeller dienten. Im Hintergrund die Seealpen mit dem Rio-Freddo-Seitental (Bildmitte), dem Monte Matto, 3088 m (links), und der Rocca Valmiana, 3006 m (Bildmitte oben) (September 1984).*

Wegen der großen Bedeutung des Ackerbaus in den Tallagen spielt sich die Viehwirtschaft im System der romanischen Berglandwirtschaft in den höher gelegenen Gebieten ab: Hier liegen die weiten Almgebiete, die im Sommer ohne große Mühe als Weideflächen genutzt werden können und die jahrtausendelang kaum Gebäude besitzen (Bild 90 und 92). Weil alle halbwegs geeigneten Flächen weiter unten als Äcker und Wiesen genutzt werden, bleiben für die Almweiden oft nur sehr hoch gelegene Gebiete übrig, die heute von Besuchern oft als „Urlandschaft" oder „reine Natur" wahrgenommen werden, obwohl sie sehr alte Almflächen darstellen.

Um das Vieh im Winter wegen des Schnees im Stall füttern zu können, muss dafür im Sommer auf den Wiesen Heu gewonnen werden. Allerdings sind die Wiesenflächen relativ klein. Dies liegt daran, dass der Viehbestand im Herbst deutlich reduziert wird (Schlachten und Verkauf von Tieren), dass „Laubheu" (dünne Zweige mit Blättern) aus dem Wald als ergänzendes Viehfutter verwendet wird und dass das Vieh mehr durchgehungert als durchgefüttert wird.

Hinzu kommt, dass die Nutztierrassen in diesen Alpenregionen meist eine sehr lange Züchtungstradition besitzen. Die Erträge an Milch, Fleisch und Wolle sind daher in der Regel nicht hoch, aber dieser Nachteil wird durch ihre Robustheit (Kälteresistenz, Verwertung von kargem Futter), ihre Geländegängigkeit (Nutzung auch steiler Hänge in großer Höhe) und ihre Genügsamkeit ausgeglichen.

Auch diese Punkte sind ein Hinweis darauf, dass die Viehwirtschaft in der romanischen Berglandwirtschaft nicht sehr intensiv betrieben wird und dass die Hauptarbeit und die Hauptsorge dem Ackerbau gilt.

◄ 91 *Schafe der Sambucana-Rasse im Neraissa-Tal. Diese Schafrasse ist sehr alt und hat sich im Laufe der Zeit sehr gut an die Bedingungen im Alpenraum angepasst. Solche traditionellen Haustierrassen sind heute sehr wichtig, wenn es um eine schonende Nutzung der empfindlichen Almregion geht (Mai 1980).*

► 92 *Eine kleine Sambucana-Schafherde (die hellen Punkte in der Mitte im unteren Bilddrittel) im Neraissa-Tal in etwa 2200 m Höhe. Diese Schafe können selbst steile und karge Berghänge produktiv nutzen. Wenn der Hirte – so wie hier – auf den richtigen Weidegang und die richtige Zahl der Tiere achtet, dann fördert dies die Stabilität der Vegetationsdecke und die Artenvielfalt (September 1980).*

93 Nach oben hin gehen Almweiden und Bergmähder allmählich in Ödland über, wobei beide Bereiche sehr kleinräumig miteinander verzahnt sind, wie es am Osthang des Gipfels Pelvo d'Elva, 3064 m, im Maira-Tal in den Cottischen Alpen ab etwa 2500 m Höhe gut zu erkennen ist. Links ist ein Kar mit Moränenresten zu sehen, die von der Karschwelle talwärts verlaufen (im Vordergrund des Bildes von links nach rechts unten) (Juni 1995).

94 Gesamtbild einer romanischen Kulturlandschaft mit allen Höhenstufen (San-Michele-Seitental im Maira-Tal/Cottische Alpen): Unten am Hang die Ackerflur mit den hangparallelen Ackerterrassen und den Lesesteinhaufen in Falllinie, die den Bereich zwischen 1700 und 1800 m Höhe einnimmt (das dazu gehörende Dorf Campiglione, 1714 m, liegt direkt neben dem linken Bildrand). Wegen des Reliefs ist hier ein Bannwald nicht erforderlich, deshalb folgen am oberen Ende der Äcker die Almweiden mit den charakteristischen, einzeln stehenden „Schirmbäumen", die dem Vieh bei Regen und Sonne etwas Schutz bieten. Links kleine Waldflächen auf einem Steilhang, im Hintergrund der Monte Chersogno, 3026 m, an dessen Wänden sich Kultur- und Ödland kleinräumig verzahnen (September 1983).

Nach oben hin gehen die mit Vegetation bedeckten Flächen allmählich in die karge Felsregion über, wo sich beide oft kleinräumig ineinander verzahnen (Bild 93). Dabei werden üblicherweise etwas flachere Flächen, die über Wasser in Form einer Quelle oder eines kleinen Baches verfügen, als Almweiden genutzt, während sehr steile oder auch sehr trockene Flächen gemäht werden. Solche hochgelegenen Mähflächen, die wegen des langsamen Graswachstums teilweise nur jedes zweite oder dritte Jahr gemäht und nie gedüngt werden, nennt man „Wildheuplanggen" (Schweiz) oder „Bergmähder" (Österreich). Auch Rasenbänder mitten zwischen Felsen wurden früher mit der Sichel gemäht, wobei man sich teilweise mit Seilen von oben zu ihnen herabließ. Auf diese Weise gab es kaum einen Vegetationsflecken im Gebirge, der nicht vom Menschen genutzt wurde.

Am alpinen Ödland hatten die Bauerngesellschaften kein Interesse, und so war es auch nicht nötig, die Almflächen nach oben hin abzugrenzen. Deswegen sind die Grenzen der Almen nach unten hin (also zum Privateigentum hin) zwar genau festgelegt und vermessen, aber oben reichen sie meist pauschal einfach bis zur nächsten Wasserscheide (mit den Felsgraten und Gipfeln). Da sich viele aktuelle Aussagen zur flächenhaften Nutzung der Alpen immer noch auf diese traditionellen Almgrenzen beziehen (es gibt kaum Neuvermessungen mit einer systematischen Trennung von Weide- und Ödlandflächen), sind diese Flächenangaben sehr mit Vorsicht zu betrachten.

Bild 94 zeigt noch einmal im Überblick eine typische romanische Kulturlandschaft, in der der Wald fast immer sehr stark zurückgedrängt ist, weil es sich hier um eine arbeits- und flächenintensive Form der Berglandwirtschaft handelt, die mit einer relativ hohen Bevölkerungs- und Nutzungsdichte verbunden ist.

Germanische Kulturlandschaften

Der germanische Typ der Berglandwirtschaft ist dadurch gekennzeichnet, dass auf dem Hintergrund einer anderen Geschichte und Kultur der Ackerbau einen geringeren Stellenwert als die Viehwirtschaft einnimmt und dass bei der täglichen Ernährung Milchprodukte sehr viel wichtiger und Ackerbauprodukte weniger wichtig als im romanischen Alpenraum sind. Alemannen und Bajuwaren haben mit dieser Form der alpinen Landwirtschaft jene Teile der Alpen besiedelt, in denen der romanische Typ der Berglandwirtschaft nicht möglich ist, weil hohe Niederschläge und niedrige Temperaturen den Ackerbau stark benachteiligen.

An die Stelle der Daueräckerflächen treten im germanischen Alpenraum die Feldgraswechselflächen, auf denen „Egartwirtschaft" betrieben wird: In einem regelmäßigen Turnus werden Parzellen einige wenige Jahre als Acker, dann viele Jahre als Wiese genutzt (Bild 97 und 160), die zur Ertragssteigerung in der Regel mit dem hofeigenen Viehmist gedüngt werden (so genannte „Fettwiesen"). Auf diese Weise dient der größere Teil der talnahen Flur um die Dauersiedlungen herum der Viehwirtschaft (nämlich der Gewinnung des Winterfutters), während die Getreidefelder immer nur einen kleinen Teil der Fläche ausmachen.

Weil sowohl die Produktivität bei Lebensmitteln als auch der Arbeitsaufwand pro Fläche deutlich geringer ist als im romanischen Alpenraum, lässt das hierbei praktizierte extensive Landnutzungssystem nur eine Siedlungsdichte zu, die traditionell etwa ein Drittel bis ein Viertel von der romanischer Alpenregionen beträgt. Dies schlägt sich unter anderem in einem deutlich höheren Waldanteil nieder, der um 1900 etwa doppelt bis dreimal so groß war wie im Gebiet der romanischen Berglandwirtschaft (Bild 96).

Die Dominanz der Viehwirtschaft führt zu anderen Nutzungs- und Siedlungsstrukturen, was sich in der Landschaft niederschlägt: Wegen der extensiveren Nutzung sind sowohl die einzelnen Parzellen als auch der normale landwirtschaftliche Betrieb deutlich größer als im romanischen Raum. Häufig – aber nicht immer – herrscht hier die Tradition des Anerbenrechts (der gesamte Hof wird im Erbgang geschlossen an einen Sohn weitergegeben); vielerorts gibt es Streusiedlungen mit zahllosen Einzelhöfen, die inmitten ihrer Flur liegen (Bild 98) und die (mit Ausnahme der Küche) oft aus Holz gebaut sind (Bild 95).

Der „Hof", der oft als „Erbhof" viele Generationen im Besitz der gleichen Familie bleibt, ist in diesem Agrarsystem das räumliche und kulturelle Zentrum. Die wichtigsten Feste im Jahreslauf hängen hier mit der Viehwirtschaft zusammen, etwa der Almabtrieb oder die Verteilung des auf der Alm erzeugten Käses an die Alpgenossen.

95 *Das „Saanehus" bei Gstaad im westlichen Berner Oberland ist ein außergewöhnlich reich verziertes Holzhaus, das die Prosperität der auf Fleisch- und Käseexport gegründeten Berglandwirtschaft im Simmen- und Saanen-Tal des 16. bis 18. Jahrhunderts dokumentiert. Das ursprüngliche einfache und kaum verzierte Holzhaus dieser Region lässt sich als Haustyp jedoch immer noch sehr gut erkennen (August 1982).*

▲ 96 *Das Lauenen-Tal bei Gstaad im westlichen Berner Oberland mit dem Streusiedlungsgebiet „Sunnige Lauenen", 1250–1500 m, auf einem südwestexponierten Hang oberhalb des Ortes Lauenen, 1241 m. Über den Bannwäldern auf der rechten Seite ziehen Almweiden bis in etwa 2000 m Höhe, auf der linken Seite am Lauenenhore, 2477 m, Bergmähder bis zum Gipfel. Im Hintergrund das breite Wildstrubel-Massiv, 3244 m, und links davon das Balmhorn, 3709 m (August 1982).*

► 97 *Im Rahmen der „Egartwirtschaft" wird die hofnahe Flur einige Jahre als Acker und anschließend viele Jahre als Wiese genutzt. Wenn eine Wiese zu einem Acker umgewandelt werden soll, ist der erste Arbeitsschritt das sog. „Vorpflügen", bei dem die Vegetationsdecke in zahlreiche, etwa 35 cm breite Streifen zerschnitten wird. Die Aufnahme von Erika Hubatschek vom Frühjahr 1943 zeigt diesen Arbeitsgang und den dabei benutzten „Vorpfluag" (bei Juns im Tuxer Tal, Tirol). Im zweiten Arbeitsschritt werden die Streifen mit dem „Krödl" umgehauen, im dritten werden die dabei entstehenden Erdschollen dann zerkleinert.*

Neben den Unterschieden in der Siedlungsstruktur (Dorf- bzw. Einzelhofsiedlungen) fallen beim Landschaftsvergleich zwischen dem romanischen und dem germanischen Raum zwei Dinge besonders ins Auge. Das ist einmal der deutlich höhere Waldanteil im germanischen Raum (Bild 96 und 100), der dadurch zustande kommt, dass der Nutzungsdruck hier geringer ist als im romanischen Raum. Dadurch sind die Bannwälder in der Regel relativ groß, die Schatthänge (nach Norden geneigt und dadurch benachteiligt) sind oft nur im untersten Teil gerodet, und selbst auf den Sonnhängen finden sich immer wieder Waldparzellen.

Der zweite Unterschied besteht im Fehlen von Ackerterrassen in der Flur der Dauersiedlungen. Solche Terrassen würden die Egartwirtschaft sehr stören, und deshalb gibt es sie hier praktisch nicht (Bild 99). Dies führt zu vermehrtem Bodenabtrag, und deshalb ist die Arbeit des „Erd-Auftragens" (Bild 74) hier ganz besonders wichtig. Auf Bild 99 lässt sich darüber hinaus gut erkennen, dass die Äcker nicht höhenlinienparallel, sondern in Falllinie gepflügt werden, was den Bodenabtrag noch einmal zusätzlich fördert und so die Arbeit des Erd-Auftragens erhöht. Ursache dafür ist der Einsatz eines Pfluges, der am oberen Ende der Ackerparzelle von einer mobilen Motorseilwinde nach oben gezogen wird, was die Mühen der Pflugarbeit stark verringert. Zugleich kann man mit Hilfe dieser Technik den Transport der Erde ans obere Parzellenende sehr erleichtern.

◄ 98 *Dieser „Paarhof“ (zwei etwa gleich große, nebeneinander stehende Gebäude, links das Wohn- oder „Feuerhaus“, rechts das „Futterhaus“, die Stallscheune) liegt auf einem flachen Schwemmkegel in 800 m Höhe im Streusiedlungsgebiet „Laderding“ der Gemeinde Bad Hofgastein (Hohe Tauern). Er liegt als Einzelhof mitten in seiner Flur, einer sogenannten „Einödblockflur“, deren Parzellengrenzen durch Hecken markiert werden, wodurch die Größe der Parzellen gut sichtbar ist (April 1988).*

◄ 99 *Da im Rahmen der Egartwirtschaft die hofnahe Flur abwechselnd als Acker und Wiese genutzt wird, würden Ackerterrassen die Wiesennutzung behindern. Deshalb gibt es in den germanischen Kulturlandschaften nur selten Ackerterrassen, wie man auf diesem Bild von Erika Hubatschek aus dem Sommer 1949 (Streusiedlungsgebiet Rain bei Neustift im Stubaital in 1100 m Höhe) sehr gut sehen kann.*

► 100 *Das Niedersimmental mit dem Ort Erlenbach, 707 m, im Vordergrund und den neu verschneiten Berner Voralpen oder Freiburger Alpen mit dem Ochsen, 2188 m, im Hintergrund. Der Talraum ist stark gerodet, wobei kleinere Waldstücke auf Steilflächen stehen geblieben sind (vorn links); er ist durch Streusiedlung geprägt. Der Bannwald ist breit ausgebildet, und die Almweiden sind bereits mit Schnee bedeckt (Oktober 1989).*

101 *Rasenflächen im alpinen Höhenstockwerk, die für Tiere zu steil oder zu trocken sind, werden auch in der germanischen Berglandwirtschaft als Bergmähder genutzt. Sie werden wegen des langsamen Graswuchses in der Höhe teilweise nur jedes zweite oder dritte Jahr gemäht, liefern dafür aber ein sehr hochwertiges Heu. Die Aufnahme von Erika Hubatschek vom August 1939 aus der Gemeinde Zederhaus in etwa 2200 m Höhe (Lungau, Niedere Tauern) zeigt große Bergmähderflächen, die gerade gemäht werden. Das Gras wird zum Trocknen in Streifen („Scheibn" im Dialekt) zusammengerecht (helle Streifen in Falllinie) und später in kleinen Bergmahdhütten gelagert oder an lawinensicheren Stellen zu Heutristen aufgestapelt. Wegen dieser Nutzungsform weisen Bergmähder teilweise eine sehr lange und schmale Parzellenform in Falllinie auf. Zugleich macht dieses Bild deutlich, dass man oft aus großer Entfernung erkennen kann, wann bzw. ob jemand seine Bergmähderparzelle mäht und ob er dies in der „richtigen" Weise tut. Auf diese Weise ist soziale Kontrolle leicht möglich, was früher eine wichtige Rolle zur Gewährleistung einer dauerhaft nachhaltigen Nutzung spielte.*

Auch in den Eigentumsstrukturen gibt es wichtige Unterschiede zwischen romanischem und germanischem Raum: Während im romanischen Bereich alle Wälder und Almen im Gemeinschaftsbesitz sind und ihre Nutzung daher gemeinschaftlich geregelt werden muss, besitzt ein Hof im germanischen Bereich oft einige Wald- und Almflächen als Eigentum; Gemeinschaftsflächen haben hier einen geringeren Stellenwert. Zusätzlich erfordern die kleinen Ackerparzellen im romanischen System ebenfalls eine Nutzungsabsprache, weil man sie nur erreichen kann, wenn man fremde Ackerparzellen überquert. Ähnliches gilt für Veränderungen an Gebäuden, die meist mehrere Besitzer haben. Deshalb ist ein Hof im Bereich des Anerbenrechtes weniger von gemeinschaftlichen Absprachen abhängig als ein Landwirtschaftsbetrieb im Bereich der Realteilung, und er kann daher leichter und einfacher Innovationen aufgreifen und umsetzen: Denn wenn die ganze Dorfgemeinschaft erst zustimmen muss, dann gibt es immer einige Familien, die gegen jede Neuerung sind. In dieser Hinsicht ist das germanische Agrarsystem flexibler als das romanische.

Während die romanische Berglandwirtschaft viele und oft hoch differenzierte Staffelsysteme ausgebildet hat, sind diese im germanischen Raum oft

vergleichsweise einfach. Der Hauptunterschied besteht darin, dass der „Hof" ganzjährig bewohnt wird, während die Dauersiedlungen im romanischen Raum, also die Wintersiedlungen, im Sommer praktisch unbewohnt sind. Das „nomadische" Element mit mehreren Wohnsitzen, auf denen sich jeweils die gesamte Familie aufhält, fehlt im germanischen Raum.

Zwar gibt es auch hier eine Zwischenstufe zwischen der Flur um die Siedlungen herum und der Almregion, aber diese – genannt Vorsass oder Voralm – dient in der Regel nur der Viehwirtschaft und besitzt keine Ackerparzellen, sondern nur Wiesen-, Wald- und Weideparzellen (Bild 102). Hier wohnen für zwei, drei Wochen im Frühsommer und im Herbst auch nur wenige Familienangehörige und nicht die gesamte Familie, sodass diese Zwischenstufe einfacher ausgebildet ist als die Sommersiedlungen im romanischen Raum.

Im Almbereich dagegen gibt es wenig relevante Unterschiede, denn hier hängt es in erster Linie vom Relief und von der Höhenerstreckung der Almen ab, wie viele Almstaffeln ausgebildet werden, also wie viele Höhenstufen die Tiere nacheinander systematisch abweiden. Allerdings kann man im germanischen Raum feststellen, dass die wichtigsten Almen, die Kuh- oder Sennalmen, auf denen der Käse produziert wird, oft relativ tief, also mitten auf ehemaligen Waldflächen liegen (Bild 103), während im romanischen Raum vergleichbare Almen eher am oberen Rande der früheren Wälder liegen.

102 *Eine „Vorsass" im Hengstschlund in 1249 m Höhe (Berner Voralpen oder Freiburger Alpen), die im Juni und im September vor und nach der Almzeit genutzt wird. Im Unterschied zu den Almen, die oft gemeinschaftlich genutzt werden, sind Gebäude und Flur der „Vorsassen" in der Regel im Privatbesitz (Mai 1995).*

Das Bild 104 zeigt noch einmal im Überblick eine typische germanische Kulturlandschaft mit den charakteristischen Egartflächen um die Einzelhöfe herum, dem großen Bannwald und den Almen und Bergmähdern im oberen Stockwerk.

Man kann sich vielleicht vorstellen, wie dieses Tal im Naturzustand aussehen würde (nahezu vollständig bewaldet, nur in Bachnähe einige Schotterflächen) und wie anders es aussähe, wenn es von der romanischen Berglandwirtschaft geprägt worden wäre (Dorfsiedlung, terrassierte Hänge, die weiter nach oben reichen als die Flächen der Egartwirtschaft; weniger Wald).

Diese rein theoretische Frage prägt jedoch in einigen Überlagerungs- und Durchmischungsräumen sehr konkret die Landschaft, indem im gleichen Tal Elemente der romanischen *und* der germanischen Siedlungs- und Nutzungsstruktur nebeneinander zu finden sind. Dies ist z. B. der Fall im hochgelegenen Fex-Tal (Gemeinde Sils Maria, Oberengadin, siehe Bild Seite 8), das im Mittelalter als Almweide und ab dem 16. Jahrhundert im unteren Talteil gleichzeitig von zwei Seiten aus mit unterschiedlichen Strukturen intensiver genutzt wurde: Vom Bergell her errichteten einzelne Bauernfamilien Maiensässe, während aus dem Bündner Kernraum Adelsfamilien daneben Einzelhöfe gründeten, die von Pächtern ganzjährig bewohnt und bewirtschaftet wurden.

Dieses Beispiel macht anschaulich deutlich, dass es im Agrarzeitalter keinesfalls eine einzige, sozusagen „naturangepasste" Nutzungsform der Alpen durch den Menschen gibt (die man dann als „natur*gemäß*" bezeichnen würde), sondern dass dabei verschiedene Formen möglich sind, sofern jeweils die Reproduktion der Kulturlandschaft gewährleistet ist. Deshalb ist es nicht sinnvoll, in diesem Zusammenhang die Begriffe „naturangepasst" und „naturgemäß" zu verwenden, weil sich der Mensch beim Entwurf seiner Siedlungs- und Nutzungsstrukturen keinesfalls der Natur unterwirft, sondern weil er im Gegenteil seine kulturellen Strukturen, Muster und Werte in der Kulturlandschaft realisiert, die Natur also nach *seinen* Ideen umgestaltet und verändert. Die unterschiedlichen Formen der romanischen und

▲ 103 *Die Alm „Hintere Walig", 1723 m, im Tscherzis-Seitental bei Gstaad (Freiburger Alpen) ist ein anschauliches Beispiel dafür, dass die produktivsten und ökonomisch wichtigsten Almen auf ehemaligen Waldflächen liegen und erst durch Rodung entstanden sind (August 1982).*

der germanischen Kulturlandschaft belegen dies sehr anschaulich.

Wer in den Alpen Landschaften lesen gelernt hat, der wird dann zahlreiche weitere Unterschiede entdecken, sei es innerhalb des romanischen, sei es innerhalb des germanischen Raumes. Und die Vielfalt der traditionellen Kulturlandschaften dürfte in den Alpen so groß sein, dass ein Menschenleben nicht ausreicht, um sie alle zu erfassen und zu verstehen.

104 *Das Siedlungsgebiet Hochmark, 1480 m, der Gemeinde Schmirn in der Nähe des Brenners (Zillertaler und Tuxer Alpen) ist ein gutes Beispiel für eine germanische Kulturlandschaft zur Zeit der traditionellen Nutzung: Im Talboden und an den unteren Hängen die hofnahe Flur aus Wiesen, durchsetzt mit Ackerflächen, die ein sehr geschätztes Saatgutgetreide lieferten. Der Zaun im Vordergrund trennt diese Flächen von den anschließenden, extensiv genutzten Weideflächen. Dann folgen die Bannwälder, darüber Almwiesen und Bergmähder („Große Mahdalm" rechts) und ganz rechts der Gipfel des Olperer, 3476 m (Aufnahme von Erika Hubatschek aus dem Sommer 1958).*

Transitwege, Marktorte und Städte

Die vorausgegangenen Ausführungen könnten den falschen Eindruck erwecken, die Alpen seien in der vorindustriellen Zeit ein rein ländlich-bäuerlicher Raum mit einer Selbstversorgerwirtschaft gewesen. Dies ist jedoch nicht der Fall: Über den Transitverkehr war die alpine Welt wirtschaftlich und kulturell stets mit Europa verbunden, der Bergbau zielte in vielen Alpentälern auf außeralpine Absatzmärkte, und zahlreiche Marktorte und Städte blühten seit dem Mittelalter in den Alpen auf, weil regionale und überregionale Wirtschaftsverflechtungen neben der Selbstversorgerwirtschaft immer wichtiger wurden. Die damit verbundenen Strukturen gehören zur traditionellen Kulturlandschaft der Alpen also untrennbar dazu.

Die Durchquerbarkeit der Alpen für Personen, die von außen kommen, wird durch die lokalen Bauerngesellschaften gewährleistet. Ihr Wegesystem verbindet die einzelnen Nutzungshöhenstockwerke vom Tal bis zu den Almen auf vielfältige Weise miteinander und reicht fast immer über die Wasserscheiden und Grate zu den Almen des Nachbartals hinüber. Dadurch ergeben sich zahllose Möglichkeiten, die Alpen zu überschreiten.

Die Nutzung der bäuerlichen Wegesysteme für den Transitverkehr von Personen und Waren wird noch dadurch erleichtert, dass beide Male das gleiche Transportmittel genutzt wird, nämlich sogenannte „Saumtiere“, also Pferde oder Maultiere, die Lasten tragen („Säumen“) und die auch steile Wege bewältigen können. Im Unterschied zu heute, wo Transitverkehr und lokale Wirtschaft einen Gegensatz darstellen, bereichert der Transitverkehr in der vorindustriellen Zeit die lokale Wirtschaft und Kultur, weil er sich dezentral auf gut 300 Übergänge verteilt und weil er auf bäuerliche Arbeitsleistung angewiesen ist (Bereitstellung der Saumtiere, Transport der Waren durch lokale Säumergenossenschaften).

Auch wenn die Saumtiere das bestehende bäuerliche Wegenetz nutzen können, so werden doch einige Verbesserungen an den Wegen durchgeführt, um den Transit zu erleichtern: Es werden Saumwege mit einer gleichmäßigen Steigung über längere Strecken gebaut (Bild 105), es werden große Steinbrücken errichtet (Bild 106) oder es werden durch zahlreiche Kunstbauten Schluchten wegbar gemacht (Via Mala am San Bernardino, Schöllenen-Schlucht am Gotthard), um lange Umwege einzusparen.

Die Relikte dieser Weganlagen sind heute noch an vielen Stellen im Alpenraum zu sehen, nicht bloß entlang der heute bekannten Transitrouten. Sie sind in der Landschaft ein sichtbares Symbol für die enge Verflechtung zwischen den Alpen und Europa, denn die Alpen waren nie ein isolierter, abgeschotteter Raum.

Seit einiger Zeit werden solche historischen Weganlagen wieder hergerichtet (Inventar historischer Verkehrswege in der Schweiz und in Italien, Verein Via Storia in Bern). Heute stellen sie ideale Wanderwege dar, weil man auf ihnen die alpine Landschaft auf eine neue Weise erleben kann.

◄ 105 *Traditionelle Saumwege sind in der Regel auf beiden Seiten mit Steinmauern eingefasst, um Flurschäden durch Tiere und Menschen zu vermeiden. Werden solche Wege heute zu Fahrstraßen umgebaut, werden sie meist völlig zerstört, obwohl sie eine große kulturhistorische Bedeutung besitzen und ideale Wanderwege darstellen. Hier ein Stück des Saumweges zum Colle della Croce (historische Verbindung Piemont – Queyras in den Cottischen Alpen) im Pellice-Tal oberhalb von Bobbio Pellice (Juli 1982).*

► 106 *Der historische Saumweg über den San-Bernardino-Pass überquerte den Fluss Hinterrhein in der Nähe der gleichnamigen Ortschaft auf einer großen, zweibogigen Steinbrücke, der „Landbrugg" (unten). Sie ist sehr gut erhalten und dient heute nur noch dem bäuerlichen Lokalverkehr und den Wanderern. Oben der Piz Uccello, 2724 m (September 2003).*

Die Alpen sind als ein junges Hochgebirge reich an armen Lagerstätten von Gold, Silber, Kupfer und anderen Metallen sowie Salz. Erst in der Industriegesellschaft werden diese Ressourcen ökonomisch entwertet, weil ihr Abbau zu teuer ist, in der vorindustriellen Zeit waren sie sehr wertvoll. Diese Nutzung beginnt in den Alpen 3800 v. Chr. und erreicht erstmals in der Bronzezeit (2000 – 750 v. Chr.) eine große Blüte, weil sich die begehrten Kupferlagerstätten in Europa fast nur in den Alpen finden, und sie erlebt im 15./16. Jahrhundert erneut ein „goldenes Zeitalter".

Die Bergbaureviere liegen oft in großer Höhe, d. h. in 2000 – 3000 m Höhe, weil hier das erzhaltige Gestein eher offen zu Tage tritt. Und neben den bekannten Revieren – Goldbergbau in Gastein-Rauris (Bild 107 und 108), Silberbergbau bei Schwaz und Sterzing, Salzbergbau bei Hall in Tirol und bei Hallein und Hallstadt (Land Salzburg) – gibt es unzählige kleine und kleinste Gebiete. Fast in jedem Alpental werden irgendwann einmal Bodenschätze abgebaut und weiterverarbeitet.

Da in der vorindustriellen Zeit Lebensmittel nicht leicht transportiert werden können, fördert der Bergbau die Entstehung oder Vergrößerung der lokalen Berglandwirtschaft und besonders der Almwirtschaft zur Versorgung der Bergleute mit Lebensmitteln. Dies bedeutet einen Rückgang der Selbstversorgerlandwirtschaft in den Alpen: Entweder produzieren die lokalen Bauern gezielt einen Überschuss, den sie dann verkaufen, oder die Knappen betreiben im Nebenerwerb selbst etwas Landwirtschaft.

Die Relikte des historischen Bergbaus sind heute noch in den Alpen an zahllosen Stellen in der Landschaft zu sehen, aber sie sind oft nicht leicht zu erkennen bzw. zu identifizieren (Bild 107). Gelegentlich werden beim Zurückschmelzen der Gletscher alte Stolleneingänge wieder frei, die im 17. oder 18. Jahrhundert vom Gletscher überfahren worden sind.

Wegen der großen Zahl von Menschen und der Menge an zu transportierendem Material verfügen alle Bergbaugebiete über gut ausgebaute Saumwege, die oft bis in die Gipfelregion hinaufführen (Bild 107 und 108, beim Bockhart-Tal bis auf den

▲107 *Alte Bergbauhalden (Abraumhalden an Stolleneingängen: die hellen Flecken in der Bildmitte rechts) aus dem 16. Jahrhundert in 2000 bis 2200 m Höhe im Bockhart-Tal (Gasteiner Tal, Hohe Tauern). Auf dem Hang gegenüber liegen weitere, wesentlich schlechter erhaltene und schwerer zu erkennende Bergbauhalden, die aus der Römerzeit stammen könnten. Im Hintergrund der Silberpfennig, 2600 m (September 2000).*

Gipfel des Silberpfennig, 2600 m). Wegen der großen wirtschaftlichen Bedeutung der Bergbauprodukte werden diese Saumwege in der Regel nicht bloß in das nächstgelegene Tal gebaut, wo sie Anschluss an das regionale Wegenetz haben, sondern über hohe Pässe gleich in mehrere Nachbartäler, um den Absatz zu erleichtern. Im Fall des Bockhart-Reviers führen die Saumwege nicht nur ins Gasteiner Tal, sondern auch ins Rauriser Tal (Nachbartal im Westen) und ins Kärntner Mölltal (Nachbartal im Süden), wozu der Alpenhauptkamm überwunden werden muss. Auf diese Weise verbessert der Bergbau an vielen Stellen zugleich den Transitverkehr über die Alpen.

Die Bergbauprodukte Gold, Silber, Kupfer und Salz sind sehr kostbare Güter von überregionaler, teilweise europäischer Bedeutung und die Bergleute oft sehr gesuchte Fachkräfte mit europaweiter Mobilität. Der damit verbundene schnelle Reichtum führt zu einem rein profitorientierten Verhalten der Landesherren und der Bergwerksbetreiber: Auf dem Höhepunkt des Goldbergbaus in Gastein z. B. ist das gesamte Tal waldfrei und Arsendämpfe belasten Pflanzen, Tiere und Menschen, sodass von einer dauerhaften oder nachhaltigen Nutzung keine Rede sein kann.

108 *Mittelalterlicher Saumweg aus dem Gasteiner Nassfeld ins Goldbergbaurevier des Bockhart-Tales. Im Hintergrund das Schareck, 3122 m, in der Goldberggruppe der Hohen Tauern (September 1996).*

Die Faktoren Reichtum und Macht, die beide eng miteinander verbunden sind, forcieren also Nutzungsstrukturen, die vorhandene Ressourcen in den Alpen kurzfristig ausbeuten, ohne sich um die Konsequenzen zu kümmern, geschweige denn die Reproduktion zu berücksichtigen. Daher wirken hier ganz andere Kräfte als im Rahmen der bäuerlichen Gesellschaften, wobei Letztere im Konfliktfall stets die Schwächeren sind.

Damit sind die Alpen in Europa der „Normalfall" – sie sind so eng mit dem übrigen Europa verflochten, dass sie sich nicht von der immer stärkeren Konzentration von Macht und Reichtum in wenigen Händen abkoppeln und keinen Sonderweg (Dominanz bäuerlicher Werte über die gewerbliche Wirtschaft) einschlagen können. Die Relikte des überall sichtbaren Bergbaus in der hochalpinen Landschaft symbolisieren genau diese Abhängigkeit der Alpen von der europäischen Entwicklung.

109 *Der Marktort Exilles, 944 m, im oberen Susa-Tal (Nördliche Cottische Alpen). Die Bedeutung des Ortes hängt mit seiner Lage an der Straße zum Mongenèvre-Pass zusammen. Ursprünglich führte die Passstraße mitten durch den Ort (die breite Straße am rechten unteren Bildrand), am Ende des 19. Jahrhunderts wurde die Umgehungsstraße gebaut (am oberen Bildrand sichtbar), und seit dem Jahr 1989 führt die Autobahn in einem langen Tunnel am Ort vorbei (Juli 1982).*

Die Siedlungs- und Landnutzungsstrukturen der romanischen und germanischen Berglandwirtschaft sind zwar auf Selbstversorgung hin ausgerichtet – in der zum Dorf bzw. Hof gehörenden Flur werden alle zum Leben notwendigen Dinge produziert (nur Salz als Konservierungsmittel muss eingeführt werden) –, aber das Überdauern dieser Strukturen bis ins 19./20. Jahrhundert hinein bedeutet keineswegs, dass auch die Selbstversorgerwirtschaft bestehen bleibt. Das Aufblühen zahlreicher Marktorte, die zur traditionellen Siedlungsstruktur der Alpen dazugehören, lässt eine andere Entwicklung sichtbar werden.

Marktorte gibt es praktisch in jedem etwas längeren Alpental. Sie liegen oft entweder in der Mitte des Tales, wo sie von allen Siedlungen des Tales aus gut zu erreichen sind, oder dort, wo ein oder zwei dichter besiedelte Seitentäler in dieses Tal münden. Darüber hinaus finden sich sehr viele Marktorte am Alpenrand, meist genau dort, wo ein Alpenfluss die Alpen verlässt.

Diese Marktorte leben von einem lebhaften Handel an den Markttagen, an denen eine große Palette von Landwirtschaftsprodukten ge- und verkauft wird. Dabei geht es einmal darum, Produkte zwischen Regionen mit unterschiedlichen landwirtschaftlichen Voraussetzungen auszutauschen. In Sitten/Wallis wird z. B. Wein aus den tiefen Tallagen der Rhône an die Menschen in den benachbarten hochgelegenen Seitentälern verkauft, die ihrerseits Fleisch und Käse an die Menschen im Walliser Weinanbaugebiet verkaufen oder tauschen. Oder auf dem Markt von Borgo San Dalmazzo bei Cuneo am Fuß der Seealpen verkaufen die Bewohner des Alpenrandes Kastanien und kaufen dafür Getreide aus der Po-Ebene. Zum anderen werden auf diesen Märkten all diejenigen Produkte ge- und verkauft, die überall in den Alpen produziert werden wie Getreide, Brot, Fleisch, Käse, Vieh, Holz usw. Die Ursache dieses Handels liegt darin, dass zahlreiche Landwirtschaftsbetriebe zu viel Acker- und zu wenig Wiesenflächen oder umgekehrt haben, oder dass die Zufälle der Witterung in einem Tal ein Produkt begünstigen und in einem anderen benachteiligen. Der Markt versucht, alle diese Zufälle ausgleichen. Und drittens leben viele Marktorte vor allem am Rand der Alpen davon, dass Alpenprodukte in die außeralpinen Großstädte verkauft werden.

Sobald auf den Märkten regelmäßig eine große Menge von Lebensmitteln angeboten wird und genügend Geld zirkuliert, könnte man eigentlich von der Selbstversorgungsidee abrücken und sich allein auf das spezialisieren, was im eigenen Betrieb am besten zu produzieren ist. Aber dieses Vertrauen in den Markt besitzen die Bauern der vorindustriellen Zeiten nicht, sie behalten aus Sicherheitsgründen ihre traditionelle Produktpalette bei. Allerdings nutzen sie die Märkte sehr aktiv, um Zufälligkeiten der Besitzverteilung, des Klimas, der Familiensituation usw. auszugleichen, aber auch um Unterschiede bei den Marktpreisen, beim Währungsgefälle usw. auszunutzen. Es ist daher sinnvoll, dieses Agrarsystem als „marktoffene Selbstversorgerwirtschaft“ zu bezeichnen, weil sie sich deutlich sowohl von einer reinen Selbstversorger- wie von einer reinen Marktwirtschaft unterscheidet.

110 *Der Marktort Vinadio, 904 m, im Tal der Stura di Demonte an der Straße zum Colle della Maddalena (Verbindung südliche Po-Ebene/Ubaye-Tal/Provence). Die Bedeutung des Ortes im Mittelalter ist heute noch an der Pfarrkirche (großes romanisches Portal mit bedeutenden Steinmetzarbeiten) ablesbar. Die riesige Festung wurde in den Jahren 1834–47 erbaut (September 1985).*

Städte sind als Marktorte und als Sitz von Handelsfirmen und zahlreichen spezialisierten Handwerksbetrieben Knotenpunkte im ländlichen Raum: Sie bieten für ihr Umland eine Reihe von Spezialfunktionen an, die in einem Dorf wegen der geringen Nachfrage nicht ausgeübt werden könnten. Deshalb gilt: Je dichter eine Region besiedelt ist und je intensiver sie landwirtschaftlich genutzt wird, desto mehr und desto größere Städte können in ihr entstehen.

Aus dieser Perspektive sind die Alpen benachteiligt – dicht besiedelte Gebiete gibt es oft nur bandförmig entlang der großen inneralpinen Längstäler. Deshalb sind die Alpen in der vorindustriellen Zeit ein städtearmer Raum in Europa. Trotzdem gibt es zahlreiche, allerdings meist eher kleinere Städte in den Alpen.

Weil diese Städte aus dem romantischen Alpenbild (siehe Kapitel 1) als störend ausgeblendet werden, ist an dieser Stelle unbedingt zu betonen, dass sie einen untrennbaren Teil der alpinen Kulturlandschaft darstellen – in wirtschaftlicher, kultureller und politischer Hinsicht.

Die wirtschaftliche Bedeutung der Alpenstädte besteht einmal in ihrer Funktion als überregional bedeutsamer Marktort gerade auch für höherwertige und seltene Landwirtschaftsprodukte sowie als Handels- und Lagerort allgemein, denn alle Alpenstädte liegen an einer Transitroute. Zweitens dienen diese Alpenstädte oft der Verarbeitung und Vermarktung der in den benachbarten Bergbaugebieten gewonnenen Produkte, womit oft ein besonderer Reichtum verbunden ist. Drittens sind die Alpenstädte der Standort zahlreicher spezialisierter Handwerksbetriebe, und viertens führt die Funktion einer Reihe von Alpenstädten als Residenz-, Garnisons-, Verwaltungsort oder als Bischofssitz zu einem umfangreichen Dienstleistungssektor.

In kultureller Hinsicht stellt eine Alpenstadt in der Regel den geistigen Kristallisationspunkt für eine ganze Alpenregion dar und repräsentiert ihre kulturelle Identität wie z. B. Innsbruck für Tirol, Chur für Graubünden, Aosta für das Aosta-Tal oder Briançon für das Queyras. Dies liegt daran, dass sich nur in solchen Städten Ansätze für eine sogenannte „Hochkultur" entfalten können (Theater, Bibliotheken, Sammlungen, Museen, Zeitungen, höhere Schulen usw.), die für die Ausbildung einer eigenständigen regionalen Kultur sehr wichtig sind. Gerade weil beim Blick von außen die Kultur der Alpen oft auf die „Volkskultur" reduziert wird, muss betont werden, dass dies ein Zerrbild darstellt: Die Volkskultur

▲ 111 *Die Stadt Susa, 501 m, im gleichnamigen Tal genau westlich von Turin (im Talboden) liegt am Fuß der beiden wichtigen Pässe Mont Cenis und Mongenèvre. Sie wurde aus strategischen Gründen von den Römern genau an dieser Stelle gegründet (ein römischer Triumphbogen ist noch heute zu sehen). Im Vordergrund eine Kapelle aus dem Jahr 1798 in 2850 m Höhe am Pilgerweg zum Gipfel des nahen Rocciamelone, 3538 m. Im Hintergrund die nördlichen Cottischen Alpen, ganz hinten der Monviso, 3841 m (August 1978).*

112 *Die Stadt Sterzing, 948 m, im Eisack-Tal wurde wie viele andere Alpenstädte ebenfalls von den Römern gegründet. Ihre Bedeutung gründete auf ihrer Lage an der Brenner-Route und auf dem Bergbau im benachbarten Ridnaun- und Pflersch-Tal. Rechts die Brenner-Autobahn (Richtung Bozen), im Hintergrund rechts die Dolomiten, links die Wilde Kreuzspitze, 3134 m (Oktober 2002).*

der Alpen ist überall mit der in den Alpenstädten präsenten regionalen Hochkultur eng verflochten.

Die politische Bedeutung der Alpenstädte schließlich besteht darin, dass sie lange Zeit oft Hauptstädte von kleinen Territorien sind. Allerdings wird diese Funktion ab dem 17. Jahrhundert deutlich geschwächt, als in Europa allmählich immer größere staatliche Gebilde entstehen und viele politische Grenzen aus militärischen Gründen auf die Wasserscheiden, also auf den Alpenhauptkamm verlegt werden. Dabei werden viele kleine Alpenterritorien aufgelöst, und die Alpen werden trotz ihrer zentralen Lage zum peripheren Grenzraum mitten in Europa. Dies blockiert die Entwicklung zahlreicher Alpenstädte.

Das Netz der Marktorte und Alpenstädte stellt also in den Alpen die Verbindung her zwischen der traditionellen ländlichen Welt mit ihren dezentralen Siedlungsstrukturen und ihrer wenig arbeitsteilig ausgebildeten Wirtschaft und der städtischen Welt innerhalb und außerhalb der Alpen, deren Bevölkerung sich in größeren Zentren konzentriert und deren Wirtschaft durch Arbeitsteilung und Spezialisierung geprägt ist. In der vorindustriellen Zeit durchdringen sich in den Alpen beide Welten auf eine intensive, aber gleichberechtigte Weise, zum Vorteil für beide Seiten. Erst mit und nach der Industriellen Revolution fangen die Städte an, das Land zu beherrschen und es als Lebens- und Wirtschaftsraum systematisch zu entwerten.

Die religiöse Gestaltung der Landschaft

▲ 113 *Die Wallfahrtskirche San Magno, 1761 m, im oberen Grana-Tal (Cottische Alpen) ist eine der wichtigsten Wallfahrtsstätten im südlichen Piemont. Sie ist dem heiligen Magnus geweiht, der in Deutschland als Missionar des Allgäus (volkstümlich: Sankt Mang) bekannt ist. Den Kern der Anlage bildet eine gotische Kapelle aus dem Jahr 1475, die 1514 zu einer kleinen Kirche erweitert und die 1716 zu einer großen Barockkirche ausgebaut wurde. Erst 1880 wurden die Säulenumgänge angefügt, die heute den Bau prägen. Solche Baugeschichten sind typisch für viele Wallfahrtsorte in den Alpen. In Hintergrund Punta Parvo, 2523 m, Cima Fauniera, 2515 m (über der Kirche), und Rocce Ciarmetta, 2553 m (rechts) (September 1980).*

Zur traditionellen alpinen Kulturlandschaft gehören Kirchen, Kapellen, Bildstöcke und Wegkreuze so untrennbar dazu, dass ihr ohne diese etwas sehr Wesentliches fehlen würde (Bilder 113–116). Sieht man sich die Orte etwas näher an, an denen die religiösen Gebäude und Insignien in der Landschaft zu finden sind, dann stellt man fest, dass sie fast nur in der wirtschaftlich genutzten Flur vorkommen und im alpinen Ödland extrem selten sind oder ganz fehlen.

Kirchen und Kapellen sind charakteristische Bestandteile der Dauer-, Sommer- und Almsiedlungen. Liegt eine Kirche abseits eines Ortes in der freien Landschaft, so ist entweder eine frühere Siedlung an dieser Stelle verschwunden oder die Kirche wurde bewusst an derjenigen Stelle errichtet, die von allen zugehörigen Dörfern, Weilern oder Höfen gleich weit entfernt liegt (Bild 115). Einzeln stehende Kapellen findet man oft genau an den Stellen in der Landschaft, von denen besondere Gefahren für das Kulturland ausgehen (Lawinen, Steinschlag, Überschwemmungen), oder dort, wo besondere Naturphänomene wie starke Quellen, isolierte Felsblöcke, höhlenartige Felsüberhänge u. Ä. die Aufmerksamkeit der Menschen auf sich ziehen. Gleiches gilt auch für Bildstöcke, Wegkreuze und andere religiöse Symbole; sie finden sich nur dann im Ödland, wenn sie direkt an einem Weg stehen, der durch eine Schlucht oder felsiges Gebiet führt.

Das alpine Ödland, also die Fels- und Gletschergebiete, die sich jeder bäuerlichen Nutzung entziehen, sind frei von religiösen Gebäuden und Gegenständen. Ausnahmen bilden lediglich einige wenige Wallfahrtsgipfel (Bild 111).

Dieser Befund muss deswegen betont werden, weil heute häufig von „Heiligen Bergen“ gesprochen wird, die von den lokalen Religionen absolut geschützt werden und die auch nicht bestiegen werden dürfen. Damit verbindet sich oft die Hoffnung, dass man mit Hilfe der Religion die Berge schützen könne, wenn man dies auf andere Weise nicht erreiche.

Zwar gibt es im Himalaya und in anderen Gebirgen der Welt solche Heiligen Berge, aber den traditionellen europäischen Bauerngesellschaften sind *solche* religiösen Symbole völlig fremd, und daher finden sie sich in den Alpen auch nicht.

Die religiösen Vorstellungen der Alpenbewohner gehen in eine ganz andere Richtung: Wenn der gesamte Siedlungs- und Wirtschaftsraum, also die Kulturlandschaft, mit religiösen Symbolen und Bauwerken durchdrungen ist, und wenn diese auf den nicht nutzbaren Flächen fehlen, dann verweist das darauf, dass Religion untrennbar mit dem täglichen Wirtschaften und Handeln verbunden ist und dass es offenbar keinen religiösen Bereich gibt, der weit „außerhalb" des täglichen Lebens in einem abgesonderten Raum existiert.

Ähnliches gilt für die religiösen Verhaltensweisen: Während in den Klöstern des Himalaya Beten und Kontemplation an erster Stelle stehen, sind die Klöster der Alpen durch den hohen Stellenwert der Arbeit geprägt. Oft sind sie es gerade, die im Mittelalter die „Wildnis" zur Kulturlandschaft umwandeln und die wichtige landwirtschaftliche Erfahrungen (Käseproduktion, Weinbau, Obstveredelung) bewahren und weiterentwickeln.

Die Religion im Alpenraum ist also – wie dies bereits an der religiösen Gestaltung der Kulturlandschaft ablesbar ist – sehr eng mit dem Alltag verflochten und in den Alltag integriert. Sie stellt keine Gegenwelt zum alltäglichen wirtschaftlichen und sozialen Handeln dar, die etwa nach ganz anderen Prinzipien abläuft, sondern sie ist derjenige Teil des Alltags, der ihm seinen Sinn und seine Würde verleiht. Auch aus heutiger Sicht ist die religiös begründete Achtung vor der Natur ein sehr wichtiger Bestandteil, also das Wissen und Fühlen, dass die Natur viel mächtiger ist als der Mensch und dass der Mensch dies bei allen seinen Handlungen von vornherein berücksichtigen muss. Auch der daraus erwachsende Respekt vor der Natur ist letztlich in der Gestaltung der Kulturlandschaft wiederzufinden.

114 *Eine kleine Barockkapelle in 1451 m Höhe beim Weiler Zaunhof-Egg, Gemeinde St. Leonhard im Pitz-Tal. Im Hintergrund die Hohe Geige, 3393 m, im Geigenkamm (Ötztaler Alpen) (September 1986).*

115 *Die romanische Pfarrkirche der Gemeinde Avers, die in 1960 m Höhe in der Nähe des Weilers Cresta im Hinterrheingebiet (Bündner Alpen) liegt. Die außergewöhnlich hohe Lage dieser Pfarrkirche erklärt sich daraus, dass Avers eine Walser-Gemeinde ist, deren Dauersiedlungsgebiet sich zwischen 1660 m und 2126 m Höhe erstreckt; hier liegt mit Juf auch die höchste ganzjährig bewohnte Siedlung der Alpen (September 2001).*

Sieht man sich die Baustile der Kirchen und Kapellen im Alpenraum an, dann stellt man erstaunt fest, dass die Baustile der Romanik und des Barock überall dominieren, während andere Baustile gar nicht oder nur sehr selten vertreten sind.

Der Baustil der Romanik korrespondiert mit der Blütezeit von Wirtschaft und Kultur im Alpenraum zwischen 1000 und 1348 n. Chr., in der zahlreiche Kirchen und Kapellen neu gebaut oder vergrößert werden. Charakteristisch für die Alpen ist dann jedoch, dass man vor allem in abgelegeneren Gebieten noch weiterhin im Baustil der Romanik baut, als sich im übrigen Europa längst die Gotik und teilweise sogar die Renaissance durchgesetzt hatte. Kunstwissenschaftler nennen dies die „alpine Kulturretardierung“: Der Alpenraum sperrt sich keineswegs allen, aber doch einigen von außen kommenden Innovationen, und die Baustile von Gotik und Renaissance lassen sich offenbar – im Gegensatz zu denen der Romanik – nicht gut mit der alpinen Mentalität und Erfahrung verbinden.

Die Dominanz des Barock in den Alpen hängt untrennbar mit der Gegenreformation zusammen: Bereits im Mittelalter gab es eine Reihe von „Ketzerbewegungen“ in den Alpen, und mit der Reformation verbreitete sich schnell überall evangelisches Gedankengut. Als Reaktion darauf spielt die Gegenreformation in vielen Alpenregionen eine sehr wichtige Rolle, was an den religiösen Bauwerken in der Landschaft, die dezentral im barocken Stil errichtet werden, erkennbar ist. In dieser Zeit werden auch in abgelegenen kleinen Weilern oder auf hochgelege-

nen Almen Barockkapellen neu gebaut oder vorhandene Gebäude umgebaut und vergrößert. Wenn solche Kapellen im Tal und in der Höhe untereinander über Prozessions- und Wallfahrtswege verbunden werden, deren Tausende von Stufen in regelmäßig dichten Abständen von Bildstöcken oder Prozessionsstationen gesäumt werden, dann erhalten diese Barockstrukturen sogar einen landschaftsprägenden Charakter. Der Schweizer Volkskundler Richard Weiss spricht deshalb am Beispiel des Wallis von der „barocken Sakrallandschaft" der Alpen. Solche Landschaftsstrukturen sind in den katholischen Alpengebieten sehr häufig, in den evangelischen dagegen selten.

Während die Romanik im Alpenraum dadurch geprägt ist, dass in die Gestaltung der Kirchengebäude lokale Traditionen mit einfließen (Analoges gilt für die christliche Religion, die mit zahlreichen „heidnischen" Elementen verbunden wird), ist die Phase der Gegenreformation dadurch gekennzeichnet, dass der „richtige" Glaube von außen und von oben her vorgegeben und dann bis in den letzten Weiler und Einzelhof hinein auch sehr genau kontrolliert wird. Auch auf diese Weise werden die Alpen von außen her dominiert und geschwächt, und diese Dimension übersieht man heute leicht, wenn man die barocken Bauwerke bewundert.

116 *Die Pfarrkirche von Dienten, 1078 m, vor dem Steilabfall des Hochkönig, 2941 m (Nördliche Kalkalpen) (Oktober 1985).*

Die Modernisierung der Alpen

4

Der Übergang von der Agrar- zur Industriegesellschaft führt in Europa zu völlig neuen Siedlungs-, Wirtschafts- und Verkehrsstrukturen und zu einem anderen Umgang mit Natur und Umwelt. Dies liegt daran, dass die industrielle Produktion sehr arbeitsteilig organisiert ist und dass dabei sehr viele Arbeitsschritte von Maschinen (angetrieben mit Fremdenergie, anfangs Kohle, später Elektrizität und Erdöl) ausgeführt werden, was erst in sehr großen Produktionseinheiten (Fabriken) sinnvoll ist und was wiederum einen Massentransportverkehr erfordert.

Während die landwirtschaftliche Produktion des Agrarzeitalters ein dezentral-flächenhaftes Nutzungsmuster aufweist (Ähnliches gilt mit Einschränkungen auch für das vorindustrielle Handwerk), konzentriert sich die Industrieproduktion an wenigen Standorten mit guter Erreichbarkeit. Da gleichzeitig über den Markt alle vorindustriellen Produktionsformen entwertet und zerstört werden, entstehen jetzt erstmals im Rahmen der menschlichen Geschichte extreme räumliche Gegensätze: Entweder wird ein Gebiet auf eine „moderne" Weise genutzt, was mit hoher räumlicher Konzentration von Arbeitsplätzen, Wohnsiedlungen und Verkehrsflächen verbunden ist, oder es wird gar nicht mehr genutzt, was mit Abwanderung und Entsiedlung verbunden ist. Die Funktionen Freizeit und Tourismus scheinen auf den ersten Blick dieser Entwicklung zu widersprechen, weil hierfür gezielt nicht modern (also vorindustriell) genutzte Gebiete aufgesucht werden. Im Erfolgsfall entsteht aber dann ebenfalls eine moderne Raumstruktur (touristische Infrastrukturen mit starkem Bevölkerungs- und Siedlungswachstum), die sich je länger desto mehr räumlich konzentriert und in Richtung Verstädterung entwickelt.

◄ 117 Die Stadt Bozen hatte 1870 nur 15 000 Einwohner, zählt aber heute mit 100 000 Einwohnern in der Stadt selbst und 200 000 in der Agglomeration zu den größten Alpenstädten (nur Trient, Innsbruck und vor allem Grenoble sind größer). Sie liegt an der Stelle, wo die zum Brenner führende Eisack (Bildmitte, die Eisack-Schlucht ist am Schatten zu erkennen) in die zum Reschen- und Fernpass führende Etsch (sie fließt in der Mitte des Bildes von links nach rechts) mündet. Im Hintergrund die Dolomiten mit dem Rosengarten (rechts) und dem Schlern (links) (Oktober 2002). Dieses Bild wurde als Titelbild für Kapitel 4 ausgewählt, weil nicht die touristische Entwicklung, sondern die Verstädterung das wichtigste Phänomen der Modernisierung der Alpen darstellt.

Dieser Wandel hat gravierende Auswirkungen für die Alpen, weil hier zentrale Voraussetzungen für eine industrielle Entwicklung fehlen: Weder gibt es industriell verwertbare Kohle- oder Erzlagerstätten noch eine große Zahl potenzieller Arbeiter, und ebenso sehr ist der Platz für große Industrieanlagen sehr beschränkt und die Erreichbarkeit für Massengütertransporte schlecht. Darüber hinaus sind die Alpen auch noch politisch zersplittert und liegen jeweils an der Peripherie der neuen Industriestaaten, was Investitionen zusätzlich erschwert.

Die industrielle Entwicklung wirkt sich daher zum Nachteil der Alpen aus: Die Entwertung aller traditionellen dezentralen Wirtschaftsaktivitäten, die unter den neuen Rahmenbedingungen nicht mehr konkurrenzfähig sind, führt in zahlreichen Alpenregionen zum Zusammenbruch der lokalen Wirtschaft und zu einer massiven Abwanderung, während auf der anderen Seite nur einige wenige flächenkleine Alpengebiete und nur ausgewählte Orte von der industriellen Entwicklung profitieren. Die Alpen werden dadurch im 19. Jahrhundert zu einer Problemregion, zu einem benachteiligten Raum in Europa.

Von der wirtschaftlichen Entwertung sind Land- und Forstwirtschaft, das Handwerk, der vorindustrielle Bergbau und der traditionelle Saumverkehr betroffen, die entweder schnell vollständig eingestellt werden oder die – wie die Land- und Forstwirtschaft – im Laufe der Zeit immer schwächer werden.

Von der neuen Entwicklung aufgewertet werden in erster Linie die größeren Alpenstädte, die dank Eisenbahnanschluss ein stürmisches Wachstum durchlaufen, die gut erreichbaren tiefen Tallagen, in denen eine Reihe von Industriebetrieben entstehen, sowie diejenigen Alpendörfer in größerer Höhe, die sich dank Eisenbahnanschluss zu Tourismuszentren entwickeln.

Mit dem Übergang von der Industrie- zur Dienstleistungsgesellschaft, der in Europa und in den Alpen ab 1970–80 einsetzt, werden die industriellen Wirtschafts- und Siedlungsstrukturen modifiziert: Die „harten" Standortfaktoren verlieren etwas an Bedeutung, sodass die Wirtschaftsstruktur dezentraler werden kann; allerdings konzentriert sich die Wirtschaft weiterhin auf die Großstädte und Metropolen, aus denen jetzt „Stadtregionen" oder Agglomerationen werden. Gleichzeitig steigt die Arbeitsteilung und Spezialisierung weiter an, was zu einem sehr stark wachsenden Verkehr führt, der auch das persönliche Verhalten erfasst (wachsende Distanzen zwischen Wohn- und Arbeitsort, hohe Freizeitmobilität).

Für die Alpen bedeutet dieser neue Wandel auf den ersten Blick eine Wiederaufwertung als Lebens-

118 *Die 1967 eröffnete San-Bernardino-Autostraße (N 13) im Tal des Hinterrheins kurz vor dem Scheiteltunnel in 1600 m Höhe. Obwohl sie ursprünglich in erster Linie für den touristischen und den Pkw-Verkehr gebaut worden war, wird sie heute von immer mehr Lkw benutzt (September 2003).*

und Wirtschaftsraum, denn die Wachstumsraten der Alpenbevölkerung gleichen sich zwischen 1955 und 1980 dem europäischen Durchschnitt an und liegen nach 1980 immer deutlich darüber. Abwanderungs- und Entsiedlungsregionen der Alpen verschwinden seitdem zwar nicht – es gibt sie nach wie vor bis heute –, aber ihre Fläche wird doch deutlich kleiner.

Zunehmend gibt es heftige Konflikte zwischen Politikern, Bürgerinitiativen, Wirtschaftsvertretern, Naturschützern und zahlreichen Lobbygruppen, wie dieser neue Wandel bewertet werden soll: Ist er ein „Fortschritt" für die Alpen oder werden die Alpen dadurch völlig zerstört?

Kapitel 4 und 5 versuchen diese schwierige Grundsatzfrage zu klären. Um bloße „Glaubensstreitigkeiten" zu vermeiden, werden in Kapitel 4 zunächst die wichtigsten Einzelfaktoren (die neuen Nutzungsformen) dargestellt. Dann wird in Kapitel 5 thematisiert, wie das Zusammenwirken dieser Faktoren die Kulturlandschaften der Alpen verändert und in welche Richtung der Landschaftswandel abläuft.

Verkehrserschließung als Voraussetzung der Modernisierung

Da modernes Wirtschaften sehr stark arbeitsteilig organisiert ist – dies gilt vom Beginn der Industriellen Revolution bis heute –, kann es nur dort betrieben werden, wo eine gute Erreichbarkeit für Massentransporte gegeben ist. Naturbedingt erschwert das Relief der Alpen massiv den Transport schwerer Güter in großen Mengen, weshalb die Gefahr besteht, dass durch die modernen Entwicklungen lediglich die traditionellen Wirtschaftsformen in den Alpen zerstört werden, ohne dass gleichzeitig moderne Betriebe neu entstehen oder traditionelle Betriebe modernisiert werden.

Aus diesem Grunde ist die Erschließung der Alpen für neue Verkehrsmittel *die* zentrale Voraussetzung für die Modernisierung der Alpen. Zentrale Maßnahmen der Berggebietspolitik zielten und zielen immer wieder darauf ab, mittels Verbesserung der Erreichbarkeit die moderne Wirtschaftsentwicklung im Alpenraum zu fördern.

Die drei Phasen der Verkehrserschließung der Alpen sind der Bau von Fahrstraßen (ab 1805), der Bau von Eisenbahnen (ab 1880) und der Bau von Autostraßen und Autobahnen (ab 1967). Eine vierte Phase, der Bau von Hochgeschwindigkeitseisenbahnlinien mit Alpenbasistunnel, ist in Vorbereitung, aber die ersten Strecken (Gotthard und Lötschberg) werden frühestens im Jahr 2012 eröffnet werden.

Wie stark der Verkehr dadurch beschleunigt wird, kann man am Gotthard sehen: Die Fahrtzeit von Basel nach Chiasso betrug auf dem Saumweg gut sechs Tage, reduzierte sich mit dem Bau der Fahrstraße 1830 auf dreieinhalb Tage, mit dem Bau der Eisenbahn 1882 auf 10,5 Stunden, mit dem Bau der Autobahn (mit Tunnel) auf drei Stunden, und sie wird mit der neuen Hochgeschwindigkeitsbahn ab 2012 nur noch 1¾ Stunden betragen.

Das traditionelle Verkehrsmittel der Alpen im Agrarzeitalter sind Saumwege, die von Saumtierkarawanen begangen werden. Zwar hatten die Römer aus militärischen Gründen einige Fahrstraßen quer über die Alpen gebaut, aber diese waren und bleiben Ausnahmen, und die meisten verfallen nach dem Ende des Römischen Reiches wieder und werden durch Saumwege ersetzt.

Die ersten neuen Fahrstraßen in den Alpen entstehen am Brenner (1772) und am Tenda-Pass in den Seealpen (1788, Bild 119); ab 1805 werden sie dann so zahlreich, dass die Zeit des Saumverkehrs zu Ende geht. Da Karren und Fuhrwerke auf Fahrstra-

▲ 119 *Die 1782–88 gebaute Fahrstraße (Südrampe) über den Tenda-Pass, 1871 m (Grenze zwischen den Ligurischen und den Seealpen), die Turin mit dem Mittelmeer verbindet, ist nach der Brenner-Fahrstraße die zweitälteste im Alpenraum und Symbol der beginnenden Moderne in den Alpen. Das Gebäude direkt an der Straße in 1428 m Höhe diente früher als Unterkunft für Passanten und Saumtiere. Da der Tenda-Straßentunnel bereits 1882 eröffnet wurde, hat man die alte Passstraße nicht modernisiert (Juli 2004).*

ßen keine starke Steigung bewältigen können, benötigen sie endlose Serpentinen oder Kehren, um Höhe zu gewinnen (Bild 119). Daher sind die Fahrstraßen wesentlich länger als die Saumwege, die über den gleichen Pass führen, und die Baukosten vervielfachen sich. Allerdings wird der Transport erheblich beschleunigt, und es entfällt das mühsame Umladen der Waren von den Wagen auf die Saumtiere.

Diese neuen Straßen werden sehr geschickt in das alpine Relief eingepasst, um Gegensteigungen und eine lange Schneebedeckung zu vermeiden und um Lawinen- und Steinschlagrinnen sowie Überschwemmungsgebieten so weit wie möglich auszuweichen. Viele dieser Straßen sind so optimal angelegt, dass sie später (ab 1900) auch vom Automobil genutzt werden können, für das sie gar nicht gebaut wurden. Mit nur leichten Veränderungen – Fahrbahnverbreiterungen, leichter Ausbau von Kehren, Steinschlag-/Lawinenüberdachungen – dienen viele von ihnen noch heute dem Verkehr (Bild 120).

Mit der Eröffnung der neuen Fahrstraßen gelangt der bäuerliche Nebenerwerb des Saumverkehrs an sein Ende: Das arbeitsaufwendige Umladen und Zwischenlagern der Waren entfällt, der Bedarf an Saumtieren und deren Begleitern bricht zusammen, und die Beschleunigung des Transports führt dazu, dass in den Alpen weniger oft angehalten und übernachtet werden muss. Damit verlieren nicht nur zahlreiche Alpentäler einen wichtigen Nebenerwerb, sondern die beiden Wirtschaftssysteme Lokalwirtschaft und Transitverkehr, die zuvor auf eine positive Weise eng miteinander verflochten waren, entkoppeln sich und werden immer mehr zu Gegensätzen.

▲ 120 *Die Furka-Passstraße oberhalb von Realp im Urseren-Tal (Gotthard-Massiv/Urner Alpen). Die Straßenanlage stammt schon aus dem Jahr 1866, ist aber so ideal angelegt, dass sie mit leichten Modifikationen (Verbreiterungen) für den heutigen Verkehr gut zu nutzen ist, obwohl sie für Karren und Fuhrwerke gebaut worden war (Oktober 1989).*

Während der Saumverkehr das alpine Relief gut nutzen kann, haben die Fahrstraßen damit gewisse Probleme. Das zeigt sich im jeweiligen Verkehrsnetz: Saumwege verbinden die einzelnen Orte in den Alpentälern über zahlreiche hohe Pässe auf direkte Weise miteinander, sodass ein dezentrales Wegesystem entsteht. Fahrstraßen dagegen bevorzugen die Talachsen und meiden das steile Relief, weshalb hohe Passübergänge selten werden. Deshalb entsteht ein System von vergleichsweise wenigen Durchgangs- und sehr vielen Stichstraßen, sodass die meisten Alpentäler zu Sackgassentälern werden. Dadurch werden aus der Sicht der Erreichbarkeit die tiefen Tallagen am Rande und die großen Haupttäler innerhalb der Alpen stark bevorzugt und alle anderen Standorte entwertet.

Das eigentliche Verkehrsmittel der Industriegesellschaft sind aber nicht die vergleichsweise kleinen und langsamen Karren und Fuhrwerke, sondern Eisenbahn und Dampfschiff. Das Dampfschiff kann in den Alpen – mit Ausnahme der randalpinen Seen – überhaupt nicht eingesetzt werden, aber auch die Eisenbahn bekommt in den Alpen sehr große Probleme, weil sie kaum Steigungen bewältigen kann. Deshalb sind die Alpen in einer langen Anfangsphase für die neuen Verkehrsmittel nicht erreichbar und entziehen sich längere Zeit dem industriellen Wandel.

Erst mit dem Bau stärkerer Lokomotiven und mit der Erfindung langer Rampen, Kehrtunnel (360°-Tunnel im Fels, um Höhe zu gewinnen) und langer Scheiteltunnel (zur Vermeidung des eigentlichen Passanstieges, oft in 1000 m Höhe gelegen und 10–20 km lang) kann die Eisenbahn ins Gebirge vordringen. Vorreiter ist die 1854 eröffnete Bahnverbindung von Wien nach Triest, die am Semmering und in den Karawanken die Alpen quert und die aus militärischen Gründen (Verbindung der Hauptstadt des Habsburgerreiches mit ihrem wichtigsten Adria-Hafen) gebaut wurde. Zwischen 1867 und 1913 entstehen dann in kurzer Zeit sechs neue Eisenbahnstrecken durch die Alpen. Danach wird nur noch eine einzige weitere Strecke – die Tenda-Linie von Turin bzw. Cuneo nach Ventimiglia und Nizza (1928) – gebaut; das Erschließungszeitalter der Eisenbahn geht in den Alpen sehr schnell wieder zu Ende.

Auch hier ist es wieder aufschlussreich, sich das Streckennetz etwas näher anzusehen: Die Eisenbahnlinien kommen aus Großstädten in der Nähe des Alpenrandes (München, Wien, Mailand, Turin, Lyon usw.) und führen quer durch die Alpen hindurch zur nächsten Großstadt auf der anderen Alpenseite. Damit steht beim Eisenbahnbau die Transitfunktion absolut im Vordergrund, während die für die inneralpine Wirtschaft und Kultur so bedeutenden Verbindungen durch die großen inneralpinen Längstäler kaum eine Rolle spielen (nur Österreich baut aus militärischen Gründen die Bahnlinie Salzburg–Innsbruck–Bregenz durch die Alpen). Die zahlreichen Seiten- und Nebentäler erhalten erst recht keine Trasse, weil das Relief die Kosten in astronomische Höhen treiben würde.

Die Struktur der Eisenbahnlinien folgt daher eindeutig der Logik der europäischen Wirtschaftsinteressen (schneller Transit zwischen den europäischen Wirtschaftszentren) und stellt für die Alpen eine Benachteiligung dar. Lediglich die wenigen Täler an einer Transitbahnlinie profitieren von der neuen, schnellen Erreichbarkeit, sodass hier zahlreiche Fabriken entstehen, die das Arbeitskräftepotenzial in den Alpen nutzen.

Nach dem Bau der großen Transitstrecken entstehen in einer zweiten Phase meist noch vor 1914

▲ 121 *Die Tauerneisenbahn im nördlichen Gasteiner Tal, wo sie auf dem flachen Talboden verläuft, was eine große Lärmbelästigung darstellt (September 1990).*

eine Reihe von Nebenbahnen – aus Relief- und Kostengründen meist als Schmalspurbahnen –, die als Stichstrecken weitere Alpenstädte und Alpenregionen an das europäische Eisenbahnnetz anschließen. Dieses Nebenbahnnetz ist im Kanton Graubünden in der Schweiz am stärksten ausgebildet, weil hier eine Transitlinie völlig fehlt (statt der Verbindung Chur–Chiavenna–Mailand wurde die Gotthard-Linie gebaut) und der Kanton diesen Nachteil wenigstens durch ein Netz von Nebenbahnen kompensieren wollte. Allerdings erfüllen die meisten Nebenbahnen nicht die wirtschaftlichen Erwartungen, weil sie zu teuer und zu langsam sind. Viele von ihnen sind seit langem stillgelegt.

Ein dritter Eisenbahntyp sind die touristischen Bahnen: Ohne einen direkten Eisenbahnanschluss (meist Schmalspur) kann sich in einem Gebirgsdorf kein Massentourismus entwickeln, und darüber hinaus braucht es die Erschließung von spektakulären Aussichtsgipfeln. Dafür werden Schmalspurbahnen mit Zahnradantrieb gebaut, die Höhen bis 3500 m erreichen. Mit der Erfindung der Seilbahn geht allerdings auch ihre große Zeit bereits im Jahr 1914 zu Ende. Einige dieser touristischen Bahnen sind inzwischen stillgelegt und abgebaut, viele werden heute – vor allem in der Schweiz – als Nostalgiebahnen erfolgreich betrieben.

Weil Eisenbahnen seit dem Anbruch des Kraftfahrzeugzeitalters immer mehr als veraltetes Verkehrsmittel gelten, werden viele Eisenbahnlinien wenig modernisiert. Hier liegt deshalb heute ein großes Potenzial, um die Eisenbahnkapazitäten im Transitverkehr deutlich zu erhöhen, ohne neue Strecken bauen zu müssen.

▲ 122 *Die Tauerneisenbahn im mittleren Gasteiner Tal bei Bad Hofgastein, wo sie am Berghang mittels einer 10 km langen Rampe allmählich an Höhe gewinnt, um die Steilstufe bei Bad Gastein zu überwinden. Diese wichtige Transitstrecke ist immer noch eingleisig, soll aber in absehbarer Zeit zur zweigleisigen Strecke ausgebaut werden. Allerdings gibt es dabei heftigen Streit zwischen der Bahn und den Talbewohnern, die bauliche Maßnahmen zur Lärmminderung verlangen (April 1992).*

Die Eisenbahn als charakteristisches Verkehrsmittel der Industriegesellschaft wird in der Dienstleistungsgesellschaft vom Lkw abgelöst, der flexibler, schneller und billiger ist und der kleinere Mengen „just-in-time" anliefern kann. Die neue Straßeninfrastruktur – Autobahnen und Autostraßen – ist ebenfalls sehr reliefempfindlich, und auch sie dringt wieder mit großer Verspätung in die Alpen vor, nämlich erst ab 1967, als es im außeralpinen Europa längst ausgedehnte Autobahnnetze gibt.

Die erste Autobahn ist die 1967 eröffnete Brenner-Autobahn. Seitdem sind nur sechs weitere Strecken durch die Alpen gebaut worden, die zudem meist nicht durchgehend vierspurig sind. Im Rahmen der Alpenkonvention haben die Alpenstaaten zudem beschlossen, dass keine weiteren Transitautobahnen mehr gebaut werden sollen. Damit gibt es ähnlich viele Transitautobahnen wie -eisenbahnen, und für ihre Linienführung gilt ebenfalls die gleiche Charakteristik, nämlich die Dominanz der außeralpinen Interessen.

Autostraßen sind zweispurige Fahrbahnen, die nur dem schnellen motorisierten Verkehr dienen. Auch hier entsteht 1967 ein neuer Straßentyp: Die 1967 eröffneten neuen Südrampen des Gotthard- und Großen-St.-Bernhard-Passes umgehen mit aufwendigen Trassenbauwerken die endlosen Serpentinenstrecken der alten Straße. Gleiches gilt für die als Autostraße gebaute San-Bernardino-Route (Bild 118), die mittels zahlreicher Ortsumgehungen, Trassenbauten und Tunnelstrecken eine schnelle Alpenquerung ermöglicht.

Alle diese neuen Straßen lösen sich vom vorhandenen Relief (Bild 124), was sehr teuer ist, weil es viele künstliche Trassenbauten erfordert (im Extremfall besteht eine solche Straße nur aus Brücken und Tunneln), dafür aber hohe Geschwindigkeiten für den Kfz-Verkehr ermöglicht. Inzwischen haben fast alle großen inneralpinen Längstäler solche neuen Straßen erhalten; und von ihnen ausgehend werden viele große Gemeinden und dicht besiedelte Seitentäler derzeit damit erschlossen. Damit verbessert sich ihre Erreichbarkeit signifikant; viele Gebiete sind jetzt in so kurzer Zeit vom Alpenrand oder von einer Alpenstadt aus zu erreichen, dass sie als Wohnstandorte für Pendler aufgewertet werden.

Alle Alpentäler, Dörfer oder Einzelhöfe, die mit den neuen Straßen jedoch nicht erreichbar sind,

◄ 123 *Die Gotthard-Autobahn in der Leventina bei Ambri-Piotta. In engen Alpentälern beanspruchen die modernen Autobahnen oft den gesamten Talraum, sodass für andere Nutzungen kein Platz mehr übrig bleibt (September 2003).*

▲ 124 *Die alte Talstraße im Gasteiner Tal meidet – wie früher allgemein üblich – den ebenen, aber überschwemmungsgefährdeten Talboden und hält sich am unteren Hangfuß, wo zahlreiche Schwemmkegel passiert werden müssen, sodass sich ein kurviger Straßenverlauf ergibt. Die moderne Bundesstraße dagegen verläuft schnurgerade neben der begradigten und tiefergelegten Gasteiner Ache (rechts der Ache die nicht gut erkennbare Tauerneisenbahn, rechts daneben ein moderner Güterweg). Diese Bundesstraße, die die Orte umgeht, ist so gerade und so breit, dass sehr schnell gefahren wird; deshalb wird der Verkehr auf ihr seit einigen Jahren durch bauliche Maßnahmen gezielt wieder verlangsamt (April 1988).*

werden benachteiligt: Sie sind zwar genauso schnell oder langsam wie früher zu erreichen, im Zeitalter eines immer schnelleren Verkehrs aber wird dies immer weniger akzeptiert und gilt als gravierender Standortnachteil.

Auch das neu entstehende Straßennetz der Autobahnen und Autostraßen orientiert sich wieder an den großen Alpentälern. Es erschließt die Alpen von unten her, sodass die meisten dieser Straßen irgendwo als Stichstraßen oder Sackgassen enden, und nur an sehr wenigen Stellen werden zwei Alpentäler über einen Pass direkt miteinander verbunden. Wenn man heute von einem Alpental ins Nachbartal will, muss man weit talabwärts fahren und dann entweder die Alpen verlassen und am Alpenrand ins Nachbartal einbiegen oder man erreicht über eine längere Strecke in einem Alpenlängstal die Mündung des Nachbartals. Benachbarte Alpentäler rücken so real und mental immer weiter voneinander weg. Auf diese Weise fördert das Straßennetz die wirtschaftliche und kulturelle Außenorientierung des Alpenraumes und die Dominanz der Stadt über das Land, denn man ist meist schneller in der nächsten Stadt als im Nachbartal.

125 *Die Gotthard-Autobahn am Luganer See mit dem Ort Bissone, 276 m. Aufgrund der beengten Platzverhältnisse trennen die Autobahn und die parallel verlaufende Eisenbahn den Ort von seinem Hinterland ab und machen ihn zu einer Art „Insel" zwischen See und Verkehrsfläche. Links der Damm von Melide, einer eiszeitlichen Endmoräne mitten im Luganer See, den Eisenbahn und Autobahn nutzen, um den See zu überqueren (September 1993).*

Je besser die Straßen in den Alpen ausgebaut werden, desto mehr Verkehr verläuft auf ihnen: Je besser die Erreichbarkeit, desto intensiver die Verflechtung der lokalen Wirtschaft mit dem globalen Markt (meist zu Lasten der einheimischen Betriebe), desto weiter die täglichen Strecken zwischen Wohnen, Arbeiten, Einkaufen (bei gleichem Zeitaufwand) und desto intensiver der Freizeitverkehr. Das viel diskutierte Verkehrsproblem in den Alpen besteht deshalb keineswegs allein aus dem Transitverkehr, sondern gründet in der Enträumlichung allen Wirtschaftens und Handelns in der Dienstleistungsgesellschaft.

Der Verkehr hat inzwischen entlang der Transitautobahnen, aber auch bereits entlang vieler Bundesstraßen so stark zugenommen, dass er die Lebens- und Wohnqualität der davon betroffenen Alpentäler in Frage stellt: Lärm und Luftverschmutzung konzentrieren sich in den engen Alpentälern vielfach stärker als im Flachland, und viele Straßen stellen inzwischen unüberwindbare Korridore dar, die Orte von ihrer Umgebung abschneiden (Bild 125).

Soll der Straßenverkehr nicht die Lebensqualität vieler Alpentäler ersticken, muss er a) verringert und b) langsamer gemacht werden. Ansätze dazu, über die stets sehr heftig gestritten wird, gibt es in vielen Alpentälern.

126 *Ehemalige Ackerflächen mit Ackerterrassen in 1200 m Höhe oberhalb des Dorfes Sambuco im Stura-Tal (Cottische Alpen); im Hintergrund ein fast senkrecht abfallendes Kalkband, das im Monte Nebius, 2600 m (rechts), gipfelt. Die grünen Flächen werden noch als Wiese genutzt und bewässert, die gelbbraunen Flächen vorn rechts sind in diesem Jahr noch nicht gemäht worden und drohen aus der Nutzung zu fallen. Die gelben Stellen oberhalb des grünen Streifens sind seit vielen Jahren brachgefallen, hier haben sich bereits Büsche und Bäume ausgebildet. Die dunkelgrünen Flächen hinten rechts sind ehemaliges Kulturland, das schon vor Jahrzehnten aus der Nutzung genommen wurde und das stark verbuscht und verwaldet ist (September 2001).*

127 *Mähwiesen auf ehemaligen Ackerflächen im Neraissa-Tal (Cottische Alpen) in 1600 m Höhe. Während die rechte Parzelle im Juli gemäht wurde, war die linke Parzelle bis zum 24. September noch nicht gemäht, und das lange, gelbliche Gras fängt an, sich nach unten zu legen. Der Unterschied zwischen beiden Parzellen ist so deutlich zu erkennen, dass man ihn aus großer Entfernung (z. B. vom Gegenhang) wahrnehmen kann (September 1999).*

Landwirtschaft im Alpenraum – ein Rückzug ohne Ende?

Es liegt auf der Hand, dass die Landwirtschaft im Alpenraum der Landwirtschaft in den anderen Regionen Europas hoffnungslos unterlegen ist, sobald sie mit ihr auf überregionalen Märkten allein über den Preis konkurrieren muss. Allerdings gibt es dabei erhebliche Unterschiede: Der Ackerbau im Alpenraum ist besonders stark benachteiligt, während die Viehwirtschaft längere Zeit noch einigermaßen mithalten kann.

Das System der romanischen Berglandwirtschaft, bei der der Ackerbau eine relevante Bedeutung hat, ist dadurch besonders benachteiligt, zumal es sehr kleine Betriebsgrößen mit starker Parzellierung aufweist und wegen der Eigentumsstrukturen wenig flexibel reagieren kann. Hier geht die Zahl der Betriebe ab 1880, also seit der Zeit der ersten großen Agrarkrise in Europa, drastisch zurück.

Das System der germanischen Berglandwirtschaft, bei dem die Viehwirtschaft die dominante Rolle innehat, steht dagegen besser da, zumal die Fläche der Betriebe hier relativ groß ist, die Betriebe flexibel agieren können und in der Regel Waldflächen besitzen und mit dem Wald, der „Sparkasse der Bergbauern", finanzielle Engpässe überbrücken oder größere Investitionen bezahlen können. Auch hier werden ab 1880 Betriebe aufgegeben, aber es sind lange Zeit deutlich weniger als im romanischen Raum. Langfristig betrachtet tendieren aber beide Landwirtschaftstypen zu einer Betriebszahl, die in absehbarer Zeit pro Gemeinde nur wenig über Null liegen dürfte.

In einer langen Anfangsphase führt die Abnahme der Zahl der Landwirtschaftsbetriebe noch zu keinen Flächenstilllegungen, weil die verbleibenden

Betriebe die frei werdenden Nutzflächen sofort übernehmen. Die ersten größeren Flächen fallen in den 1920er Jahren brach, aber in den beiden folgenden Jahrzehnten wird dieser Prozess wieder gestoppt. Erst ab 1955 setzt dann – stark vorangetrieben durch den gleichzeitigen Arbeitskräftemangel in den europäischen Städten – die Aufgabe größerer Nutzflächen ein, und dieser Prozess hält bis heute an, ohne dass eine Trendwende erkennbar wäre.

▲128 *Almen werden auch heute noch genutzt, aber die früheren Reparatur- und Pflegearbeiten werden nicht mehr ausgeführt, weil Handarbeit nicht mehr bezahlbar ist. Ebenso wird die Hütetätigkeit stark eingeschränkt oder ganz eingestellt. Die Tiere konzentrieren sich deshalb stark auf die besten und ebensten Almflächen und meiden die steileren, auf denen sich dann allmählich Alpenrosen, Preiselbeeren und andere Zwergsträucher ausbreiten. Wenn sie nicht in regelmäßigen Abständen wie früher gerodet werden, bilden sie im Verlauf von einigen Jahren eine Vegetationsdecke aus, die den Futterwert einer Alm stark absinken lässt. Im Bild ehemalige, jetzt verbuschende Almweiden an der Gasteiner Höhe in knapp 2000 m Höhe im nördlichen Gasteiner Tal (Hohe Tauern). Wie die Bäume am Rand dokumentieren, handelt es sich von Natur aus um einen Waldstandort, d. h., irgendwann werden sich die Zwergstrauchgesellschaften zu einem Wald weiterentwickeln. Im Hintergrund der Bernkogel, 2325 m (Oktober 1996).*

Bei dieser Entwicklung markiert die erste Hälfte der 1960er Jahre eine besondere Zäsur: Alpenweit wird jetzt der Ackerbau eingestellt. Damit werden große fruchtbare Gebiete in tiefen Lagen zur Nutzung als Wiese frei, weshalb die Bergmähder aufgegeben werden können, die jetzt in der Regel flächenhaft verbuschen.

Die damit verbundenen Veränderungen sind heute überall im Landschaftsbild gut zu erkennen. Im Talbereich werden die ehemaligen Äcker entweder als Wiese genutzt, oder sie sind – manchmal mit einem sehr kleinräumigen Muster – brachgefallen (Bild 126 und 127). Ehemalige Weideflächen im Talbereich, also relativ ungünstige Nutzflächen, sind bereits seit langer Zeit aufgegeben und inzwischen so stark verbuscht und verwaldet, dass sie kaum noch als ehemalige Nutzflächen zu erkennen sind. In der Höhe sind die ehemaligen Bergmähder weitgehend verbuscht (Bild 173), und große Almflächen sind entweder vollständig aus der Nutzung genommen worden oder werden nur noch extensiv und ohne Pflegearbeiten beweidet, sodass sich auch hier die Verbuschung durchsetzt (Bild 128).

Damit lässt sich auf großen Teilflächen heute schon erahnen, wie die Landschaft der Alpen in etwa 25 Jahren aussehen wird, wenn die traditionelle flächenhafte Landwirtschaft aus den Alpen verschwunden sein wird.

▲ 129 *Da Handarbeit heute unbezahlbar teuer geworden ist, kann die Berglandwirtschaft nur dann überleben, wenn auch sie Hand- durch Maschinenarbeit ersetzt. Im Bild ein Ladewagen, der das zu Streifen zusammengerechte trockene Heu (auch dieser Arbeitsgang wird maschinell ausgeführt) automatisch aufnimmt. Im Hintergrund Bad Hofgastein im Gasteiner Tal (Hohe Tauern), das von großen Mähwiesen umgeben ist (Ende Juni 1987).*

◄ 130 *Silageballen (in Obermaiselstein/Allgäu) sind sichtbarer Ausdruck einer Intensivierung der Mähwiesen, die sich ab Mitte der 1990er Jahre in vielen Alpentälern durchsetzt: Das Gras wird nicht mehr getrocknet und dann gelagert, sondern im frischen Zustand in Kunststoffballen luftdicht verpackt, sodass Gärprozesse ablaufen, die sich auf den Futterwert positiv auswirken. Wenn man auf diese Form der Nutzung umstellt, dann mäht man alle 2–3 Wochen (siehe Bild 5); das Graswachstum fördert man durch starke Düngergaben. Dadurch sinkt die Artenzahl sehr stark ab, die sich auf solchen Wiesen auf nur noch 4–5 Arten verringert.*

Ein Teil der etwa eine halbe Million zählenden Landwirtschaftsbetriebe, die es 1990 noch in den Alpen gab, sind traditionelle Betriebe ohne Nachfolger, die von einer älteren Person oder einem älteren Ehepaar bewirtschaftet werden. Sie sind entweder heute bereits aufgegeben oder werden in wenigen Jahren geschlossen.

Daneben gibt es aber auch eine Reihe moderner Betriebe, die sich bislang erfolgreich auf einen kleinen Marktbereich spezialisiert haben und über zahlreiche Maschinen verfügen. Allerdings liegen die Verkaufspreise für landwirtschaftliche Produkte so niedrig, dass diese Betriebe von ihren Einnahmen allein nicht leben können: Ohne die Zuschüsse der öffentlichen Hand (EU, Staat, Bundesland/Kanton), ohne Nebeneinnahmen aus dem Tourismus und ohne einen sehr hohen Arbeitseinsatz können diese Betriebe nicht überleben. Weil die agrarpolitischen Rahmenbedingungen nicht positiv aussehen, ist ihre Zukunft nicht einmal mittelfristig gesichert.

Da ohne Maschineneinsatz eine landwirtschaftliche Nutzung nicht mehr möglich ist, werden die zentralen Flächen in Hofnähe häufig planiert (Bild 131). Zugleich können nur solche Flächen genutzt werden, die von den landwirtschaftlichen Maschinen auf gut ausgebauten und breiten Güterwegen

erreicht werden können. Deshalb ist ein entsprechendes Netz von Güter- und Almwegen unverzichtbar für die heutige Nutzung. Dabei gibt es immer wieder Konflikte mit Naturschützern über die Breite von Almwegen, und es stellt sich oft die Frage, ob überdimensionierte und damit sehr teure Almstraßen wirklich nötig sind oder ob schmalere Anlagen, die mit etwas kleineren Fahrzeugen genutzt werden können, nicht insgesamt viel effektiver sind.

Die Frage der Erreichbarkeit des Alpenraums durch die modernen Verkehrsmittel ist ja die Voraussetzung für die Modernisierung der alpinen Wirtschaft im 19. und 20. Jahrhundert. Jetzt können wir feststellen, dass dies nicht nur für ganze Alpenregionen und Alpentäler gilt, sondern genauso für einzelne Landwirtschaftsparzellen: Ohne eine Erreichbarkeit mit einem Güter- oder Almweg gibt es heute keine Nutzung mehr. Deshalb finden wir in allen Alpenregionen inzwischen ein gut ausgebautes landwirtschaftliches Wegenetz, das erhebliche Teile der Flur bis in große Höhen erschließt. Es wird heute jedoch nicht nur von Einheimischen, sondern auch von Auswärtigen für Freizeit- und Urlaubszwecke genutzt und wird damit zur dezentralen Belastung der Alpen durch Abgase, Lärm und Neubauten (Ferienhäuser, Jausenstationen) in der freien Landschaft.

Am Beispiel der Berglandwirtschaft wird ein Grundprinzip des modernen Wirtschaftens sehr anschaulich sichtbar: Entweder bringt eine Parzelle einen hohen Ertrag und ist gleichzeitig gut erreichbar, oder sie wird überhaupt nicht mehr genutzt – die Zwischenstufen der Nutzung, die für die traditionelle Berglandwirtschaft so charakteristisch waren (vielfach gestufte Nutzungsintensitäten), sind heute nicht mehr rentabel und verschwinden immer mehr aus der Landschaft.

Wie sieht die Zukunft der Landwirtschaft in den Alpen aus? Diese Frage lässt sich am besten am Beispiel der französischen Alpen beantworten. Hier begann der Rückgang bereits 1850, also 30 Jahre früher als im übrigen Alpenraum. Heute gibt es hier eine Agrarstruktur, die sich von der der übrigen Alpengebiete deutlich unterscheidet: Erstens ist die Zahl der Landwirtschaftsbetriebe hier sehr gering und liegt zwei Drittel unter derjenigen im übrigen Alpenraum, sodass es inzwischen eine Reihe von Alpengemeinden ohne einen einzigen Landwirtschaftsbetrieb gibt. Und zweitens handelt es sich dabei meist um Vollerwerbsbetriebe, die entweder in den tiefen Lagen einen sehr intensiven Ackerbau oder im oberen Höhenstockwerk eine extensive Viehwirtschaft mit sehr großen Herden betreiben, was in beiden Fällen die Umwelt erheblich belastet. Die mittleren Höhenlagen sind dagegen großflächig brachgefallen und werden menschenleer.

Es sieht so aus, als wären die französischen Alpen der Vorreiter bei der zukünftigen Entwicklung der Landwirtschaft im gesamten Alpenraum.

▲131 *Während ein unruhiges und welliges Mikrorelief bei Handarbeit kein Problem darstellt, verwehrt es den Einsatz von Heuerntemaschinen. Deshalb wird der Boden auf den hofnahen und ertragreichen Flächen häufig planiert, eingeebnet und anschließend neu (meist mit wenigen, standortfremden Arten) eingesät, so wie hier im Gasteiner Tal bei Dorfgastein in etwa 850–900 m Höhe. Da solche Flächen dann einen sehr gleichmäßigen Wurzelhorizont ausbilden, sind sie stärker erosionsgefährdet als die traditionellen artenreichen Wiesen am gleichen Standort (September 1990).*

Gewerbe und Industrie – oft übersehen

Das romantische Bild der Alpen, das ja das Gegenbild zum industriellen Alltag darstellt (siehe Kapitel 1), blendet bewusst die tiefen Tallagen mit den Städten und den zahlreichen Gewerbe- und Industriestandorten aus den Alpen aus. Dieses Bild ist jedoch sehr realitätsfern, da diese tiefen Tallagen wichtige Arbeitsplätze bereitstellen, zu denen täglich viele Menschen aus dem weiteren Einzugsbereich pendeln. Häufig haben sich im Umkreis von großen Industriebetrieben sogenannte „Arbeiterbauern"-Betriebe herausgebildet, deren Beschäftigte die Arbeit in der Fabrik und in der Berglandwirtschaft miteinander kombinieren und die einen wichtigen Teilbereich der alpinen Realität ausmachen. Gewerbe und Industrie sind sehr viel enger mit den Alpen verzahnt, als man üblicherweise annimmt.

Für große Industriebetriebe stellen die Alpen einen peripheren Standort dar, für den aber folgende Faktoren sprechen: eine sehr gute Erreichbarkeit via Eisenbahn/Autobahn, ein großes Arbeitskräftepotenzial mit bäuerlicher Mentalität (also mit schwach ausgebildeten „städtischen" Gewerkschaftsstrukturen) sowie eine ökonomisch sehr günstige Wasserkraftnutzung zur Elektrizitätsgewinnung. Deshalb entstehen im Zuge der Industrialisierung eine größere Zahl von Industriebetrieben in den Alpen, allerdings stets nur im Bereich der tief liegenden Alpentäler in der Nähe des Alpenrandes und in den großen inneralpinen Längstälern mit einer Transitverkehrsstrecke.

Da diese Industriebetriebe häufig viele Tausend Arbeiter beschäftigen, während in den benachbarten, hochgelegenen und dünn besiedelten Seitentälern oft nur wenige Hundert Arbeitsplätze in Landwirtschaft und Tourismus existieren, halten sie eine relativ starke wirtschaftliche Stellung in der alpinen Wirtschaft. Auf dem Höhepunkt der industriellen Entwicklung in den Alpen, also in den Jahren 1970–75, dürfte jeder zweite Erwerbstätige im zweiten Wirtschaftssektor (Industrie, Handwerk, Baugewerbe, Wasserwirtschaft) gearbeitet haben!

Mit dem Übergang von der Industrie- zur Dienstleistungsgesellschaft geht europa- wie alpenweit die Zahl der Arbeitsplätze in Industrie und Gewerbe deutlich zurück. Die Alpen verlieren dabei viele Arbeitsplätze, allerdings wird dies in der breiten Öffentlichkeit – im Unterschied zu den Arbeitsplatzverlusten in Berglandwirtschaft und Tourismus – nie thematisiert.

◀ 132 *Die Industriegemeinde Visp, 651 m, im Wallis mit den großen Anlagen der Lonza-Werke. An diesem Standort wird die „Lonza Biotec" im Jahr 2005 ihre Abteilung „Forschung und Entwicklung" im Bereich Biotechnologie eröffnen. Das Betriebsgelände der Lonza-Werke besteht seit über 100 Jahren. Es bedeckt die gesamte ebene Talaue zwischen dem Schwemmkegelort Visp und der Rhône (ganz unten am Bildrand) und stellt inzwischen wegen seiner Ausdehnung ein Hindernis für den Bau des noch fehlenden Stücks der Simplon-Autobahn dar. In der Bildmitte rechts das Vispertal, das sich nach 6 km in das Tal der Matter Vispa (ganz rechts) und der Saaser Vispa (Bildmitte) verzweigt. Zwischen ihnen (Bildmitte rechts ganz oben) liegt die Mischabelgruppe (August 1993).*

▲ 133 *Das 1942 gegründete große Chemiewerk bei Domat/Ems, 598 m, im Rheintal in der Nähe von Chur (das große Rechteck im Tal vorn ist das Industriegelände, dahinter der Doppelort Domat/Ems, auf der linken Rheinseite der kleine Ort Felsberg und hinten im Tal die Stadt Chur auf dem Schwemmkegel der von rechts einmündenden Plessur). Rechts neben und oberhalb des Industriegeländes liegt ein Golfplatz, der an den langen weißen Rechtecken zu erkennen ist. Gut sichtbar auch die Autostraße N 13, von der direkt am linken Bildrand die Straße ins Vorderrheintal und zum Oberalppass abzweigt; etwas weniger ins Auge fallend die Eisenbahn, die direkt am Werk vorbeiläuft. Der Naturraum ist durch den Randbereich des großen Bergsturzes von Flims geprägt: Auf der linken Seite sind am Berghang gut die schräg gestellten und teilweise abgerutschten Gesteinsschichten zu sehen, die heute noch von Wald bedeckt sind, weil sie sich der menschlichen Nutzung sperren. Im Talboden fallen zahlreiche kleine, mit Wald bedeckte Hügel auf, die im lokalen Dialekt „Tuma" genannt werden und die aus nutzungsfeindlichem Bergsturzmaterial bestehen. Die Berge im Hintergrund links gehören zum Rätikon (mit Schesaplana, 2954 m, als höchstem Gipfel), auf dessen Kamm die Grenze Graubünden – Vorarlberg verläuft (August 2003).*

Auch wenn in den letzten 30 Jahren eine Reihe von Industriebetrieben geschlossen wurde, so stellen diese Arbeitsplätze weiterhin einen sehr wichtigen Teil des Arbeitsmarktes im Alpenraum dar, denn es handelt sich dabei meist um Ganzjahresarbeitsplätze mit höheren beruflichen Qualifikationen – gerade solche Arbeitsplätze sind im Alpenraum nicht häufig zu finden.

Mit dem Niedergang der traditionellen Industrie in den letzten 30 Jahren ist ein tief greifender Wandel verbunden: Die „alte" Industrie zeigte noch an alpenspezifischen Standortfaktoren starkes Interesse, etwa der günstigen Elektrizität durch Wasserkraft oder der bergbäuerlichen Mentalität der Arbeiter. Diese spielen für die neuen Industriebetriebe keine Rolle: Im Rahmen der europaweiten und globalen Wirtschaftsverflechtungen besitzt der Alpenraum weder im Bereich der Produktion noch im Bereich der Dienstleistungen irgendwelche wichtigen spezifischen Ressourcen, die einen Wirtschaftsstandort in den Alpen selbst sinnvoll machen würden. Die einzigen Standortfaktoren sind nur noch die sehr gute Erreichbarkeit entlang der Transitstrecken, der „weiche" Standortfaktor Alpen-Image sowie die Freizeitqualität und Kaufkraft der Alpenbewohner.

Aus diesem Grund haben die neuen Betriebe mit den Alpen selbst, also mit den spezifischen Ressourcen des Naturraums Alpen oder mit denen ihrer Geschichte und Kultur nichts mehr zu tun. Es sind sogenannte „ubiquitäre" Betriebe oder Wirtschaftsaktivitäten, die überall angesiedelt werden könnten und deren Standort neben der sehr guten Erreichbarkeit

134 *Industrieanlagen im Toce-Tal bei Gravellona Toce (links unten) in Nordpiemont. Im Vordergrund der Torrente Strona, der etwas links der Bildmitte in den Toce-Fluss mündet; rechts davon ist ein Teil des Lago Maggiore zu sehen. Die dicht bebaute Talaue liegt in nur 200 m Höhe und ist durch die gut sichtbare Autobahn A 26 (Simplon-Route Brig – Domodossola – Genua) sehr schnell von Mailand aus zu erreichen. Im Hintergrund der Nationalpark „Val Grande" in den Lepontinischen Alpen mit Gipfelhöhen zwischen 1900 und 2195 m und einer Schneegrenze bei 1800 – 1900 m Höhe (Dezember 2000).*

nur noch von „weichen" Standortfaktoren (vor allem Produktionsbetriebe) und von der Kaufkraft in der Umgebung (vor allem Dienstleistungsbetriebe) abhängt. Erfüllen sich die wirtschaftlichen Erwartungen nicht, so werden solche Betriebe schnell verlegt.

Charakteristisch für die räumliche Struktur der Dienstleistungsgesellschaft ist, dass die zentralen Wirtschaftsaktivitäten in den großen europäischen Metropolen wie London, Paris, Mailand, München oder Wien angesiedelt sind. Denn nur hier gibt es die Faktoren, die heute als unverzichtbar angesehen werden, um permanent wirtschaftliche Innovationen zu realisieren.

Da es in den Alpen keine Metropole mit europäischer Bedeutung gibt, sind sie trotz ihrer guten Erreichbarkeit ein peripherer Wirtschaftsstandort und damit tendenziell wirtschaftlich benachteiligt. Denn die ubiquitären Betriebe, die sich hier ansiedeln, sind in der Regel nicht sehr wertschöpfungsintensiv, nicht gerade groß und meist von Firmen aus dem Bereich der Metropolen abhängig. Damit ist diese Wirtschaftsstruktur nicht besonders konkurrenzstark und in Zeiten wirtschaftlicher Krisen gefährdet.

Fast alle der neuen Industrie- und Gewerbebetriebe liegen in den gut erreichbaren und dicht besiedelten großen und größeren Alpentälern. Als Standorte werden fast nur die breiten Talauen genutzt, wobei Autobahnabfahrten und wichtige Straßenkreuzungen bevorzugte Punkte darstellen, an denen oft größere Gewerbegebiete mit chaotischem Grundriss und austauschbarer Architektur entstehen. Allein ihre äußere Fassade macht bereits sichtbar, dass sie nur zufälligerweise in den Alpen liegen.

Es gab in der Vergangenheit und es gibt auch heute immer wieder zahlreiche Versuche, solche Industrie- und Gewerbegebiete auch in den höher gelegenen Seitentälern anzusiedeln, also dort, wo durch die starken Rückgänge von Landwirtschaft und Handwerk neue Arbeitsplätze besonders dringend gebraucht werden, um Abwanderung zu verhindern. Aber diese Versuche sind fast immer gescheitert – selbst bei sehr günstigen Grundstücks- und Steuerbedingungen durch die Gemeinden –, weil die Erreichbarkeit schlechter ist als in den Haupttälern und weil das Arbeitskräfte- und Kundenpotenzial viel zu klein ist.

135 *Ein typisches Gewerbezentrum am Rande von Innsbruck. Diese Strukturen sehen sich europaweit zum Verwechseln ähnlich, produzieren und verkaufen Waren für den bzw. vom Weltmarkt und haben mit dem Alpenraum nichts zu tun – ihre Standorte verdanken sie allein der guten Erreichbarkeit an wichtigen Transitachsen sowie dem Alpen-Image und der Kaufkraft der Einwohner der benachbarten Städte. Sie können deshalb als „ubiquitäre" Wirtschaftsaktivitäten bezeichnet werden, die überall und nirgends angesiedelt werden können, sofern Erreichbarkeit, weiche Standortfaktoren und Nachfragepotenzial stimmen (September 1997).*

136 *Das „Grand Hotel de l'Europe" in Bad Gastein, 1000 m (Hohe Tauern), mit 160 Zimmern wurde 1907–1909 erbaut und repräsentiert den Typ des „Palasthotels", das charakteristisch für die „Belle Époque" (1880–1914), die „glanzvolle" Zeit der ersten Massentourismus-Phase in den Alpen ist. Danach geraten sie allmählich in die Krise, weil die Gäste der reichen Oberschicht selten werden, die Urlaubsbedürfnisse sich wandeln und ihr Unterhalt sehr personalintensiv ist; eine Reihe dieser Hotels wird (auch aus „Heimatschutzgründen") abgerissen. Das „Grand Hotel de l'Europe" steht seit Ende der 1960er Jahre, abgesehen von einer missglückten Revitalisierungsphase zu Beginn der 1980er Jahre, bis heute leer (April 1992).*

Tourismus – keine Schlüsselbranche im Alpenraum

Im weit verbreiteten Alpenbild besteht die alpine Wirtschaft fast nur aus Berglandwirtschaft und Tourismus, und Letzterer stellt mit großem Abstand die wichtigste Wirtschaftsbranche dar. Dieses Bild ist jedoch falsch, weil es die dicht besiedelten tieferen Alpengebiete aus den Alpen ausblendet, in denen der Tourismus nur eine unbedeutende Rolle spielt. Selbst wenn man die Alpen erst bei 1000 Höhenmetern beginnen ließe, dann sind keinesfalls alle Alpentäler und Alpengemeinden touristisch geprägt (wie man oft annimmt): Von den 109 Gemeinden, die oberhalb von 1500 m liegen, verzeichnen nur 36 Gemeinden seit 1870 ein Bevölkerungswachstum – und dies geht in *allen* Fällen auf den Tourismus zurück –, aber 63 Gemeinden einen starken Bevölkerungsrückgang.

Um die quantitativen Größenordnungen etwas besser zu verdeutlichen, ist es sinnvoll, die Tourismusgemeinden mit den Alpenstädten zu vergleichen: Die größten Tourismusgemeinden, Davos und Chamonix, zählen gut 11 000 Einwohner, die größten Alpenstädte dagegen 100 000 Einwohner und mehr. Die meisten Tourismusgemeinden verdrei- bis verfünffachen seit 1870 ihre Einwohnerzahl (einst Bauerndörfer mit wenigen hundert Einwohnern), die Alpenstädte dagegen verfünf- bis verzehnfachen seit 1870 ihre Einwohnerzahl (einst Städte mit einigen Tausend Einwohnern). Und der Anteil der Alpenbevölkerung, der unterhalb von 1000 Höhenmetern lebt, steigt von 90 % im Jahr 1870 auf 94,6 % im Jahr 2000, wenn man die Alpenabgrenzung der Alpenkonvention zugrunde legt.

Nur gut 600 oder 10 % aller Alpengemeinden sind „Tourismusgemeinden", also Gemeinden mit einer touristischen Monostruktur, die zusammen gut 300 Skigebiete bilden, und weitere 10 % der Alpengemeinden haben einen relevanten Tourismus, der aber in der Gemeinde keine Dominanz aufweist. 40 % aller Alpengemeinden haben dagegen nur einen geringen und weitere 40 % sogar gar keinen Tourismus. Knapp die Hälfte aller touristischen Betten der Alpen konzentrieren sich sogar nur auf 306 Gemeinden!

Der Tourismus verteilt sich in den Alpen folgendermaßen: Nur im Bereich der westlichen Ostalpen (Bayern, Vorarlberg, Tirol, Salzburg, Kärnten, Südtirol) besitzt der Tourismus einen halbwegs flächenhaften Charakter, genauer gesagt: Hier sind fast alle Neben- und Seitentäler mehr oder weniger touristisch geprägt, während die Haupttäler von Rhein, Inn, Salzach, Drau und Etsch mit der großen Mehrzahl der Einwohner und Arbeitsplätze verstädtern. Im übrigen Alpenraum konzentriert sich der Tourismus nur auf kleine Flächen, meist punkt-, seltener bandförmig. Größere Konzentrationen dieser Art gibt es im Berner Oberland, im Wallis, in Graubünden, in den französischen Nordalpen, in den Dolomiten, in der Region Aosta, im Susa-Tal/Piemont und in den Ligurischen Alpen. Die übrigen großen Alpengebiete haben sehr wenig oder sogar gar keinen Tourismus. Der Tourismus ist im Alpenraum also *kein* flächenhaftes Phänomen.

In der Zeit zwischen 1780 und 1880 kommen zwar nur wenige Alpinisten und Touristen in die Alpen, aber es wird dasjenige Alpenbild entwickelt und popularisiert, das anschließend viele Menschen in die Alpen zieht. Der erste richtige Massentourismus entsteht in der sogenannten „Belle Époque"

137 *Die Kleine Scheidegg, 2061 m, (Berner Alpen) war in der „Belle Époque" einer der berühmtesten Orte der gesamten Alpen. Hier treffen sich die beiden Zahnradbahnen von Grindelwald und Lauterbrunnen, und hier beginnt die Jungfraubahn, die auf das Jungfraujoch, 3500 m, führt. Die bereits bewilligte Fortsetzung dieser Bahn bis zum Gipfel der Jungfrau, 4158 m (Bildmitte, das weiße Dreieck rechts von der Jungfrau ist das Silberhorn, 3695 m), wurde wegen des Ausbruchs des 1. Weltkrieges nicht mehr realisiert (August 1990).*

(1880–1914) als Oberschicht-Tourismus mit zahlreichen Palasthotels (Bild 136) und touristischen Bergbahnen (Bild 137), der sich aber stark auf ausgewählte Orte in der Schweiz konzentriert. Parallel dazu erschließen die Alpenvereine viele Gebirgsgruppen mit Hütten und Wegen. Auch wenn dies wirtschaftlich noch keine große Bedeutung erlangt, so wird in dieser Zeit doch das alpinistische „Image" vieler Täler und Orte aufgebaut, das die Basis für den späteren Massentourismus darstellt.

In den 1920er und 1930er Jahren wird der Alpenurlaub auch für die Mittelschicht populär, und so entsteht erstmals ein breiterer Wintertourismus mit den ersten mechanischen Aufstiegshilfen.

Ab 1955 entwickelt sich der moderne Sommer-, ab 1965 der moderne Wintertourismus, der zu einem breiten Massenphänomen wird, weil jetzt erstmals auch die Unterschicht einbezogen wird. In der sogenannten „Goldgräberzeit" zwischen 1955 und 1985 werden überall jene touristischen Einrichtungen und Anlagen explosionsartig ausgebaut, die heute überall noch zu sehen sind.

Seit 1985 stagniert der Alpentourismus auf hohem Niveau, wobei der Wintertourismus wesentlich weniger Probleme aufwirft als der Sommertourismus, weil er ertragsstärker (und teurer) ist und weil er über ein jüngeres und modischeres Image verfügt. Ab 1985 verschärft sich in den Alpen auf Grund großer Überkapazitäten der Konkurrenzkampf, was zu einem anhaltenden Verdrängungswettbewerb führt. Größere Teile der Tourismusbranche, in erster Linie die kleinen Anbieter (Pensionen, Hotels, Schwimmbäder, Seilbahngesellschaften), sind hoffnungslos überschuldet, viele von ihnen mussten aufgeben: Der Tourismus konzentriert sich immer stärker in den großen Tourismusorten mit mindestens einer Million Übernachtungen pro Jahr, weil nur diese über ein komplettes Angebot aller (erwarteten) Freizeitmöglichkeiten verfügen.

Am schwierigsten ist die Lage in den westlichen Ostalpen, weil hier im alpenweiten Vergleich die kleinsten und dezentralsten Tourismusstrukturen bestehen, während die französischen Alpen mit ihren großen „integrierten Stationen" die besten Voraussetzungen haben; allerdings sind sie zugleich auch am stärksten *direkt* von außeralpinen Wirtschaftskräften dominiert.

Da der Zusammenbruch des dezentralen Tourismus die Bedeutung der Alpen als Lebens- und Wirtschaftsraum stark schwächen würde, ist eine genossenschaftliche Zusammenarbeit aller Tourismusanbieter einer Alpenregion notwendig, um der dezentralen Tourismusstruktur in neuer Form eine Zukunft zu geben. Kontraproduktiv wäre es, wenn in dieser Phase das touristische Angebot quantitativ weiter ausgebaut würde, weil dies nur den ruinösen Verdrängungswettbewerb anheizt.

In der öffentlichen Diskussion nehmen die durch den Tourismus verursachten Umweltprobleme oft einen besonderen Stellenwert ein, und immer wieder wird die Position vertreten, dass Tourismus und Umweltzerstörung eigentlich identisch seien. Allerdings muss man dabei aufpassen, dass man nicht in die alten Alpenklischeebilder verfällt und mit dem „romantischen Blick“ die Situation der Alpen vor der Entstehung des Tourismus fälschlicherweise als Idealzustand der Harmonie von Natur und Mensch ansieht und dann den Tourismus als „Sündenfall“, als Zerstörung *dieser* Harmonie bewertet. Die bisherigen Kapitel hatten ja bereits gezeigt, dass diese Sichtweise der Alpen ein Zerrbild darstellt.

Grundsätzlich stellt die touristische Veränderung der alpinen Landschaft etwas Ähnliches dar wie die bäuerliche Umwandlung der Natur- in eine Kulturlandschaft. Die zentrale Frage lautet dann, ob diese Veränderungen so gestaltet werden können, dass eine nachhaltige Nutzung (Reproduktion) touristisch genutzter Landschaften möglich ist oder nicht (siehe Kapitel 3).

Am Beispiel der viel diskutierten Skipisten (Bild 139) heißt das: Wird die Vegetation der Skipiste so gepflegt und immer wieder ausgebessert, dass sie als dichte Vegetationsdecke erhalten bleibt und Bodenerosion verhindert? Wird das auf Skihängen verstärkt oberirdisch abfließende Wasser so ab- und umgeleitet, dass es keine Schäden anrichtet? Wenn Skipisten erst ab einer gewissen Mindestschneehöhe befahren werden dürfen und wenn sie aufwändig gepflegt und Schäden jeweils sofort repariert werden, dann ist es möglich, sie ökologisch so stabil zu halten, dass keine Probleme mit Bodenabtrag und Hochwasser entstehen. Und was die Artenvielfalt

▲138 *Das Schlossalm-Skigebiet im Gasteiner Tal in der Nähe der Bergstation in 2000 m Höhe. Alle hellgrünen Bereiche (Piste) sind planiert und neu eingesät worden, die Skipiste wird regelmäßig gemäht und gedüngt, die angrenzenden Flächen werden beweidet, und die Entwässerungsgräben (vorn im Bild) und Retensionsbecken (Bildmitte links unten) werden offen gehalten. Im Hintergrund der vergletscherte Hauptkamm der Hohen Tauern mit dem Ankogel, 3252 m (der höchste Berg links), Tischlerspitze, 3001 m, und Tischlerkarkopf, 3002 m (links neben dem Ankogel, über dem Gletscher). Direkt vor dem Ankogel liegt der Graukogel, 2492 m; die Skiabfahrten im Wald darunter sind gut zu erkennen. Der breite Bergrücken im Bildmittelgrund rechts ist der Stubnerkogel, 2246 m, der von zwei Seiten aus mit Bahnen erschlossen ist; Lifttrasse und Skiabfahrten sind im Wald klar zu erkennen. Damit lassen sich von diesem Punkt aus drei der fünf Skigebiete des Gasteiner Tals überblicken. Trotz der vergleichsweise intensiven Skierschließung machen die Skigebiete maximal 20 % der Talfläche aus (September 1986).*

▶139 Der Gasteiner Teil der Skischaukel Dorfgastein-Großarl: Ganz unten der Ort Dorfgastein, 830 m, mit der Talstation und dem großen Parkplatz (in der Mitte hinter den Gebäuden), auf halber Höhe am Berg die Mittelstation auf der Brandlalm, 1450 m, mit den neu eingesäten Teilen der Skipiste (dunkelgrün), und ganz oben die Gipfelstation auf dem Fulseck, 2033 m, zu dem aus dem Nachbartal, von Großarl, 922 m, ebenfalls Seilbahnen und Skilifte hinaufführen. Auf dem gesamten Hang verzahnten sich früher Weide- und Waldflächen kleinräumig. Inzwischen hat sich die Almwirtschaft auf die besseren Standorte zurückgezogen und die schlechteren verbuschen allmählich, sodass der Waldanteil steigt. Im Wald sind die Lifttrassen und die zahlreichen Skiabfahrten sehr gut sichtbar. Für den Skilauf wurde der gesamte Hang verändert: Die Skipisten wurden zu breiten Skitrassen ausgebaut, die aufwändig begrünt und gepflegt, durchgehend künstlich beschneit sowie (an Wochenenden in der Hochsaison) mit Scheinwerfern beleuchtet und mit Lautsprechern beschallt werden. Der oberirdische Wasserablauf wurde mit Entwässerungsgräben und Retensionsbecken (im Wald) vollständig neu gestaltet (September 1990).

betrifft, ist eine Skipiste zwar deutlich artenärmer als eine traditionell genutzte Mähwiese, aber da Skipisten nur schmale Bänder sind und Skihänge nur relativ kleine Flächen in der Landschaft einnehmen, werden dadurch im Normalfall keine Arten vernichtet. Dies gilt aber natürlich nur dann, wenn ein Skigebiet nicht auf einem Hang angelegt wird, auf dem endemische Pflanzen ihr Hauptverbreitungsgebiet haben, weil sie dann aussterben würden.

Auf diese Weise ist es grundsätzlich möglich, ein Skigebiet so anzulegen und zu betreiben, dass seine Reproduktion gesichert ist und es ökologisch stabil bleibt. Es gibt in den Alpen Bergbahngesellschaften mit einer vorbildlichen und solche mit einer mangelhaften Pistenpflege. Dies ist oft am Zustand der Pisten im Sommer abzulesen: Wenn die Skipistenvegetation große vegetationsfreie Stellen aufweist bzw. wenn die Pisten von Erosionsrinnen und -gräben durchzogen sind, dann sind die Probleme offensichtlich.

Es gibt jedoch noch ein langfristiges Problem: Sollte ein Skigebiet irgendwann einmal geschlossen werden – und werden dann auch die Pflegearbeiten eingestellt –, dann kann es sich schnell zu einer „ökologischen Zeitbombe“ entwickeln, die eine ganze Gemeinde oder ein ganzes Tal bedroht.

Ähnliches wie für Skipisten gilt auch für andere durch den Tourismus veränderte Landschaften wie Wanderwege, viel besuchte Aussichtsgipfel, Langlaufstrecken, Mountainbike-Strecken oder Golfplätze (Bild 140) – die Art und Weise der Nutzung (das richtige Maß der Nutzung und richtiger Beginn wie Ende) und die regelmäßige Pflege dieser Flächen sind entscheidend dafür, ob es dabei zu Umweltproblemen kommt oder nicht, und nicht bereits die touristische Aktivität an sich.

Zwar gibt es in all diesen Bereichen derzeit eine Reihe von Umweltproblemen, aber die indirekten Umweltprobleme, die durch die touristische Entwicklung ausgelöst werden, sind deutlich größer als die direkten Schäden.

mehr Wohnraum, mehr kommunale Infrastrukturen, mehr Straßen und Parkplätze usw.

Die touristische Entwicklung führt im Tal- und Dauersiedlungsbereich zu erheblichen Veränderungen: Zuerst muss eine gute Erreichbarkeit gewährleistet sein, was zuerst den Bau einer Eisenbahn und eines Bahnhofs, dann den Ausbau und die Verbreiterung aller Straßen sowie die Anlage großer Parkplätze (später auch Parkhäuser und Tiefgaragen) erfordert. Dann werden Hotels, Pensionen, Restaurants usw. gebaut sowie ein Kurpark, Promenaden, Tennisplätze usw.; gleichzeitig müssen die kommunalen Infrastrukturen (Post, Verwaltung, Einkaufsmöglichkeiten usw.) erheblich vergrößert werden. Alle diese touristischen Infrastrukturen brauchen sehr viel Platz und lösen eine lebhafte Bautätigkeit aus. Im Erfolgsfall steigt dadurch die Zahl der Arbeitsplätze in einer Gemeinde deutlich an, was Zuzügler anzieht, sodass eine Tourismusgemeinde sowohl durch Geburtenüberschuss wie durch Zuwanderung wächst. Und die wachsende Bevölkerung braucht mehr Wohnraum, mehr kommunale Infrastrukturen, mehr Straßen und Parkplätze usw.

Tourismusgemeinden sind durch einen besonders hohen Platzbedarf gekennzeichnet, der sowohl von den touristischen Infrastrukturen als auch vom durch den Tourismus verursachten Bevölkerungswachstum ausgeht.

Alle größeren Tourismusgemeinden der Alpen haben daher ausufernde Siedlungsstrukturen, meist mit einer gesichtslosen, anonymen Architektur, die den Baustrukturen am Rande der europäischen Großstädte ähneln. Sie konzentrieren sich aus Kostengründen in der Regel auf den ebenen Talboden, der meist flächenhaft und chaotisch verbaut wird.

Damit ist eine Reihe von gravierenden Problemen verbunden. Die Talaue wurde zwar im 19. oder 20. Jahrhundert trockengelegt und vor den regelmäßigen Hochwässern gesichert, aber sie wird bei Extremereignissen immer wieder unter Wasser gesetzt. Wegen der hohen Bodenversiegelung kann das Wasser nur langsam in den Boden eindringen.

Das hohe Verkehrsaufkommen, das eine Tourismusgemeinde hervorruft, verlangt übermäßig viel Verkehrsfläche. Die damit verbundene hohe Lärmbelastung ist bis in den Gipfelbereich hinauf zu hören. Zusammen mit dem Hausbrand entsteht eine starke Luftverschmutzung, die bei Inversionswetterlagen (bei denen die Luft nicht abziehen kann) unerträglich werden kann. Der Verkehr ist daher in fast allen Tourismusgemeinden das gravierendste Problem, das die Erholungsqualität vieler Orte gefährdet.

Bei den indirekt durch den Tourismus ausgelösten Umweltproblemen handelt es sich also um die typischen Umweltprobleme der europäischen Städte, die aber durch das alpine Relief und Klima so verschärft werden, dass in den vergleichsweise kleinen Tourismusgemeinden ähnliche Luftbelastungen und Lärmpegel wie in Großstädten erreicht werden. Die „touristische Verstädterung" ist daher kennzeichnend für den gegenwärtigen Alpentourismus und zugleich eines seiner hervorstechendsten Probleme.

◄ 140 *Die touristischen Infrastrukturen konzentrieren sich wegen der hohen Kosten für Bau und Unterhalt stets nur auf kleine Teilflächen, diese werden aber sehr intensiv ökologisch umgestaltet und erhalten dadurch einen „städtischen" Landschaftscharakter (siehe Bild 139). Zu den touristischen Anlagen gehören heute auch Golfplätze, die von weitem zwar naturnah aussehen (siehe Bild 133). Dieses Bild zeigt einen Golfplatz an der Skistation Isola 2000 in 2050 m Höhe, der hier angelegt wurde, um den Sommertourismus zu fördern. In diesem sommertrockenen Alpenraum müssen die „greens" künstlich eingesät und regelmäßig bewässert werden und unterscheiden sich in ihrer Vegetation fundamental von den benachbarten Wiesen (Anfang September 2001).*

▲141 *Die Tourismusgemeinde Bad Hofgastein, 859 m, in den Hohen Tauern (September 1986). Hier setzt der Tourismus bereits sehr früh ein, nämlich im Jahr 1830, als mittels einer Thermalwasserleitung von Bad Gastein ein Badebetrieb eröffnet wird, der aber unbedeutend bleibt. Der große Tourismusaufschwung beginnt dagegen erst im Jahr 1905 mit der Eröffnung der Tauernbahn, verändert den Ort in kurzer Zeit tief greifend und führt zu einem starken Bevölkerungswachstum (1900 = 2065, 1981 = 5960 Einwohner). Damit einher geht eine ausgeprägte touristische Verstädterung, die auf dem Bild gut sichtbar wird: Am unteren Bildrand der sehr große Parkplatz für die Schlossalmbahn, links daneben der Busbahnhof, direkt oberhalb größere Freizeitflächen (Tennis- und Sportplätze). Links neben dem Busbahnhof das große Schulzentrum (mit Gymnasium). Jenseits der Ache der eigentliche Ortskern, dessen Siedlungsfläche stark durch Hotels, Restaurants und Geschäfte geprägt wird, sodass die Wohngebiete in die Peripherie verdrängt werden. In der Bildmitte rechts das Kurzentrum mit dem Kursaal (das längliche rote Dach), dem großen Thermalbad von 1971 (die flachen Bauten in Sichtbeton), dem dazugehörigen Parkplatz mit Kunsteisbahn sowie dem großen, 1971 neu in großstädtischer Gestaltung angelegten Kurpark (zwischen Ache und Ortskern). Die historische Struktur der Schwemmkegelsiedlung ist bereits 1986 nicht mehr erkennbar, und auch die Gebäude im Siedlungskern sind zu diesem Zeitpunkt (mit Ausnahme der Kirche) so stark modernisiert, dass sie wie Neubauten wirken. Diese Aufnahme von 1986 ist bereits heute Historie: Die Gemeinde wächst von 1981 bis 2000 von 5960 auf 6755 Einwohner, mit der Folge, dass die bauliche Expansion weitergeht. Gleichzeitig wird die touristische Infrastruktur modernisiert: An die Stelle des Thermalbades von 1971 (damals hypermodern, später leicht deplatziert) tritt im Dezember 2003 die vollständig erneuerte und erheblich vergrößerte „Alpentherme“ im postmodernen Baustil. Als nächstes Projekt steht schon die völlige Umgestaltung und Vergrößerung der Park- und Verkehrsflächen am unteren Bildrand an (Tieferlegung der Bundesstraße, Bau eines Parkhauses, Schaffung einer Fußgängerzone mit neuen Geschäften). Solche Entwicklungen sind typisch für die meistem Tourismuszentren in den Alpen.*

Die Alpenstädte als Wachstumspole

Häufig werden die Alpenstädte aus „den Alpen" ausgeblendet, weil man in der romantischen Perspektive fälschlicherweise meint, dass sie keinen „alpinen" Charakter hätten. Das stimmte schon für die vorindustrielle Zeit nicht, und es führt erst recht in der Gegenwart zu einer verzerrten Alpenwahrnehmung.

Die Alpenstädte waren bereits in der vorindustriellen Zeit als Standort für größere Gewerbe- und spezialisierte Handwerksbetriebe sowie als überregionale Markt- und Handelsorte das wichtigste Verbindungsglied zwischen der alpinen und der europäischen Wirtschaft. Diese Funktion nimmt seit der Industriellen Revolution sehr stark an Bedeutung zu: Die neuen wirtschaftlichen Möglichkeiten der Industrie- und später der Dienstleistungsgesellschaft dringen in den Alpenraum in erster Linie über die Alpenstädte vor, die dadurch zu „Vorposten" der neuen Wirtschafts- und Lebensweisen in den Alpen werden.

Aus europäischer Sicht ist das durch die Industrialisierung ausgelöste Wachstum der Alpenstädte ein eher schwächeres Wachstum, weil es weit hinter den Wachstumsraten des Ruhrgebiets oder von Städten wie Berlin, London, Paris oder Wien zurückbleibt. Aus der Sicht des Alpenraums dagegen wachsen die Städte sehr stark, denn allein die Alpenstädte sind für das Bevölkerungswachstum der Alpen im 19. und 20. Jahrhundert verantwortlich: Ohne sie würde die Einwohnerzahl der gesamten Alpen seit 1870 mehr oder weniger stagnieren!

Auch die Alpenstädte machen dabei die typische Stadtentwicklung in Europa mit: Sie wachsen bis 1970 permanent und transformieren sich dann zur „Stadtregion" oder „Agglomeration", wobei die Kernstadt stagniert oder sogar Einwohner verliert, während die angrenzenden, früher kleinen Gemeinden ein stürmisches Wachstum durchlaufen (Suburbanisation).

Ab 1980 gibt es eine neue Form der Verstädterung im Alpenraum: Das Siedlungswachstum der Großstädte in der Nähe der Alpen wie München, Zü-

▲ 142 *Diese an einem Herbstabend gemachte Aufnahme von Garmisch-Partenkirchen, 700 m, mit dem Zusammenfluss von Loisach (links) und Partnach (rechts) lässt den Einfluss des Reliefs auf die Alpenstädte besonders deutlich werden: Bei steigendem Platzbedarf müssen sie sich bandartig im schmalen Talboden ausbreiten, den sie dann mehr oder weniger vollständig überbauen. Die so entstehenden sehr langen und schmalen Siedlungsbänder verursachen höhere Kosten als bei gleich großen Städten im Flachland und schaffen gravierende Umwelt- und Verkehrsprobleme. In Garmisch-Partenkirchen verhindern Relief und Siedlungsausdehnung den Bau einer normalen Umgehungsstraße, sodass mehrere teure Umfahrungstunnel durch die Bergflanken gebaut werden müssen (Oktober 1979).*

rich, Genf oder Nizza ist jetzt so groß geworden, dass Regionen am Alpenrand, die Teil der Alpen sind, zu Wohnregionen für die außeralpinen Großstädte umgewandelt werden. Diese Regionen weisen seitdem jeweils die höchsten Wachstumsraten im Alpenraum auf: Hier leben inzwischen knapp 20 % der gesamten Alpenbevölkerung.

Derzeit gibt es in den Alpen (Abgrenzung nach Alpenkonvention) unter Berücksichtigung aller Verstädterungsformen (auch der touristischen) knapp 190 Stadtregionen, die 27% der Alpenfläche umfassen. Im Jahr 1990 lebten hier 59% der gesamten Alpenbevölkerung und hier gab es sogar 66% aller Arbeitsplätze, und diese Werte dürften seitdem noch spürbar gestiegen sein.

Das bedeutet nichts anderes, als dass die Alpen in Hinblick auf Bevölkerung und Wirtschaft in der Phase der europäischen Dienstleistungsgesellschaft ein verstädterter Raum geworden sind und dass sie schon heute nicht mehr als ländlicher Raum bezeichnet werden können. Dies bedeutet wohl den

▲143 *Die Stadt Chur im Rheintal (Graubünden) ist wie die meisten Alpenstädte eine Schwemmkegelsiedlung. Sie liegt an der Mündung der Plessur ins breite, glazial überprägte Rheintal, wo der Rhein durch den Schwemmkegel an den Fuß der linken Talseite (im Bild ganz rechts) abgelenkt wird. Der historische Siedlungskern mit der Brücke über die Plessur und der Zollstation liegt in 600 m Höhe am oberen Ende des Schwemmkegels, und die mittelalterliche Stadt verbleibt auf seinem obersten Viertel; der gut sichtbare Bahnhof von 1858 markiert das untere Ende des historischen Stadtkerns. Seitdem breitet sich Chur nach allen Seiten schwemmkegelabwärts aus. 1870 lebten 7487 Menschen in der Stadt, heute sind es über 32 000. Im Hintergrund als höchster Berg links das Rheinwaldhorn, 3402 m, und rechts der Tödi, 3614 m (August 2003).*

stärksten Bruch mit allen romantischen und sonstigen populären Alpenbildern!

Allerdings werden keineswegs alle Alpenstädte von diesem Wachstum erfasst: Kleinere Städte in peripherer Lage ohne einen Eisenbahnanschluss, die mitten in einer wirtschaftlich zusammenbrechenden Alpenregion liegen, werden in den Abstieg mit hineingezogen, verlieren Einwohner und entwickeln sich zu einer ländlichen Gemeinde zurück.

144 *Die Stadt Lugano, 278 m (Tessin), liegt dort, wo der Fluss Cassarate in den Lago di Lugano mündet (der Flusslauf ist in der Bildmitte als schmaler grüner Streifen im Häusermeer zu erkennen). Im Jahr 1870 zählte die Stadt 9035 Einwohner, heute leben hier knapp 50 000 Menschen. Das Tessin zählt mit fast 90 % der Bevölkerung in den Stadtregionen zu den am meisten verstädterten Alpenregionen, weil die eigentlichen Alpentäler durch Abwanderung menschenleer geworden sind, während die Stadtregionen Lugano, Bellinzona, Locarno-Ascona und Chiasso-Mendrisio ein stürmisches Wachstum durchlaufen, wobei die Verflechtungen zur Stadtregion Varese-Como-Mailand immer stärker werden und sich derzeit eine grenzüberschreitende Stadtregion von Brescia bis zum Lago Maggiore ausbildet. Die Aufnahme wurde vom Monte San Salvatore, 912 m, aus gemacht; der höchste Berg rechts ist der Monte Boglia, 1516 m, direkt unter ihm der berühmte Aussichtsberg Monte Bré, 925 m, dessen Hänge wegen der attraktiven Südlage besonders stark zersiedelt sind. Die beiden runden Bergrücken in der Bildmitte sind der Caval Drossa, 1632 m, und der Monte Bar, 1816 m; dahinter die Adula-Alpen. Zwischen Monte Bar und Monte Boglia ist das Val Colla, das „Tal der Kesselflicker", zu erahnen. Es war lange durch Abwanderung geprägt (die Bevölkerung geht von 1870 bis 1980 von 3710 auf 1063 zurück). Im Jahr 1985 gerät es in den Einflussbereich der Stadt Lugano, was wieder steigende Einwohnerzahlen bedeutet, und wird daher 2005 nach Lugano eingemeindet (September 1993).*

Die traditionelle wirtschaftliche Stärke der Alpenstädte bestand früher darin, als Gewerbe-, Verwaltungs-, Kultur-, Markt- und Handelszentrum zwischen der ländlich-agrarisch geprägten Wirtschaft des eigenen Umlandes und der stärker arbeitsteilig geprägten überregionalen Wirtschaft zu vermitteln, was sich zum Vorteil für beide Seiten auswirkte.

Mit der Industriellen Revolution gerät diese Balance aber ins Wanken: Einerseits werden die – im europäischen Rahmen relativ kleinen – Alpenstädte mit modernen Verkehrsmitteln immer besser und schneller mit den großen europäischen Metropolen verbunden, andererseits wird die dezentrale ländlich-agrarische Wirtschaft im Alpenraum immer mehr geschwächt und bricht teilweise völlig zusammen. Damit verliert die Vermittlung der Alpenstädte zwischen dem eigenen Umland und der überregionalen Wirtschaft ihre Bedeutung, während gleichzeitig die Alpenstädte dank der schnellen Erreichbarkeit so eng mit den europäischen Metropolen verflochten werden, dass eine Reihe von Wirtschaftstätigkeiten aus den Metropolregionen hierhin verlagert werden kann. Obwohl die Alpenstädte weiterhin mitten in den Alpen liegen, wird dadurch ihr Alpenbezug immer mehr geschwächt, gleichzeitig wandeln sie sich immer stärker zu Teilräumen der großen, außeralpinen Metropolen. Am Ende liegen die Alpenstädte dann „an" den Alpen, aber nicht mehr wirklich „in" den Alpen.

Je intensiver die Alpenstädte mit den großen europäischen Metropolen verflochten werden, desto mehr verlieren sie ihre frühere Eigenständigkeit und geraten in eine direkte Abhängigkeit, indem sie zu einer Art „Vorstadt" werden. Die meist kleineren Alpenstädte in der Nähe des Alpenrandes haben diesen Status heute bereits erreicht, z. B. die Städte im bayerischen Oberland als Vororte von München, die Städte am Zürcher See und in Teilen der Innerschweiz als Vororte von Zürich, Thun und Interlaken als Teil der Stadtregion Bern oder die Städte des Arve-Tals als Vororte von Genf; für die Alpensüdseite gilt dies genauso.

145 *Die Stadt Innsbruck von Westen gesehen, links die Ausläufer des Karwendels (Nördliche Kalkalpen), rechts die Tuxer und Zillertaler Alpen, in denen die Schneegrenze etwa bei 2000 m liegt; ganz hinten links der Wilde Kaiser. Die Stadt Innsbruck liegt auf dem großen Schwemmkegel der Sill, die von Süden ins Inntal mündet und den Inn zu einem gut sichtbaren Bogen nach Norden bis an den Fuß der Kalkalpen zwingt. Es ist zugleich die Stelle, an der der Weg zum Brenner-Pass aus dem breiten Inn-Längstal abzweigt. Die Stadt Innsbruck zählt 1870 26 573 und heute 115 000 Einwohner, die gesamte Agglomeration, die sich bandartig im Inntal nach Westen und Osten ausbreitet und die ehemals selbstständige Städte wie Hall in Tirol (oberhalb vom Stadtkern Innsbruck am Inn) oder Schwaz umfasst, dagegen knapp 300 000 Einwohner. Noch ist die Distanz von Innsbruck zur Metropolregion München so groß, dass die Eigenständigkeit Innsbrucks gewährleistet ist, aber in Zukunft wird die Stadt durch die neue und viel schnellere Brennerbahn viel dichter an München heranrücken.*

Da dieser Verlust an Eigenständigkeit mit einem Bevölkerungs- und Wirtschaftswachstum verbunden ist, wird er bislang nicht als Problem wahrgenommen – lediglich Umweltschützer kritisieren Umweltbelastungen durch den hohen Bodenverbrauch und den starken Verkehr. Wichtiger aber ist, dass dadurch der Alpenbezug dieser Alpenstädte verloren geht und für die Alpen lediglich eine Funktion als „weicher Standortfaktor" übrig bleibt.

Noch haben derzeit die großen Alpenstädte wie Grenoble, Innsbruck, Bozen, Trient oder Klagenfurt den Status als „Vorstadt" nicht erreicht. Aber die aktuellen Entwicklungen zielen genau in diese Richtung. Durch die Entwicklung bei den neuen elektronischen Medien und durch die neuen Hochgeschwindigkeitseisenbahnen wird die Distanz zwischen den Alpenstädten und den europäischen Metropolen noch einmal deutlich verkürzt und der Prozess der „Vervorstädterung" der Alpenstädte noch einmal beschleunigt.

146 *Der Alpenraum ist ein wichtiges Drehkreuz für die eng miteinander verbundenen Stromnetze, die die Alpen im „Transit" queren. Hier Hochspannungsleitungen am Grimselpass (Berner Alpen) mit dem Karsee Totesee, 2160 m, der durch eine Staumauer auf der Karschwelle vergrößert wurde; im Hintergrund der Tällistock, 2861 m (September 1990). Die Überlastung einer Leitung über den Lukmanierpass (Adula-Alpen), mit der Strom nach Italien transportiert wurde, erwärmte die Drähte in der Nacht zum 28. September 2003 so stark, dass sie sich ausdehnten und in Kontakt mit einem Baum gerieten. In der Folge fiel die Transitleitung über den San-Bernardino-Pass ebenfalls aus, und daraufhin brach das Stromnetz in ganz Italien für mehrere Stunden zusammen.*

Die Alpen – das „Wasserschloss" Europas

Die Ressource Wasser wird mit der Industriellen Revolution und später noch einmal mit dem Übergang zur Dienstleistungsgesellschaft enorm aufgewertet, weil bei der Industrieproduktion und in der industrialisierten Landwirtschaft sehr viel Wasser verbraucht wird, weil die Elektrizitätsgewinnung ab 1890 überall einen wichtigen Stellenwert einnimmt und weil der moderne Lebensstandard mit einem hohen individuellen Wasserverbrauch verbunden ist.

Die Wasserkraftnutzung der Alpen setzt um 1880–90 ein und erreicht bald ein solches Ausmaß, dass sie in vielen Alpenregionen zu einer landschaftsprägenden, teilweise sogar landschaftsdominierenden Kraft wird, die die Ökologie zahlreicher Fließgewässer völlig verändert. Dabei kann man drei verschiedene Kraftwerkstypen unterscheiden.

Für *Laufkraftwerke* wird ein größerer Fluss leicht aufgestaut, der dann direkt die Turbinen antreibt. Laufkraftwerke entstehen ab 1890 an vielen größeren Alpenflüssen, und die Tendenz besteht darin, ganze Ketten von Laufkraftwerken hintereinander an einem Fluss zu bauen, der so in eine Abfolge von Staustufen verwandelt wird.

Speicherkraftwerke nutzen ein steiles Gefälle, um eine Turbine anzutreiben. Bei den ersten Anlagen ab 1880 ist der Speicher am oberen Ende der Gefällstrecke noch sehr klein. Ab 1919 werden Anlagen mit großen Speichern gebaut und ab 1928 solche mit sehr großen Speicherseen wie der Grimselstausee (Bild 147). Ab 1955 werden diese Anlagen stark vergrößert, indem den Stauseen durch Leitungen im Berg Wasser aus benachbarten und manchmal auch aus weiter entfernten Bächen zugeleitet wird. Dadurch fallen größere Gewässerstrecken trocken und der Abfluss wird räumlich erheblich verlagert.

Pumpspeicherwerke entstehen ab 1970. Die hochgelegenen Stauseen werden jetzt nicht mehr durch natürliche Zuflüsse gefüllt, sondern nur noch durch Wasser, das aus dem Tal nach oben gepumpt wird. Dies ist keine Stromproduktion mehr, sondern Stromveredelung, indem mit billigem Bandstrom Wasser in den Speicher gepumpt wird, um es in Zeiten der Bedarfsspitzen – vor allem im Winter – in teuren Spitzenstrom zu verwandeln. Die Verlagerung eines Teils des Abflusses vom Sommer in den Winter hat weitreichende ökologische Auswirkungen.

Weil fast alle Wasserkraftwerke ganz oder zum größeren Teil außeralpinen Kapitalgesellschaften gehören, ist die Wasserkraft derjenige Teil der alpinen Wirtschaft, der am unmittelbarsten außeralpinen Interessen unterworfen ist.

147 *Der Grimselstausee, 1909 m, in den Berner Alpen mit dem Finsteraarhorn, 4274 m, in einer stark von Gletschern geprägten Hochgebirgslandschaft (September 1990). Der See ist Teil der aus acht Stauseen und zahlreichen unterirdischen Druckleitungen bestehenden „Kraftwerke Oberhasli", die zwischen 1928 und 1954 erbaut wurden und deren Kraftwerkszentralen teilweise in riesigen Kavernen im Inneren der Berge untergebracht sind. In den Jahren 1986–90 wurden Pläne erarbeitet, das Volumen des Grimselstausees durch eine größere Staumauer zu vervierfachen, was bis heute aber noch nicht realisiert wurde.*

◀ 148 *Der Bach Hengst-Sense, ein Zufluss des Sense-Flusses in den Berner Voralpen, im Hengstschlund in etwa 1200 m zur Zeit der Schneeschmelze (Mai 1995). Dieses Bild dokumentiert den großen Wasserreichtum der Alpen, der in Zukunft für Europa immer wichtiger werden wird.*

▶ 149 *Der in den 1950er Jahren erbaute Stausee Lago Serrù, 2275 m, in den Grajischen Alpen im obersten Orco-Tal. Im Hintergrund die stark vergletscherten südlichen Grajischen Alpen mit den Gipfeln „Le Tre Levanne“, 3619 m (links), und Uia di Ciamarella, 3676 m (rechts) (September 1978). Der Wasserreichtum der Alpen verdankt sich nicht nur den hohen Niederschlägen im Alpenraum, sondern ebenfalls der geringen Verdunstung der Niederschläge auf Grund der großen Seehöhe und der Speicherung eines relevanten Teils der Niederschläge in Form von Schnee und Eis. In den 322 Speicherseen der Alpen können 216 000 Mio. m³ Wasser gespeichert werden, was 5 % des jährlichen Wasserabflusses aus den Alpen entspricht. In den Alpengletschern ist dagegen der Niederschlag eines ganzen Jahres gespeichert. Allerdings wird dieser Wert durch die Klimaerwärmung in Zukunft deutlich geringer werden.*

Während die Bedeutung der Wasserkraft in den Alpen wegen der gegenwärtigen Überkapazitäten von Elektrizität auf dem europäischen Markt kurz- und mittelfristig nicht wachsen dürfte (nicht in langfristiger Perspektive, wenn die Ölvorräte knapp werden), sieht es beim Trink- und Brauchwasser anders aus.

Schon heute sind alle europäischen Großstädte in der Nähe des Alpenraums vollständig vom Wasser der Alpen abhängig. Manche Großstädte wie Wien oder Turin beziehen es mit langen Leitungen direkt aus hochgelegenen starken Alpenquellen, während die Mehrzahl der Städte die großen Schotterkörper der Alpenflüsse am Rande der Alpen zur Trinkwassergewinnung nutzt. In Zeiten von Wasserknappheit kann sogar der Raum Stuttgart-Heilbronn mit Wasser aus dem Bodensee und der Raum Nürnberg mit Wasser aus der Donau versorgt werden.

Auf der Südseite der Alpen sind die Wasserressourcen noch wichtiger als auf der Nordseite, weil wir uns hier im sommertrockenen mediterranen Raum befinden, wo der Wasserbedarf besonders hoch ist.

Die Bedeutung der Alpen als Wasserreservoir für halb Europa dürfte in Zukunft noch stark wachsen: Fast alle Klimaprognosen für Europa gehen davon aus, dass es in absehbarer Zeit wärmer und zugleich trockener werden wird und dass die Niederschläge unregelmäßiger fallen werden wie bisher. Unter diesen Bedingungen wird die Nachfrage nach Trink-, Brauch- und Bewässerungswasser in Europa sprunghaft ansteigen, was diese Alpenressource ökonomisch stark aufwertet. Manche sprechen davon, dass das Wasser für das 21. Jahrhundert das werden wird, was das Öl für das 20. Jahrhundert bedeutete.

In welcher Form diese Aufwertung geschehen wird, ist derzeit noch völlig offen. Einerseits ist es vorstellbar, dass dabei außeralpine Kräfte dominieren, so wie dies bei der Nutzung der Wasserkraft der Fall ist, sodass der Alpenraum davon nur wenig profitiert. Andererseits ist es vorstellbar, dass der Alpenraum in dieser Frage einheitlich auftritt und die durch den Wasserverkauf erzielten Einnahmen dazu verwendet, den Lebensraum Alpen in sozial- und umweltverträglichen Formen dezentral zu stärken.

Naturschutz als neue „Nutzungsform" der Alpen

Die Grundidee des Naturschutzes, einen Teil der Natur nicht zu nutzen und ihn vor jeder menschlichen Veränderung zu schützen, ist ein städtischer Gedanke. Er entsteht im Gefolge der Industriellen Revolution und setzt voraus, dass die Gunstregionen Europas so intensiv genutzt werden können, dass man auf die Nutzung in den ungünstigeren Gebieten ersatzlos verzichten kann. Für Bauerngesellschaften ist der Naturschutz jedoch ein völlig fremder Gedanke, denn die Natur ist ihre zentrale Ressource und Lebensgrundlage. Natur nicht zu nutzen erscheint ihnen genauso absurd wie nicht mehr zu essen oder wie die ästhetische Bewunderung nutzloser Fels- und Eiswüsten. Dadurch trifft der Naturschutz von Anfang an in den Alpen auf heftigsten Widerstand.

Um 1890–1900 kaufen Privatpersonen und Vereine erste Flächen, um sie vor touristischer Erschließung zu schützen und als Naturschutzgebiete für die Nachwelt zu bewahren. 1909 wird als erster Nationalpark der Alpen der Schweizer Nationalpark im Unterengadin gegründet, in dem alle wirtschaftlichen Nutzungen untersagt sind. In der Folge entstehen der Gran-Paradiso- (1922) und der Stilfser-Joch-Nationalpark (1935) gegen den Widerstand der betroffenen Bevölkerung.

Diese Nationalparks orientieren sich an der nordamerikanischen Idee des Schutzes von wirklichen Naturlandschaften. Solche Landschaften gibt es jedoch in Europa und in den Alpen schon seit dem Mittelalter nicht mehr, was eigentlich zu erheblichen Legitimationsproblemen führen müsste, was aber in der Regel nicht diskutiert wird.

150 *Die beiden Bilder zum Thema „Naturschutz" zeigen nicht zufällig zwei hochalpine Landschaften, denn die meisten Naturschutzgebiete umfassen nur die obersten Höhenstockwerke im Gebirge, wie hier die Kernzone des Nationalparks Hohe Tauern im Land Salzburg, gesehen vom Gipfel der Türchlwand, 2577 m (im Grat zwischen Rauriser und Gasteiner Tal). Vorn rechts die Lercheggalm, dahinter das Rauriser Tal (Talboden nicht einsehbar) und am Horizont von links nach rechts der Großglockner, 3797 m, das große Wiesbachhorn, 3564 m, und der Hohe Tenn, 3368 m (September 1986). Die Ursprünge des Nationalparks Hohe Tauern liegen im Jahr 1918, als der Österreichische Alpenverein ein Gebiet von 41 km² in der Nähe des Großglockners kaufte, um seine touristische Erschließung zu verhindern. 1971 beschlossen zwar die Länder Tirol, Salzburg und Kärnten gemeinsam einen Nationalpark im Gebiet der Hohen Tauern zu errichten, aber wirtschaftliche Interessen (vor allem eine geplante Wasserkraftnutzung) verhinderten seine Realisierung. 1981 (Erweiterung 1986) richteten Kärnten, 1983 (Erweiterung 1990) Salzburg und erst 1991 Tirol auf ihrem jeweiligen Gebiet einen Nationalpark ein.*

Ab 1963 entstehen dann in kurzer Folge bis heute zehn neue Nationalparks (alle mit strengem Schutz in der Kernzone), 41 Natur- und Regionalparks und 230 weitere Naturschutzgebiete, die zusammen gut 15% der Alpenfläche ausmachen.

Dabei handelt es sich meist um Flächen, an denen kein relevantes ökonomisches Interesse mehr besteht und die deshalb meist im alpinen Ödland oder in seiner Nähe liegen. Und da sich die Ausweisung von Schutzgebieten oft Zufällen verdankt, sind die Schutzgebiete auch nicht annähernd für die Vielfalt der Landschaften und Lebensräume der Alpen repräsentativ.

In den 1970er und 1980er Jahren gab es sehr heftige Konflikte zwischen Naturschützern auf der einen und Einheimischen sowie Investoren auf der anderen Seite. In den 1990er Jahren beginnt sich ein neues Konzept durchzusetzen, nämlich Naturschutz in Form einer nachhaltig-dauerhaften Naturnutzung, was enge Bezüge zu den traditionellen bäuerlichen Erfahrungen aufweist und daher vor Ort viel leichter auf Akzeptanz stößt. Jetzt tritt in vielen Natur- und Regionalparks der Stellenwert des Naturschutzes etwas zurück und an seine Position rückt die Förderung der lokalen Wirtschaft in umwelt- und sozialverträglichen Formen. Parallel dazu werden oft regionale Landwirtschaftsprodukte und ein „sanftes" Tourismusangebot gezielt gefördert und mit dem Nationalpark-Namen vermarktet. Aber auch Nationalparks, die neben der streng geschützten Kernzone meist großflächige „Außenzonen" mit umweltverträglicher Nutzung (meist Almwirtschaft) besitzen, nutzen diese Strategie, um die Akzeptanz vor Ort zu erhöhen und die lokale Wertschöpfung – auch zum Vorteil des Umweltschutzes – zu steigern.

151 *Die Kernzone des Seealpen-Naturparks im italienischen Teil der Seealpen. Vorne die Valasco-Seen, 2274 m (linker See) und 2470 m (rechter See), mit einer renovierten Kaserne, hinten die Cima Argentera, 3297 m (rechts), und die Asta Soprana, 2948 m (September 2001). Dieses Gebiet war lange Zeit Jagdgebiet der Könige von Piemont. Im Jahr 1980, als die großen Wasserkraftanlagen im Gesso-Tal fertig gestellt worden waren, wurde es als Naturpark ausgewiesen und 1995 erheblich erweitert. Auf der französischen Seite der Seealpen schließt direkt der Mercantour-Nationalpark an, der 1979 eingerichtet wurde und der die Skigebiete der Stationen Isola 2000 und Auron großzügig ausspart.*

Vom Verschwinden der Alpen als menschlicher Lebensraum

5

Die Modernisierung der Alpen führt – wie Kapitel 4 gezeigt hat – zu einer gegenläufigen Entwicklung: Die meisten der gut erreichbaren tiefen Tallagen der Alpen und einige gut erreichbare Höhenlagen verzeichnen ein starkes Wachstum von Bevölkerung und Wirtschaft, was eine chaotische, gesichtslose Zersiedlung erzeugt (periphere Verstädterung), während der eigentliche großflächige Gebirgsraum wirtschaftlich entwertet und entsiedelt wird, wodurch diese Gebiete weitläufig verwalden. Beide Male geht so der menschlich geprägte Lebensraum der Alpen verloren: Entweder wird er durch anonyme, ortlose Infrastrukturen ersetzt, bei denen die Alpen nur noch eine Funktion als „Kulisse" innehaben, oder er löst sich allmählich wieder in Natur auf.

Um diesen Prozess angemessen verstehen zu können, hatte Kapitel 4 zuerst einmal die wichtigsten Veränderungen im Alpenraum getrennt voneinander behandelt. In diesem Kapitel soll es nun darum gehen, die Veränderung der Landschaft im Alpenraum im Zusammenhang darzustellen, also zu klären, wie die völlig gegenläufigen Prozesse die traditionellen Kulturlandschaften verändern. Das zentrale Anliegen ist dabei die Frage nach der menschlichen Lebensqualität im Alpenraum, was die Dimension der Wirtschaft sowie die der landschaftlichen und ökologischen Vielfalt und Stabilität mit einschließt. Und dieses Anliegen verbindet sich dann fast von selbst mit der Frage nach der Zukunft der Alpen.

Um diesen Fragenkomplex zu klären, werden zunächst Vergleichsfotografien, die eine bestimmte Landschaft vom gleichen Standpunkt aus im Abstand mehrerer Jahrzehnte zeigen, vorgestellt und ausgewertet. Dabei ist auffällig, dass die historischen Bilder gar nicht so sehr alt sein müssen, um den Landschaftswandel durch die Modernisierung deutlich sichtbar zu machen: Häufig reichen dafür Bilder aus, die vor 1965 gemacht wurden. Und erst ab 1965 – jetzt aber mit großer Geschwindigkeit – wandelt sich die Landschaft so stark, dass man oft zweimal hinsehen muss, um zu erkennen, dass es sich um den gleichen Ort oder das gleiche Tal handelt. Allerdings gibt es auch immer wieder, wie die Fotovergleiche ebenfalls zeigen, Teilflächen in der Landschaft, die sich nicht verändern, weil die traditionelle Form der Bewirtschaftung mit wenig Änderungen bis heute fortgeführt wird. Die traditionelle Kulturlandschaft ist in den Alpen heute keineswegs vollständig verschwunden, sondern an zahlreichen Orten auf kleineren Teilflächen noch erhalten.

◄ 152 *Das Inntal gegen Osten mit dem Karwendel (links), den Ausläufern der Zillertaler Alpen (rechts) und dem Wilden Kaiser (ganz hinten am Talende). Ganz unten rechts am linken Inn-Ufer der Rand von Innsbruck mit dem Olympischen Dorf und der Ort Neurum, links unten Arzl. Oberhalb von Arzl der Ort Rum, darüber (zusammengewachsen) Thaur, oberhalb von Thaur (getrennt durch Landwirtschaftsflächen) Absam, das inzwischen schwemmkegelabwärts mit der Stadt Hall in Tirol und der Nachbargemeinde Mils baulich zusammengewachsen ist. Oberhalb von Hall liegen Volders und Wattens auf dem rechten Innufer, ganz hinten ist noch die Stadt Schwaz zu erkennen. Alle genannten Orte gehören zur Stadtregion oder Agglomeration Innsbruck und sind seit 1870 sehr stark gewachsen (Mai 2002).*

► 153 *Die Sommersiedlung Furest Autes, 1640 m, im Tal der Stura di Demonte, im Hintergrund die Seealpen mit der Punta Maladecia, 2745 m (rechts), und der Testa Gias dei Laghi, 2739 m (Mitte) (Juli 1997). Diese Siedlung, die vier Gebäude und einige Acker- und Wiesenparzellen umfasste, wurde 1930 aufgelassen und nicht mehr bewohnt. Viele Jahrzehnte wurde ihre Flur noch als Frühjahrsweide genutzt; seitdem diese immer mehr zurückgeht, verbuschen die Flächen, und man findet die ehemalige Siedlung kaum noch wieder. Bild 152 und 153 zeigen die moderne Entwicklung der Alpen: gesichtslose Verstädterung der gut erreichbaren Tallagen und Siedlungs- und Nutzungsaufgaben im eigentlichen Gebirgsraum.*

Jeder Alpenbewohner und Alpenbesucher kann solche Landschaftsvergleiche selbst anstellen: Nahezu über jedes Alpental gibt es inzwischen Bücher mit historischen Fotos. Über eine Reihe von Orten werden alte Postkarten neu aufgelegt, oder es werden Farbpostkarten aus den 1960er und 1970er Jahren nachgedruckt und verkauft, weil viele Menschen sie schöner finden als die aktuellen Aufnahmen, denn die Landschaft ist offener und noch weniger verbuscht. Diese Bilder kann man auf eine Wanderung mitnehmen und dann selbst sehr detailliert feststellen, an welchen Stellen sich die Landschaft gewandelt hat und wo sie gleich geblieben ist, was den Erlebniswert einer Wanderung sehr erhöht.

Nach den Fotovergleichen wird die Siedlungsentwicklung, also der Prozess von Zersiedlung und Entsiedlung thematisiert. Das starke Siedlungswachstum basiert einerseits darauf, dass heute alle modernen infrastrukturellen Funktionen viel mehr Platz brauchen als früher (die Wohnfläche pro Kopf hat sich seit 1960 verdoppelt, Gewerbe-, Freizeit- und Verkehrsflächen sind noch viel stärker gewachsen), und andererseits auf dem Bevölkerungswachstum der Alpen (statt 7,8 Mio. Menschen im Jahr 1870 le-

ben heute hier 14,3 Mio.). Beides führt zu einem sehr starken Wachstum der Siedlungs- und Verkehrsflächen, was fast immer eine chaotische Zersiedlung der Tallagen nach sich zieht. Entsiedlung finden wir dagegen dort, wo die traditionellen Formen der Wirtschaft zusammenbrechen, ohne dass moderne Arbeitsplätze entstehen. Davon sind 18 % aller Alpengemeinden auf 21 % der gesamten Alpenfläche betroffen.

Anschließend wird die Veränderung der Landschaft außerhalb der Siedlungsflächen dargestellt, die durch eine flächenhafte Verbuschung und Verwaldung der ehemaligen Kulturlandschaften und eine Intensivnutzung von kleinen Teilflächen geprägt ist, und es wird diskutiert, was dies für die ökologische Vielfalt und die „Natur"-Katastrophen in den Alpen bedeutet. Und zum Schluss wird nach der Zukunft der Alpen gefragt, also nach den wahrscheinlichen Entwicklungen innerhalb der nächsten dreißig Jahre unter der Voraussetzung, dass sich die gegenwärtigen Rahmenbedingungen nicht wesentlich ändern.

154

Der Landschaftswandel in Vergleichsfotos

Die Gemeinde Obermaiselstein, 876 m, im Allgäu im Jahr 1925 (linkes Bild) und im Jahr 2001 (rechtes Bild). Im Vordergrund unten rechts die Weiler Niederdorf und Oberdorf (ganz rechts), in der Bildmitte links der Ort Obermaiselstein und hinter der eingetieften Weiler Ache (erkennbar an dem durchgehenden Gehölzstreifen) die Orte Sonderdorf (Mitte) und Bolsterlang (rechts). Im Hintergrund die Berge der Hörnergruppe mit dem Weiherkopf, 1665 m, und dem Sigiswanger Horn, 1527 m (über Bolsterlang).

Drei Veränderungen fallen auf dem Fotovergleich besonders ins Auge: die Ausweitung der Siedlungsflächen, die Intensivierung der ortsnahen Flur und die starke Zunahme der Waldflächen auf den Berghängen.

Die Ausweitung der Siedlungsflächen: Die Gemeinde Obermaiselstein wächst von 404 Einwohnern im Jahr 1870 auf 864 Einwohner im Jahr 2000. Dieses relativ starke Wachstum geht einerseits auf den Tourismus, andererseits, vor allem in den letzten 25 Jahren, auf die enge Verflechtung mit der 7 km entfernten Stadt Oberstdorf (heute gut 10 000 Einwohner) zurück, wodurch sich Obermaiselstein immer mehr zu einem suburbanen Ort entwickelt (70 % Auspendler im Jahr 2001). Tourismus- und Wohnfunktion geraten daher in ein latentes Spannungsverhältnis zueinander. Der Hauptort der Gemeinde Obermaiselstein verzeichnet – und das ist typisch – mit Abstand das stärkste Bevölkerungs- und Flächenwachstum. Nur nach Norden bzw. Nordwesten ist die Siedlungsausweitung durch den Bach begrenzt, ansonsten breitet sich der Ort nach allen Seiten hin aus. Auf dem Bild fällt die Erweiterung entlang der Straße nach Niederdorf (nach unten hin) besonders ins Auge. Es handelt sich um den Ortsteil „Am Goldbach“, der stark durch touristische Infrastrukturen (Verkehrsamt, Kurpark, Sportplatz, Minigolfanlage) geprägt ist; früher standen hier nur das Armenhaus der Gemeinde und ein Bauernhof.

Der Ort Niederdorf bestand früher aus zwei Hofgruppen, die sich heute zu einer kompakten Siedlung vorstädtischer Prägung entwickelt haben, der Ort Oberdorf ist vergleichsweise wenig gewachsen. An beiden Orten ist gut zu erkennen, dass die Hofgruppen früher durch große Obstbäume von der umgebenden Flur getrennt waren, die heute fehlen oder durch Ziergehölze (Nadelbäume) ersetzt sind. Während die Wohngebäude der traditionellen Bauernsiedlungen auf den Dorfplatz oder die Dorfstraße hin ausgerichtet sind und die Wirtschafts- und Nebengebäude den Blick in die offene Flur verstellen, sind die breiten Fensterfronten der modernen Häuser so gebaut, dass sie einen möglichst freien und direkten Blick in die Landschaft ermöglichen. Auch daran lässt sich der Wandel des Naturbezugs ablesen.

Die Intensivierung der ortsnahen Flur: An den Grautönen der Aufnahme von 1925 lässt sich gut die damalige Flursituation erkennen: 1925 besteht

▲ 155

die wegen des flachen Reliefs relativ gut zu bearbeitende Egartflur aus relativ kleinen Parzellen, die meist als Wiesen und Weiden genutzt werden (die ehemaligen Ackerparzellen sind bereits verschwunden), 2001 aus wenigen großen Parzellen mit gleicher Nutzung. Aus der Flur sind die meisten Einzelbäume verschwunden, weil sie die maschinelle Nutzung behindern. Auffällig ist das Flurstück mit dem Namen „Spöck" (die Baumgruppe mitten in der Flur zwischen Obermaiselstein und Oberdorf etwas unterhalb des Baches), das sich von der umgebenden Flur deutlich unterscheidet. Es handelt sich um die Kuppe eines Moränenhügels, die wegen des schlechten Bodens und des steileren Reliefs früher als Weidefläche genutzt wurde und die mit einer Reihe von Einzelbäumen (zum Schutz der Tiere vor Regen und Sonne) bestanden war. Heute ist die Weidenutzung längst eingestellt, aber der besondere Landschaftscharakter dieser Kuppe hat dazu geführt, dass sie heute als Fest-, Freizeit- und Spielfläche genutzt wird. Dadurch wird die Verbuschung verhindert, aber die Bäume sind seit 1925 dichter und höher geworden, wie das Bild von 2001 zeigt.

Zunahme der Waldflächen auf den Berghängen: Die Grenze zwischen der arbeitsintensiv genutzten Egartflur und der übrigen, extensiver genutzten Flur ist auf dem Bild von 1925 deutlich erkennbar: Sie besteht aus einem Zaun und Gehölzstreifen, der am Bacheinschnitt (links) etwas oberhalb des Hangfußes beginnt und sich höhenlinienparallel nach rechts zieht. Oberhalb dieser Grenze sind all diejenigen Flurstücke verbuscht oder verwaldet, die nur einen geringen Ertrag brachten, nämlich Bergmähder und Weideflächen auf vermoorten oder stark felsdurchsetzten Hangteilen. Bereits das Bild von 1925 lässt erahnen, dass die damals zu sehenden flächenhaften Waldstücke ehemalige Kulturflächen darstellen, die schon um 1900 aus der Nutzung genommen wurden, und dass im 19. Jahrhundert Wald fast nur in den Gräben und auf den Graten zu finden war.

Wenn die sichtbare Entwicklung weitergeht, dann wird in absehbarer Zeit der gesamte Hang verbuscht oder verwaldet sein.

Mit diesem Bildvergleich wird nachvollziehbar, warum die landwirtschaftliche Nutzfläche der Gemeinde von 626 ha im Jahr 1950 auf 361 ha im Jahr 1999 zurückgegangen ist.

Der Ort Vorderhindelang, 832 m, in der Gemeinde Bad Hindelang im Allgäu im Jahr 1950 (linkes Bild) und im Jahr 2001 (rechtes Bild). Vorne rechts Vorderhindelang, das sich entlang dem Schachentobel vom kleinen Schwemmkegel in der Ostrach-Talaue in 790 m Höhe bis in 880 m Höhe erstreckt. Am rechten Bildrand der Weiler Gailenberg, 989 m, am linken Bildrand etwas oberhalb der Talaue der Weiler Reckenberg, 820 m. Der Grat im oberen Bilddrittel trennt das Ostrach- vom Schwarzbachtal (ganz rechts das Tiefenbacher Eck, 1625 m), und dahinter liegt der Grünten, 1735 m, der erste „richtige" Gipfel am Alpenrand bei Sonthofen.

Die Veränderungen betreffen die Talaue, alle Siedlungen sowie einen Teil der landwirtschaftlichen Flur.

Die neue Bebauung der Talaue: Der alte Ortskern von Vorderhindelang liegt 40 Meter über der Talaue. Bereits 1950 hat sich der Ort bis in die Talaue ausgebreitet, und es sind hier eindeutig einige neue Bauten zu erkennen, die in Zusammenhang mit der relativ frühen Tourismusentwicklung errichtet worden sind. Heute gibt es dort ein großes Neubaugebiet (links des Schwemmkegels), direkt darunter, also zwischen dem Mühlgraben und der Ostrach, ein großes Gewerbegebiet, und auf der linken Bildseite ist ein weiteres großes Gewerbegebiet sichtbar (weiße längliche Fläche). Die inzwischen breit ausgebaute B 308 ist im Talboden gut zu sehen. Auf dem historischen Bild ist rechts die alte Straßentrasse gut zu erkennen, die 1977 durch die etwas unterhalb verlaufende neue, breitere und geradere Trasse ersetzt wurde.

Während man auf dem Bild von 1950 noch gut wahrnehmen kann, dass die Talaue früher nicht besiedelt war, dokumentiert die aktuelle Aufnahme, dass die Talaue auf Grund der guten Erreichbarkeit und des ebenen Reliefs heute stark durch Wohn-, Gewerbe- und Verkehrsflächen überbaut wird – hier entsteht tendenziell ein durchgehendes Siedlungsband.

Die Vergrößerung der Siedlungen: Das Einwohner- und Siedlungswachstum der Gemeinde Bad Hindelang (1870 = 2212, 2000 = 4880 Einwohner) ist sehr stark dem früh einsetzenden Tourismus ge-

schuldet, denn größere Neubausiedlungen für Zuzügler, die ins 6 km entfernte Sonthofen zur Arbeit pendeln, gibt es hier kaum. Die beiden Vergleichsfotos zeigen den Außenbereich der Gemeinde ohne den Hauptort. Als Erstes fällt die zerfranste Siedlungsstruktur von Vorderhindelang 1950 auf, die den alten Ortskern kaum noch erahnen lässt. Hierbei handelt es sich um ein frühes Siedlungswachstum durch touristische Entwicklung, was in den folgenden 50 Jahren weitergeht und offenbar noch nicht beendet ist (im Jahr 2000 = 917 Einwohner). Die bestehende Siedlung wird erheblich verdichtet und breitet sich weiter hangparallel und hangabwärts aus. Ganz rechts am Bildrand (über dem Waldstück oberhalb der Bundesstraße) steht 2001 ein großes Hotelgebäude in exponierter Lage, links daneben ein neuer großer Aussiedlerhof. Dieser Bereich ist landschaftlich besonders sensibel, weil hier ein durchgehendes Siedlungsband von Vorderhindelang zum Markt Hindelang entsteht.

Die Weiler Gailenberg und Reckenberg zeigen 1950 noch ihre traditionelle Struktur; auch sie vergrößern ihre Siedlungsfläche, wenn auch weniger stark wie Vorderhindelang; hier leben im Jahr 2000 44 bzw. 96 Menschen.

▲ 157
◄ 156

Die Veränderung der Flur: Bei der zu überblickenden Flur handelt es sich zwar um Berggebiete, aber Hangneigungen und Höhenlage sind für alpine Verhältnisse noch relativ günstig, sodass hier keine großflächige Nutzungsaufgabe stattfindet. Gut erkennbar die bewaldeten Bacheinschnitte und das kleinräumige Landschaftsmosaik im Jahr 1950. Oberhalb von 1100 m haben 2001 die Waldflächen stark zugenommen, unterhalb davon hat sich der Wald bis 2001 nur punktuell ausgebreitet, Einzelbäume sind größer und zahlreicher geworden; zahlreiche Parzellengrenzen, die 1950 auf dem Bild nicht oder kaum zu erkennen waren, sind jetzt durch Heckenreihen sichtbar geworden. Diese im unteren Hangbereich gut erhaltene Kulturlandschaft verdankt ihre Existenz auch dem „Ökomodell Hindelang" und einem guten Zusammenspiel zwischen Berglandwirtschaft und Tourismus.

▲ 158

Der Ort Bad Hofgastein, 859 m, in den Hohen Tauern im Jahr 1950 (linkes Bild) und im Jahr 1984 (rechtes Bild), im Hintergrund die Nördlichen Kalkalpen mit dem Steinernen Meer (Berchtesgadener und Dientener Alpen). Dieser Bildvergleich zeigt die großen Veränderungen im Talraum, die exemplarisch für viele andere Talbereiche der Alpen sind, während sich die Kulturlandschaften auf den benachbarten Hängen wenig verändern (und dies bleibt so bis heute).

Die Verbauung der Talaue: Der Marktort Hofgastein liegt auf dem Schwemmkegel des von rechts kommenden Kirchbaches, wobei die Kirche (gut sichtbar der Kirchturm) den historischen Siedlungskern markiert. Im Jahr 1950 orientiert sich die Siedlung immer noch auf den Schwemmkegel, und die Aue ist siedlungsfrei, obwohl sich die Einwohnerzahl durch den 1905 (Eröffnung Tauerneisenbahn) einsetzenden Tourismus inzwischen von 2000 auf 4000 Einwohner verdoppelt hat.

Die Talaue wurde jahrhundertelang nur extensiv als Pferdeweide genutzt. Sie war teilweise mit Auwäldern bestockt, während die Gasteiner Ache wegen des flachen Gefälles immer wieder (wie historische Karten belegen) Verzweigungsstrecken mit mehreren parallelen Armen ausbildete. Zwischen 1827 und 1853 wird die Aue „melioriert": Die Ache wird begradigt – jetzt entsteht die erste gerade Linie in der Landschaft – und tiefer gelegt, der Auwald gerodet und alle Flächen trockengelegt. Dadurch entstehen sehr ertragreiche, schnell erreichbare und gut zu bewirtschaftende (ebene) Kulturflächen, die die landwirtschaftliche Grundlage des Tals stark verbessern. Die Talaue wird parzelliert, und auf jeder Parzelle errichten die Eigentümer einen dezentralen Heustadel, in dem das hier gewonnene Heu gelagert wird, bis es im Winter zum Hof transportiert wird.

Die Aufnahme von 1950 zeigt diese modernisierte Situation fast unverändert. Es ist eindrücklich zu sehen, wie vielfältig die große, eigentlich vom Relief her monotone Talaue gegliedert ist. Im Vordergrund des Bildes von 1950 ist eine Straße mit einem großen Bogen zu sehen: Es ist die „neue" Hauptstraße (B 167) von Hofgastein nach Bad Gastein, die ursprünglich am rechten Hangfuß verlief und die erst nach der Melioration quer durch die Aue geführt wurde.

Das Vergleichsfoto zeigt, wie stark sich die Talaue in nur 35 Jahren verändert hat: Die Gemeinde wächst in dieser Zeit von 4000 auf gut 6000 Einwohner, gleichzeitig breitet sich der Hauptort nach allen Seiten hin aus, wobei die Straßen die Leitlinien der Siedlungsentwicklung darstellen. Triebkraft für das starke Flächenwachstum ist der steigende Platz-

159

bedarf für Wohnen, Freizeit und Tourismus (auf dem Schwemmkegel nimmt das neue Kurzentrum von 1971 große Flächen ein) sowie das starke Bevölkerungswachstum. Am Kreuzungspunkt von Ache und „neuer" Hauptstraße (die B 167 wurde inzwischen durch den Bau einer Umgehungsstraße verlegt) fallen zwei besonders große Baukomplexe mit großstädtischer Architektur auf; es sind Zweitwohnungsanlagen, die aber eine Ausnahme bleiben, weil die Gemeinde damit keine positiven Erfahrungen macht.

Seit 1986 wird die Talaue weiter bebaut (die Bevölkerung steigt bis zum Jahr 2000 auf 6755 Personen), und neben die sehr viel Platz beanspruchenden Siedlungen aus frei stehenden Einzelhäusern (in der Regel mit ein oder zwei touristisch genutzten Einliegerwohnungen) mit großem Grundstück treten jetzt „postmoderne" Wohnsiedlungen (Eigentumswohnungen in Reihenhauskomplexen), die wesentlich weniger Grundfläche pro Kopf verbrauchen. Vom Landschaftsbild her sind diese neuen Veränderungen wesentlich weniger gravierend als jene zwischen 1950 und 1986, aber die Tendenz geht dahin, dass die gesamte Talaue allmählich überbaut wird.

Auffällig auf dem Bild von 1986 ist, dass alle nicht überbauten Flächen im Talboden noch landwirtschaftlich genutzt werden. Es handelt sich um die produktivsten und wichtigsten, seit 1850 genutzten Flächen für die Landwirtschaft, und ihre Nutzung im Jahr 1986 dokumentiert, dass die Gasteiner Bauern ihre landwirtschaftliche Tätigkeit so lange wie irgendwie möglich fortführen.

Die Kulturlandschaft der unteren Hangbereiche: Auf den Vergleichsfotos sind drei Kulturflächen auf den Hängen zu erkennen, nämlich einmal die Flur des einzeln liegenden Ingelsberghofes, 950 m (die Spitze des Kirchturms zeigt auf diese Parzellen), und zum anderen die Flur des Weilers Breitenberg, 850 m (Bildmitte links), über der sich (etwas links) die Flur des Einzelhofes Brandeben, 1151 m, anschließt. Alle diese Flächen sind 1950 noch traditionell geprägt und verändern sich bis 1986 (und bis heute) nur wenig, weil sie weiterhin relativ traditionell bewirtschaftet werden. Dies gilt ganz besonders für die Flur des Ingelsberghofes mit ihren charakteristischen Hecken entlang der Parzellengrenzen. Dies ist sehr erstaunlich, weil dieser Hof unmittelbar neben dem Ortskern von Bad Hofgastein liegt, der ab 1905 durchgreifend modernisiert wird – traditionell und modern geprägte Landschaftsteile liegen in den Alpen häufig unmittelbar nebeneinander, genauso wie traditionelle und moderne Werte oft direkt nebeneinander gelebt werden.

▲ 160

Der Ort Bad Hofgastein, 859 m, in den Hohen Tauern im Jahr 1900 (linkes Bild) und im Jahr 1985 (rechtes Bild), im Hintergrund der Rauchkogel, 2208 m (links) und der Tauernhauptkamm mit dem Tischlerkarkogel, 3004 m (rechts).

Dieser Bildvergleich zeigt die gravierenden Veränderungen des Ortes Bad Hofgastein, relativ wenig Wandel auf den hofnahen Fluren und eine sehr starke Verbuschung auf den mittleren und oberen Hangbereichen.

Die Veränderungen von Bad Hofgastein: Im Jahr 1900 konzentriert sich dieser Ort noch auf den mittleren Teil des Kirchbach-Schwemmkegels um die Kirche herum. Neben den bäuerlichen Gebäuden (Holzhäuser mit flachen Schindeldächern) fallen städtisch wirkende größere Steingebäude ins Auge, die oft ein Walm- oder Krüppelwalmdach tragen. Dabei handelt es sich um Gebäude, die mit der Funktion des Ortes als Markt und als Gerichtssitz in Verbindung stehen, meist aber um Verwaltungs- und Lagergebäude („Gewerkenhäuser") des ehemaligen Goldbergbaus, die mit Einstellung des Bergbaus ab 1800 funktionslos geworden sind. Der Tourismus, der ab 1830 in den Ort einzieht, ist im Ortsbild noch kaum sichtbar; er wird erst ab 1905 dominant.

Wie das Bild von 1985 erahnen lässt, ist die historische Bausubstanz mit Ausnahme der Kirche inzwischen verschwunden (die ehemals prächtigen Gewerkenhäuser wurden abgerissen), und der Ort hat sich über den gesamten Schwemmkegel ausgebreitet. Neben den großen Hotels fallen die Schulgebäude (vorn rechts) besonders ins Auge, deren Größe direkt mit dem starken Bevölkerungswachstum zusammenhängt.

Die Veränderung der unteren Hangbereiche: Links oberhalb der Kirche liegt die Flur „Kronwald", rechts schließt die des „Faschingberges" an, die beide Standort einer Reihe von Einzelhöfen sind. Im Jahr 1900 sind im Kronwald sehr gut die Ackerparzellen (hellere Flächen) in der Egartflur sowie zahlreiche dezentrale Heustadel zu erkennen. Die Flur des Kron-

161

waldes hat sich bis 1985 relativ wenig verändert, während die des Faschingberges recht stark verbuscht (aus dieser Perspektive nicht sehr gut zu erkennen, siehe das Bild auf Seite 6). Weiterhin wird auf diesem Vergleich gut sichtbar, dass sich das große Siedlungswachstum auf den zentralen Schwemmkegel und den Talboden konzentriert, während es im Hangbereich zwar Neubauten gibt, jedoch nur in begrenzter Zahl.

Die Veränderungen im mittleren und oberen Hangbereich: Die großflächige Waldfreiheit der Hänge unter dem Rauchkogel im Jahr 1900 ist nicht typisch (üblich wäre hier ein Mosaik aus Wald und offenen Flächen) und dürfte auf die starken Waldrodungen zur Zeit des Goldbergbaus zurückzuführen sein. Aber gerade dies ermöglicht es, den Prozess der Verbuschung besonders deutlich und exemplarisch im Fotovergleich darzustellen. Bereits im Jahr 1900 sind erste Verbuschungen auf den steilsten Hangstücken zu ahnen, aber noch werden die meisten Flächen als Hutweiden (extensive Weidenutzung) und Bergmähder (vor allem im oberen Bereich) genutzt. 1985 verbuscht der gesamte Hang großflächig, meist mit Grünerlen, die ein extrem artenarmes und undurchdringliches Gebüsch ausbilden. Der ehemalige Bannwald (die dunklen Flächen oberhalb des Ortskernes) wird zwar dichter, aber er vergrößert sich kaum. Man kann sich gut vorstellen, wie die Situation hier in Zukunft aussehen wird: der Talboden vollständig verbaut und gesichtslos zersiedelt, die Hänge vollständig verbuscht und verwaldet, und die bäuerliche Kulturlandschaft vollständig verschwunden.

Zersiedlung und Entsiedlung

Wie die Vergleichsfotos anschaulich belegen, gehören die Siedlungserweiterungen zu den auffälligsten Aspekten des Landschaftswandels in den Alpen. Obwohl die Siedlungs- und Verkehrsflächen mit gut 4% der Alpenfläche eigentlich ziemlich klein sind, fallen sie optisch sehr stark ins Gewicht, weil jeder Einheimische und Besucher die Alpen zuerst von unten her, vom Talraum aus, wahrnimmt, und aus dieser Perspektive dominieren sie stets den gesamten Vordergrund der erlebten Alpenbilder. Viele Fotografen versuchen deshalb, diese Realität durch die Wahl eines etwas peripheren Aufnahmestandpunktes auszublenden, um diejenigen Alpenfotos machen zu können, die dem romantischen Alpenbild entsprechen.

Ursache des starken Siedlungswachstums ist erstens das Bevölkerungswachstum: Die Alpenbevölkerung wächst zwar von 7,8 Mio. Einwohnern im Jahr 1870 auf 14,3 Mio. im Jahr 2000, also um +83%, aber dieses Wachstum verteilt sich sehr ungleich auf die 6124 Alpengemeinden: Nur in 10% aller Gemeinden bleibt die Einwohnerzahl zwischen 1870 und 2000 in etwa gleich (max. 10% Wachstum oder Rückgang), in 51% aller Gemeinden gibt es ein starkes Wachstum (im Durchschnitt von +150%), in 39% dagegen einen starken Rückgang (im Durchschnitt von −39%). Damit führt die Modernisierung in den Alpen zu einer gegenläufigen Entwicklung von Bevölkerung und Wirtschaft.

Da allerdings das Siedlungswachstum zweitens auch durch den sehr stark ansteigenden Platzbedarf für Wohn-, Gewerbe-, Freizeit- und Verkehrsflächen verursacht wird, zeigen selbst solche Orte ein Siedlungswachstum, deren Einwohnerzahl stagniert oder sogar leicht zurückgeht.

Aus diesem Grund ist die Siedlungserweiterung der zentrale Prozess in etwa zwei Drittel aller Alpengemeinden. Besonders stark ausgeprägt ist sie in der Umgebung der großen Alpenstädte, entlang der großen Transitachsen, am Alpenrand in der Nähe der außeralpinen Metropolen sowie in den Touristenzentren.

Wie zahlreiche Bilder dieses Bandes dokumentieren, spielen sich diese Siedlungserweiterungen in

Form einer chaotischen Zersiedlung der Landschaft ab. Dies liegt einerseits an den gesetzlichen Rahmenbedingungen, die nirgendwo eine gemeindeübergreifende Siedlungsentwicklung für eine Stadtregion oder ein ganzes Tal vorsehen, und andererseits daran, dass die Gemeinden bei ihren Baugebietsausweisungen oft nur kurzfristig denken und dabei leider immer wieder auch Bodenspekulation eine Rolle spielt.

Diese chaotische Zersiedlung treibt den Flächenverbrauch überdies selbst aktiv voran: Durch die zersplitterte Lage der Wohn- und Gewerbeflächen werden mehr Verkehrsflächen erforderlich als bei einer kompakten Siedlungsstruktur, und die zahlreichen eingestreuten Freiflächen werden durch ihre Verinselung funktional und ökologisch entwertet. Diese Strukturen erzeugen sehr viel mehr Verkehr, der die orts- und zentrumsnahen Wohnlagen durch Lärm und Abgase entwertet und die weitere Zersiedlung – und damit noch mehr Verkehr – fördert.

Damit unterscheiden sich die Alpen nicht vom übrigen Europa. Hier allerdings findet die Zersiedlung in der Regel in Tal- und Beckenlagen mit einem begrenzten Platzangebot statt, in denen die ökologischen Belastungen auf Grund von Relief und Lokalklima schnell sehr hoch werden. Deshalb sind die Auswirkungen chaotischer Zersiedlung hier oft gravierender als außerhalb der Alpen.

◄ 162 und ▲ 163 *schließen unmittelbar aneinander an und zeigen die chaotische Zersiedlung im Umfeld der Stadt Lugano (Tessin). Ganz rechts der Rand des Stadtkerns von Lugano mit dem gut sichtbaren Bahnhof (Gotthard-Linie). Auf dem rechten Bild links am Bildrand die Gotthard-Autobahn, darüber der Lago di Muzzano, 337 m (von einer eiszeitlichen Moräne verursacht), und darüber der Flughafen von Lugano-Agno. Auf dem linken Bild in Bildmitte der nordwestliche Arm des Lago di Lugano, 271 m, links darüber ein kleiner Ausschnitt des Lago Maggiore. Ganz links am Bildrand der Ort Ponte Tresa mit der schweizerisch-italienischen Grenze.*
Im Hintergrund von links nach rechts die verschneiten Walliser Alpen mit der Monte-Rosa-Gruppe (leicht in Wolken), die Berge des Nationalparks Val Grande, des größten Wildnisgebietes der gesamten Alpen (der Felsgrat ohne Schnee), und die Lepontinischen Alpen östlich des Simplon-Passes (verschneit). Dann auf der rechten Seite des linken und auf der linken Seite des rechten Bildes die Region „Malcantone", eine traditionelle Abwanderungsregion, mit Gipfelhöhen zwischen 1620 m (Monte Lema, links) und 1961 m (Monte Tamaro, rechts). Rechts am Bildrand über dem Vedeggio-Tal (Transitachse zum Gotthard) die verschneiten Adula-Alpen östlich des Lukmanier-Passes.
Gut erkennbar ist die Zersiedlung aller gut erreichbaren und flacheren Stellen, bei denen es sich im Gebiet westlich von Lugano um die ehemals sehr fruchtbare Region „Colline d'oro" handelt. Der eigentliche Gebirgsraum dagegen ist deutlich schwächer zersiedelt und inzwischen großflächig verbuscht und verwaldet (Oktober 1993).

Mit dieser chaotischen Zersiedlung verlieren die Alpen zugleich ihren ländlichen Charakter und erhalten einen städtischen bzw. vorstädtischen oder randstädtischen Charakter.

Von ihrer Funktion her sind im Jahr 1990 36 % aller Alpengemeinden „städtische" Gemeinden, weil sie entweder mindestens 10 000 Einwohner oder 5000 Arbeitsplätze aufweisen oder weil sie als Wohnsiedlung für eine benachbarte Stadt (inner- oder außerhalb der Alpen) dienen. Hier lebten 1990 59 % der gesamten Alpenbevölkerung auf 27 % der Alpenfläche, d. h., dass die Alpen als Großregion in Hinblick auf Bevölkerung und Wirtschaft bereits verstädtert sind. Allerdings wurde dieser Prozess in Kapitel 4 als „periphere Verstädterung" bezeichnet, weil den Alpen große Metropolen fehlen und sie derzeit immer stärker in deren Einflussbereich geraten.

Diejenigen Alpengemeinden, die funktional noch keine städtischen Gemeinden geworden sind, die aber ein relevantes Siedlungswachstum aufweisen (etwa ein Drittel aller Alpengemeinden), sind dagegen durch eine architektonische Verstädterung geprägt: Die Wohn- und Gewerbeneubauten orientieren sich an städtischen oder vorstädtischen Vorbildern, und viele alte Gebäude werden „modernisiert", d. h. mit Materialien aus dem Baumarkt so umgestaltet, dass sie kaum noch wiederzuerkennen sind.

Ein weiteres Element dieser architektonischen Verstädterung ist die Neugestaltung aller öffentlichen Straßen und Plätze. Durch Straßenverbreiterungen, Anlage von Bürgersteigen, Fuß- und Radwegen, durch Straßenlaternen, aber vor allem durch die Entfernung der früheren Zäune, Hecken und Begleitbäume verlieren die Straßen ihren ländlichen Charakter und werden zu einem städtischen Landschaftselement, das als bandartiges Netz eine flächenhafte Wirkung entfaltet.

Das dritte Element der Verstädterung besteht in der Umwandlung von Landwirtschaftsflächen in Freizeitflächen wie Ziergärten, Kurparks, Minigolfplätze, Tennisanlagen, Golfplätze, Parkplätze, Wintersportanlagen usw., die stets nach städtischen Vorbildern funktional gestaltet werden.

Diese Form der Verstädterung beginnt in den 1960er Jahren im Tal in Siedlungsnähe, erfasst oft

▲164 *Die meisten Alpengemeinden mit einem stärkeren Bevölkerungswachstum sind heute durch eine anonyme und austauschbare Architektur gekennzeichnet, wobei ihre Siedlungsstrukturen immer stärker den Vororten der europäischen Großstädte ähneln. Da nützt es auch nichts, wenn fünfstöckige große Gebäude ein flaches, „ländliches" Satteldach erhalten. Hier der Ort Bad Hofgastein in den Hohen Tauern, der trotz eines starken touristischen Wachstums noch nicht die Größe einer Stadt erreicht hat (April 1988).*

▶ 165 und ▼ 166 *Die Straße von Ried nach Obermaiselstein im Allgäu im Jahr 1940 (rechts) und im Jahr 2001 (unten). Der Prozess der Zersiedlung betrifft nicht nur die Gebäude, sondern genauso die Straßen, die Gestaltung der Straßenflächen und der angrenzenden „Freiflächen": Die früheren Wiesen auf der rechten Seite dienen heute Freizeitzwecken (Garten eines Ferienheims und Teil einer Minigolfanlage) und sind daher „städtisch" geprägt.*

schnell den gesamten Talbereich und dringt darüber hinaus dann auch band- und inselförmig in den eigentlichen Gebirgsraum vor, wo auf Almen und Aussichtspunkten neue Gebäude, große Parkplätze und Freizeitflächen entstehen.

Die traditionellen Gebäude und Siedlungsformen waren durch einen starken Bezug zur Landschaft und zur eigenen Geschichte geprägt und unterschieden sich signifikant von Tal zu Tal und von Region zu Region. Die modernen Siedlungen sehen sich dagegen alpen- und europaweit zum Verwechseln ähnlich und zerstören damit regionale Vielfalt durch Monotonie. Dies ist sichtbarer Ausdruck für den sich verlierenden Landschafts- und Geschichtsverlust der modernen Alpengesellschaft, die immer weniger mit den Alpen selbst zu tun hat und im Alltag immer stärker von der Welt außerhalb der Alpen direkt bestimmt wird.

Modernisierung der Alpen bedeutet, dass die gut erreichbaren Tal- und Beckenlagen und ausgewählte kleinere Standorte im Höhenstockwerk eng mit der europäischen und globalen Wirtschaft und Gesellschaft vernetzt werden, während gleichzeitig das traditionelle dezentral-flächenhafte Wirtschaften im eigentlichen Gebirgsraum vollständig entwertet wird. Wo nicht ein paar moderne Wirtschaftsformen wie Tourismus, Gewerbe oder eine neue Landwirtschaft mit regionalen Qualitätsprodukten aufgebaut werden oder wenigstens eine Stadt in Pendlerentfernung liegt, führt die Entwertung des traditionellen Wirtschaftens zur Entsiedlung – der Mensch zieht sich dort aus den Alpen zurück, sie werden langfristig entvölkert.

Von dieser Entwicklung sind 18 % aller Alpengemeinden mit 21 % der gesamten Alpenfläche betroffen: Diese 1126 Gemeinden verlieren permanent seit 1870 Einwohner (im Durchschnitt halbiert sich ihre Einwohnerzahl von 1870 bis 2000), und es gibt hier auch in jüngster Zeit keine Anzeichen für ein Wachstum. Daneben gibt es weitere 913 Gemeinden mit einer ebenfalls problematischen Bevölkerungsentwicklung, die aber derzeit noch nicht in Richtung Entsiedlung abläuft.

Die beiden größten Entsiedlungsregionen der Alpen sind die südlichen Cottischen Alpen (Täler Varaita, Maira, Grana, Stura) und die Ligurischen Alpen. Daneben ist dieses Phänomen in den südfranzösischen Alpen, im Tessin, in Graubünden und in den italienischen Ost- und slowenischen Westalpen verbreitet. Dass es auf der Alpennordseite fast nicht vorhanden ist, liegt an der germanischen Landwirtschaft, der Berggebietsförderung durch die föderalistischen Staaten und der starken Dominanz der außeralpinen Metropolen.

Sieht man sich die Entwicklung in diesen Entsiedlungsregionen näher an – der piemontesische Weitwanderweg „Grande Traversata delle Alpi/GTA" bietet dafür eine sehr gute Möglichkeit –, dann stellt man fest, dass der Hauptort einer Gemeinde meist noch bewohnt wird, während die Siedlungen in den Seitentälern häufig unbewohnt sind: Die restliche Bevölkerung konzentriert sich immer stärker linienhaft auf wenige Standorte im Haupttal in guter Erreichbarkeit, während abseits dieser meist schmalen Talbereiche dann die Einsamkeit beginnt. Hier trifft man auf zahlreiche Ruinendörfer und -siedlungen, die allerdings oft nicht leicht zu finden sind, weil auch die zu ihnen führenden Wege verwachsen.

167 *Der Weiler Le Grange, 1769 m, in der Gemeinde Argentera (Seealpen); im Hintergrund ehemalige Ackerfluren, die bis in 1950 m Höhe reichten (Juli 2004). Im Jahr 1890 lebten hier 60 Personen, 1940 waren es nur noch drei Familien. Im April 1944 wurde der gesamte Ort von deutschen Truppen bei der Partisanenbekämpfung zerstört und später nicht wieder aufgebaut. 15 Jahre lang lebte hier noch eine ältere Bäuerin allein in einem notdürftig hergerichteten Gebäude, seitdem ist der Ort unbewohnt. Nur im Sommer nutzen Hirten heute noch das Gebäude links für die Almwirtschaft.*

▶ 168 *Der Ort Lentre, 1162 m, im Neraissa-Seitental (südliche Cottische Alpen) (Juli 2004). Er bestand im Jahr 1890 aus 19 Gebäuden, die in 28 Gebäudeteile unterteilt waren, und war damals Wohnort für 42 Personen. Im Jahr 1971 starb der letzte Bewohner dieses Ortes, der in den fünf vorausgegangenen Jahren hier allein gelebt hatte. Seitdem ist der Ort verlassen. Ein Gebäude wird noch sporadisch landwirtschaftlich genutzt, ein zweites Gebäude ist zu einem sehr einfachen Ferienhaus umgebaut, dessen Eigentümer aber nur selten anwesend sind. Obwohl der Ort seit dem Jahr 2000 sogar erstmals mit einer kleinen Straße erreichbar ist, ändert sich dadurch an der Situation nichts.*

Nicht alle unbewohnten Siedlungen jedoch sind Ruinensiedlungen, wie Bild 170 zeigt: Die Gebäude in gut erreichbaren und attraktiv gelegenen Dauer-, Sommer- oder Almsiedlungen werden immer wieder von den Eigentümern zur privaten Nutzung umgebaut. Längere Zeit dienen solche Gebäude der älteren Generation noch als vorübergehender Wohnstandort für die allmählich weniger werdenden landwirtschaftlichen Tätigkeiten, sodass sie nicht verfallen, sondern erhalten werden; irgendwann werden sie dann – oft im Generationenwechsel – zu Freizeitzwecken umgebaut. Da aus diesen Entsiedlungsregionen viele Menschen abgewandert sind, wohnen die Eigentümer der Gebäude nicht mehr unbedingt in der Nachbarschaft, sondern in weit entfernten Großstädten. Üblicherweise werden in solchen Orten auch einige wenige Ruinengrundstücke an „Fremde" verkauft, die hier dann ein Ferienhaus bauen; diese sind meist nach einigen Jahren sozial voll integriert. Diese Entwicklung kann man als „endogen" bezeichnen, weil sie von den lokalen Kräften gesteuert wird. Dabei handelt es sich um eine Freizeitnutzung und nicht um einen Tourismus, da alle öffentlichen Angebote (Vermietung von Ferienwohnungen, Restaurant usw.) fehlen.

Es gibt jedoch auch die – derzeit noch selteneren – Fälle, in denen auswärtige Investoren ein Ruinendorf aufkaufen, es vollständig und stilvoll renovieren und dann touristisch vermarkten. In diesen Fällen wird die äußere Form der Gebäude und der Siedlungen oft perfekt nach alten Vorlagen wiederhergestellt, während die Gebäude im Inneren völlig neu gestaltet und mit modernster Technik (bis hin zum Internetanschluss) ausgestattet werden. Diese exogene, von außen gesteuerte Entwicklung vernetzt diese Orte eng mit der globalen Welt.

Immer wieder muss man daher in den Entsiedlungsregionen der Alpen mit der Möglichkeit rechnen, dass Form und Funktion nicht mehr identisch sind: Eine sorgfältig renovierte Scheune oder ein traditionelles Bauernhaus verweist heute nicht mehr automatisch auf eine landwirtschaftliche Tätigkeit, sondern dahinter kann sich eine moderne Wohn-, Gewerbe-, Freizeit- oder Tourismusfunktion verstecken.

Der Ort Soglio im Bergell (Graubünden), der immer wieder als „klassisches" Kalendermotiv für ein Bergdorf der Alpen dient, ist dafür ein anschauliches Beispiel. 1806 lebten hier 452, 1870 noch 369, 1990 nur noch 216 und 2000 nur mehr 197 Menschen: Gleichzeitig geht die Landwirtschaft stark zurück, sodass von 79 Bauernhäusern 1995 nur noch acht von einer bäuerlichen Familie bewohnt werden, während alle anderen mit der Landwirtschaft nichts mehr zu tun haben und meist als Ferienhaus genutzt werden. Von allen landwirtschaftlichen Wohn- und

▲169 *Die Überreste der Gebäude der Taufersalp, 1338 m, im hinteren Ostrachtal bei Hindelang in den Allgäuer Alpen (August 2001). Dieses Bild dokumentiert, dass Siedlungsaufgaben im Bereich der Temporärsiedlungen selbst in unmittelbarer Nähe von stark wachsenden Tourismusgemeinden vorkommen, wenn die lokalen Standortbedingungen ungünstig sind.*

Wirtschaftsgebäuden in der Gemeinde Soglio werden 1989 nur noch 38% landwirtschaftlich genutzt (oft sehr extensiv), aber 62% sehen wie gut renovierte landwirtschaftliche Gebäude aus, erfüllen aber völlig andere Zwecke. Die moderne Funktion wird also hinter einer traditionellen, musealen Fassade versteckt, sodass man feststellen kann, dass der attraktive Ort Soglio mehr ein Freilichtmuseum als ein lebendiger bäuerlicher Ort ist.

In der Dienstleistungsgesellschaft oder Postmoderne gibt es häufig das Phänomen, dass Authentizität und Echtheit vorgespielt oder vorgespiegelt werden, um die globalisierte Uniformität und Austauschbarkeit aller Waren und Werte zu verstecken. In den Alpen ist dies am leichtesten in den Entsiedlungsregionen realisierbar, weil in den anderen Alpenregionen zu viele modernisierte Altbauten und moderne Neubauten den Eindruck einer perfekten „falschen Idylle" stören.

Dies kann natürlich keine Zukunftsperspektive für die Alpen sein, denn der als bäuerliches Freilichtmuseum getarnte, aber technisch hoch gerüstete Freizeit- und Erholungsraum Alpen würde erneut völlig von außen dominiert.

▲170 *Dieses Bild zeigt keine Idylle, sondern ein Beispiel für eine Siedlungswüstung, die aber auf den ersten Blick nicht so aussieht. Das Dorf Neraissa inferiore, 1433 m, bestand im Jahr 1890 aus 49 Gebäuden (in 94 Gebäudeteilen) und wurde von 110 Menschen ganzjährig bewohnt. 1936 waren es noch 20, 1955 noch 15 Personen, und 1973 wurde es als Dauersiedlung aufgegeben, obwohl es seit 1890 mit einer Fahrstraße erreichbar ist und 1972 sogar Telefon- und Stromanschluss erhielt. Viele ehemalige Bewohner benutzen den Ort noch als Sommersiedlung, wobei sich die ursprüngliche landwirtschaftliche Tätigkeit im Generationenwechsel allmählich zu einem Freizeitaufenthalt wandelt. Ein Gebäude wird heute noch landwirtschaftlich genutzt, 21 Gebäude sind Ferienhäuser (meist von Einheimischen, die wenigen Fremden sind seit langem sozial integriert), und 27 Gebäude sind Ruinen. Im Jahr 2002 wurde der öffentliche Telefonapparat, der hier seit 1972 existierte, mangels Umsatz abgebaut. Die Flur um den Ort wurde früher als Ackerfläche genutzt, seit 1965 dominieren hier Wiesen. Ganz vorn in den Wiesen sind Wildschweinschäden zu erkennen, die etwa 15 Jahre brauchen, bis sie wieder verwachsen (September 1984).*

171 *Verbuschende Kulturlandschaft bei Gola di Lago im Capriasca-Tal (Gemeinde Tesserete, Luganer Alpen) in etwa 1000 m Höhe. Die früher frei stehenden Gebäude liegen heute inselförmig in Busch- und Waldflächen, weil nur noch wenige Flächen in der direkten Nähe der Gebäude gemäht werden und bei Ferienhäusern sogar nur noch kleine Gartenflächen freigehalten werden (September 1993).*

Verbuschung und Verwaldung

Alle modernen Nutzungen konzentrieren sich – wie Kapitel 4 gezeigt hatte – auf relativ kleine Flächen und nutzen diese sehr intensiv, während alle anderen Flächen immer extensiver und schließlich gar nicht mehr genutzt werden. Da aber nahezu alle offenen Flächen im Alpenraum nicht von Natur aus waldfrei sind, sondern vom Menschen gerodet wurden (siehe Kapitel 2), führen die Nutzungseinstellungen zu tiefgreifenden Vegetationsveränderungen, die die Biologen als „biologische Sukzession" bezeichnen.

Die erste Sukzessionsphase nach dem Brachfallen einer Nutzfläche ist die „Krautphase", bei der die Gräser durch Kräuter zurückgedrängt werden. In dieser meist kurzen Phase steigt die Artenvielfalt an.

Die zweite Sukzessionsphase ist die „Strauchphase", bei der sehr wenige Arten die gesamte, sehr dichte Strauch- oder Gebüschvegetation dominieren, die von weitem leicht wie ein Wald aussieht. Diese Phase dauert relativ lange.

Die dritte Sukzessionsphase ist ein Wald aus Pionierbäumen, der sich dann sehr langsam in den standortgemäßen Wald umwandelt.

Die Schnelligkeit dieser biologischen Sukzession hängt von der Ausgangssituation ab (eine dichte, gleichmäßige Wiesenvegetation ist sehr stabil, auf einer Weide mit zahlreichen kleinen Trittschäden dagegen können Büsche und Bäume schnell anwachsen), von der Höhenlage (je höher, desto langsamer) sowie von der Feuchtigkeit (je trockener, desto langsamer; je feuchter, desto schneller). Die schnellste Sukzession finden wir in den tiefen Lagen am Alpensüdrand, wo bereits 50 bis 70 Jahre nach der Nutzungseinstellung die Strauchvegetation durch den aufkommenden Wald ersetzt wird. In vielen Alpenregionen dagegen dauert die Krautphase etwa fünf Jahre und die Strauchphase etwa 80 bis 100 Jahre, sodass sich der standortgemäße Wald etwa 150 bis 200 Jahre nach der Nutzungseinstellung wieder ausbilden kann. In den sommertrockenen Alpenräumen dagegen kann die Krautphase mehr als 20 Jahre betragen. Hier ist es derzeit noch unsicher, ob sich überhaupt wieder ein Wald bildet oder ob eine der

Macchia ähnliche Trockenbuschvegetation nicht das Endstadium darstellt.

Wer heute mit offenen Augen durch die Alpen fährt, sieht allerorts diese Sukzessionsphasen. Fast überall dominiert gegenwärtig die Strauchphase, wobei eine Reihe von Aufforstungen den Landschaftswandel hin zum Wald noch beschleunigt.

Allerdings ist es sehr schwer, diesen Wandel quantitativ zu erfassen. Erstens trennen die historischen Agrar- und Almstatistiken nicht zwischen Wald und Weide, und die Almen werden gegenüber dem Ödland nicht abgegrenzt (siehe Bild 93), sodass diese Daten keine verlässliche Ausgangsbasis bilden. Und zweitens ist die Abgrenzung zwischen offenen Flächen und Wald sehr schwierig und durchaus unterschiedlich zu interpretieren. Deshalb gibt es derzeit keine alpenweiten verlässlichen Angaben über den flächenhaften Wandel.

Mit aller Vorsicht kann man schätzen, dass die Waldfläche in den Alpen seit 1870 um mindestens 30 bis 50% zugenommen hat, wobei das Waldwachstum im waldarmen romanischen Raum stärker ist als im germanischen. Die maximale Waldbedeckung finden wir heute in den östlichen Ostalpen, die im Mittelalter nicht sehr stark gerodet worden waren und im 19. und 20. Jahrhundert zuerst zur Produktion von Holzkohle, dann zu Jagdzwecken großflächig aufgeforstet wurden. Hier macht der Wald inzwischen 85% bis 90% der gesamten Fläche aus.

▲ 172 *Verbuschende Kulturlandschaft im Grana-Tal (südliche Cottische Alpen). Dieser südexponierte Hang im Verde-Seitental bei Monterosso Grana zwischen 1000 m (unterer Bildrand) und 1300 m (am Grat oben) war am Ende des 19. Jahrhunderts waldfrei, er verbuscht seit etwa 1925 immer stärker. Etwas oberhalb der Bildmitte verweisen höhenparallele Baumreihen auf ehemalige Ackerterrassen, auf denen die Verbuschung zuerst beginnt (Juli 1993).*

Die genauesten Flächenangaben liefert die „Arealstatistik Schweiz", die den Wandel zwischen den Jahren 1979/85 und 1992/97 detailliert erfasst; da die Schweizer Alpen in vielen Fällen für die Entwicklung im gesamten Alpenraum repräsentativ sind, kommt den Auswertungen dieser Arealstatistik ein großes Gewicht zu. Knapp 4% der Fläche der Schweizer Alpen sind demnach 1992/97 Siedlungs- und Verkehrsflächen, aber diese wuchsen seit 1979/1985 mit 14% besonders stark! Die landwirtschaftlichen Nutzflächen gingen in dieser Zeit auf der Alpennordseite und in Graubünden um 2–3%, im Wallis um 6% und im Tessin sogar um 10% zurück, während der Wald (inkl. Gehölze und Gebüschwald) zwischen 1,7% (Alpennordseite) und 4,5% (Graubünden) wuchs. Am stärksten ist inzwischen das Tessin mit 47,2% Waldanteil verwaldet und verbuscht.

Die Prozesse der Verbuschung und Verwaldung, die überall im Alpenraum in klein- und großflächigen Formen ablaufen, verändern neben dem Landschaftsbild auch die Artenvielfalt. Die traditionelle bäuerliche Kulturlandschaft war ja deutlich artenreicher als die Naturlandschaft (siehe Bild 79 und 80). Zwar erhöht die erste Sukzessionsphase nach der Nutzungseinstellung, die Krautphase, die Artenvielfalt noch etwas, aber dann sinkt sie in der zweiten Phase, der Strauchphase, dramatisch ab, weil einige wenige Pflanzenarten fast die gesamte Vegetation ausmachen. Mit der dritten Sukzessionsphase, der Pionierwaldphase, steigt die Artenvielfalt zwar wieder sehr deutlich an, bleibt aber unter der der traditionellen Kulturlandschaft.

Ohne Zweifel führt der große Landschaftswandel der Verbuschung und Verwaldung der Alpen zu einem dramatischen Rückgang nicht nur der landschaftlichen Vielfalt (Kleinräumigkeit), sondern auch der Artenvielfalt. Viele „romantische" Bilder, die für zahlreiche Menschen untrennbar mit „den Alpen" verbunden sind, wie z. B. eine bunte Blumenwiese vor einem steilen Felsgipfel, sind heute sehr selten geworden, weil es die besonders artenreichen Magerwiesen und die mit der „richtigen" Viehzahl beweideten Almflächen kaum noch gibt.

Aus diesem Grund gibt es heute oft eine Zusammenarbeit zwischen Berglandwirtschaft und Umweltschutz, die beide gleichermaßen daran interessiert sind, dass die noch bestehenden dauerhaft und langfristig angelegten traditionellen Landnutzungsformen auch in Zukunft erhalten bleiben und weder durch moderne Intensivnutzung noch durch Verbrachung ersetzt werden.

Allerdings muss man sich dabei im Klaren sein, dass die große Artenvielfalt der bäuerlichen Kulturlandschaft zahlreiche Arten umfasst, die erst vom Menschen in die Alpen gebracht wurden und in erster Linie in den Rasengesellschaften und auf den Äckern zu finden sind. Die Pflanzen, die für den Naturraum Alpen charakteristisch sind, waren im Rahmen der traditionellen bäuerlichen Kulturlandschaften nicht bedroht, und durch die Modernisierung der Alpen erhalten sie sogar noch verbesserte Wachstumsmöglichkeiten, weil die modernen zerstörerischen Intensivnutzungen nur kleinflächig und bandförmig, aber nicht flächenhaft auftreten.

Ein Umweltschutz, der sich heute nur auf die „typisch" alpinen Pflanzen und Vegetationsgesellschaften konzentrieren würde, greift jedoch zu kurz, weil die alpine Umwelt seit mindestens tausend Jahren durch den Menschen flächenhaft mitgeprägt ist und eine Alpennatur ohne den Menschen heute ein sehr künstliches Gebilde darstellen würde.

▲ 173 *Die ehemaligen Leidalmmähder (graugelbe Flächen) in 1600 m bis 2000 m Höhe im Gasteiner Tal (Hohe Tauern); rechts der Guggenstein, 1979 m, oberhalb von Bad Hofgastein (Oktober 1985). Der obere Teil des Leidalmbach-Seitentals diente und dient der Almnutzung, wobei die steileren und trockeneren Talflanken in der Höhe (ursprünglich Waldstandorte) als Bergmähder genutzt wurden. Um 1965 wurde hier die Mahd eingestellt, und seitdem verbuschen diese Flächen langsam mit Zwergsträuchern. Damit geht der frühere Blumen- und Artenreichtum verloren, für den diese Gebiete bekannt waren. Im späteren Herbst unterscheiden sich die gelben Farbtöne der Wiesenvegetation sehr deutlich von der graugelben Färbung der Zwergsträucher, wodurch die Verbuschung besonders deutlich hervortritt.*

▶174 und 175
Das Becken von Niederthai mit den Orten Ennebach, 1568 m, und Lehen, 1564 m, im Horlachtal, einem Seitental des Ötztals bei Umhausen im Jahr 1961 (oberes Bild) und im Jahr 1997 (unteres Bild). Die doppelte Entwicklung mit Intensivierung der Nutzung auf den flächenkleinen Gunstlagen in Siedlungsnähe und Extensivierung/Verbrachung auf allen übrigen Flächen ist hier gut nachzuvollziehen. In der ortsnahen Flur lassen sich 1961 noch einige Äcker erkennen; diese Flur ist sehr deutlich nach oben hin abgegrenzt, weil die Wiesen, die hier regelmäßig gedüngt und bewässert werden, einen grünen Farbton haben – im Unterschied zum gelben Farbton der Bergmähder und Weiden darüber. Das Bild von 1997 zeigt dagegen, dass es solche Abstufungen der Nutzungsintensität heute nicht mehr gibt: Entweder wird eine Fläche genutzt (und dann intensiv), oder sie wird nicht mehr genutzt und verbuscht bzw. wird aufgeforstet.

◀ 176 *Blaiken auf einem ehemaligen Bergmähder am Gamskarkogel in 2300 m Höhe; im Hintergrund der Weiler Lafen, 853 m, der zur Gemeinde Bad Hofgastein gehört (Juli 1984).*

▶ 177 *Der Rauchkogel, 2208 m (Bildmitte oben) und der Gamskarkogel, 2467 m (rechts oben mit dem verschneiten Gipfelbereich, das schwarze Rechteck ist die Gamskarkogelhütte) in den Hohen Tauern über Bad Hofgastein (Oktober 1984). Am unteren Bildrand sind die höchsten Fettwiesen des benachbarten Planitzenhofes zu erkennen, die etwa bis 1350 m Höhe reichen. Darüber begann die früher extensiv genutzte Kulturlandschaft, die heute brachgefallen ist (vergleiche dazu die Bilder 160 und 161). Die Verbuschung und Verwaldung läuft auf diesem sehr kleinräumig gegliederten Hang keinesfalls flächenhaft ab, sondern konzentriert sich auf die etwas ebeneren und geschützten Gratrücken. Dort, wo der Wald aus Schutzgründen dringend erwünscht wäre, nämlich in den Steinschlag- und Lawinenrinnen, kommt er gerade nicht auf.*

Zunahme von Naturkatastrophen?

Die Bilder von großflächigen Verwaldungsprozessen in den Alpen könnten den Eindruck erwecken, als ob dadurch die sprunghafte Naturdynamik im Alpenraum (siehe Kapitel 2) gedämpft würde. Dies ist aber nicht richtig: Erst auf sehr wenigen ehemaligen Nutzflächen ist bereits der standortgemäße Wald wieder entstanden, während fast überall unterschiedliche Sukzessionsphasen dominieren, die ökologisch nicht stabil sind, sondern sich im Wandel befinden.

Außerdem ist der Eindruck einer flächenhaften Verbuschung falsch, wie Bild 177 zeigt: Der Wald entsteht in erster Linie mosaikförmig auf solchen Teilflächen, die wenig von Steinschlag, Muren, Lawinen oder Hochwasser betroffen sind, während er dort, wo er aus Sicherheitsgründen dringend erwünscht wäre, nur selten aufkommt. Daher tragen Verbuschung und Verwaldung kaum dazu bei, die sprunghafte Naturdynamik zu dämpfen.

Auf sehr steilen Flächen, vor allem auf ehemaligen Bergmähdern, kann die Nutzungseinstellung sogar den Bodenabtrag fördern: Das nicht mehr gemähte Gras wird relativ lang, legt sich im Herbst nach unten – wobei es eine gute Gleitfläche für den ersten Schnee darstellt – und friert dann im Winter in der Schneedecke fest. Wenn im Spätwinter der Kriechschnee langsam nach unten drückt, wird das Gras samt Wurzelhorizont herausgerissen, und es entstehen sogenannte „Blaiken“, vegetationsfreie Stellen im Boden (Bild 176). Solche Flächen können erheblich weniger Wasser speichern als die früheren Bergmähder, und sie können im negativsten Fall sogar Muren auslösen.

Solche Blaikengebiete sieht man heute in Höhen um und über 2000 m auf der Alpennordseite sehr häufig, während sie auf der Alpensüdseite wesentlich seltener sind.

178 *Die Staldeflüe im westlichen Berner Oberland (Freiburger Alpen) zwischen Gstaad und Gsteig; am Bildrand rechts in der Mitte das Staldehore, 1921 m, in der Bildmitte die Furggenspitz, 2296 m (August 1982). Die Mahd dieser ehemaligen Bergmähder wurde im Jahr 1964 eingestellt, seitdem verbrachen diese steilen Flächen. Allerdings ist der Bodenabtrag durch Blaikenbildung hier schneller als Verbuschung und Wiederbewaldung. Die Bäume am rechten Bildrand belegen, dass der gesamte Hang ein potenzielles Waldgebiet ist.*

Blaiken sind keineswegs ein neues Phänomen in den Alpen, vielmehr sind sie auch früher auf steilen Flächen aufgetreten. Allerdings bestand in der traditionellen Berglandwirtschaft eine wichtige Pflege- und Reparaturarbeit im Frühsommer darin, alle frischen Blaiken zu befestigen und gegen weiteren Bodenabtrag zu sichern und die vegetationsfrei gewordenen Stellen mit „Heublumen" einzusäen oder mit Grassoden abzudecken (siehe Bild 75), damit die Bergmähder oder Almen als Nutzflächen erhalten bleiben.

Die Folgen, wenn man diesen Prozess nach dem Brachfallen sich selbst überlässt, zeigt Bild 178. Da diese Fläche wenig Wasser speichern kann und der Boden leicht abgespült wird, stellen solche Flächen eine potenzielle Gefährdung für die darunter liegenden Gebiete dar.

Bild 179 verweist auf ein anderes Gefahrenpotenzial, das seit 50 Jahren sehr stark ansteigt: Die frühere Strategie, Gefahren bewusst auszuweichen (siehe Bild 70), gilt heute als überholt, weil man fälschlicherweise der Meinung ist, man habe die Alpennatur mittels moderner Technik und schwerem Gerät „im Griff". Aber immer wieder stellt man dann – zu spät – fest, dass stets nur eine relative, aber nie eine absolute Sicherheit zu erreichen ist.

Dies trifft in besonderem Maße auf zwei Teilflächen zu, nämlich die Schwemmkegelsiedlungen und die Talauen.

Die zahllosen Schwemmkegelsiedlungen der Alpen, die heute oft sehr groß geworden sind, fokussieren die Instabilitäten des gesamten jeweiligen Einzugsgebiets auf ihr Ortszentrum: Alle Folgen aus dem Brachfallen der Bergmähder, der Unter- und Übernutzung der Almen, der Nutzungsintensivierung im unteren Hangbereich, dem Straßen- und Wegebau usw. führen im Extremfall zu Hochwasser und Muren, die den Schwemmkegelort – trotz Wildbach- und Lawinenverbauungen – zerstören können.

Ähnliches gilt für die Talauen, die heute fast überall sehr dicht besiedelt sind, weil man der Meinung war, dass die umfangreichen wasserbaulichen Maßnahmen eine Garantie für ihre Sicherheit darstellen. Die verschiedenen Überschwemmungen der letzten Zeit zeigen, dass dies ein Irrtum war.

179 *Felssturzgebiet (die weißen Flächen im Wald) in etwa 1400 m Höhe oberhalb von Bad Hofgastein in den Hohen Tauern (Juni 1987). Der eiszeitliche Gletscher hat die Hänge im Gasteiner Tal an zahlreichen Stellen versteilt, sodass sich an dieser Stelle im Frühling immer wieder Felsbrocken lösen (zuletzt 1987 und 2001), die bis zum Talboden in 820 m Höhe herabrollen. Früher gab es in diesem Bereich keine Wohngebäude, aber seit Anfang der 1960er Jahre wird die Talaue im gefährdeten Gebiet dicht bebaut. Daher müssen in Zeiten akuter Gefahr eine Reihe von Wohngebäuden evakuiert werden. Auch mit großem technischem Einsatz (am Bildrand rechts und in der Mitte ist die Straße zu erkennen, die an den Fuß des Felssturzgeländes gebaut wurde, um schweres Baugerät einsetzen zu können) kann diese Gefahr nicht beseitigt, sondern nur verkleinert werden. Die alte Strategie, gefährdete Flächen zu meiden, hat heute keine Bedeutung mehr.*

▲180 *Die Vermurung des Weilers Mayerhofen, 815 m (Gemeinde Dorfgastein, Hohe Tauern), vom 2. Juli 1987. Die Mure, ein schnell fließendes Gemenge aus Wasser, Erdreich, Baumstämmen und Steinen, kam aus den beiden kleinen, seit längerer Zeit nicht mehr genutzten Seitentälern des Schwarzbachs und des Brünalbachs, die in etwa 2000 m Höhe entspringen und dann mit einem Doppelschwemmkegel in die Talaue münden. Die Mure überschüttete die alte Talstraße (an der die meist neuen Gebäude liegen) sowie die neue Bundesstraße, die darunter liegt, etwa ein bis zwei Meter hoch mit Schlamm und Geröll und endete dann in der Gasteiner Ache (direkt hinter der Bahnlinie, auf dem Bild schlecht zu sehen), glücklicherweise ohne sie aufzustauen. Durch diese Mure war die Straße einige Stunden lang unpassierbar, das Tal blieb aber auf der Schiene erreichbar. Zur Gefahrenabwehr wurden im Jahr 1989 an der Stelle, wo die beiden Bäche auf den Talboden treffen und wo der Schwemmkegel beginnt, zwei sehr hohe Sperren gebaut, die Wasser durchlassen, aber größeres Material zurückhalten. Bereits 1996 war hier so viel Material deponiert worden, dass der Raum bereits zur Hälfte ausgefüllt war. Deshalb muss er in regelmäßigen Abständen ausgebaggert werden.*

Seit dem Jahr 1987 häufen sich im Alpenraum katastrophale Überschwemmungen, Murenabgänge, Berg- und Felsstürze, Lawinenwinter und Stürme in auffälliger Weise. Die Analyse der Ursachen fällt dabei sehr schwer, weil diese Ereignisse extrem komplex sind, die Zahl der möglichen Auslöser und derjenigen Faktoren, die dabei mit eine Rolle spielen, nahezu unendlich ist und die Prozesse nicht mittels naturwissenschaftlicher Gesetze hinreichend erklärt werden können. Deshalb gibt es über diese Thematik heftige Diskussionen.

Grundsätzlich spielen beim Thema „Naturgefahren“ fünf Punkte eine wichtige Rolle:

- Die Klimaerwärmung seit 1850 verändert zahlreiche naturräumliche Prozesse in den Alpen und führt teilweise zu sehr viel heftigeren Niederschlägen in kurzer Zeit und zu außergewöhnlich hohen Windgeschwindigkeiten.
- Die dynamischen Vegetationsveränderungen auf den Kulturlandschaftsflächen durch Extensivierung und Verbrachung sind Ursache für heftige sprunghafte Ereignisse.
- Die intensiv genutzten Landwirtschaftsflächen und die stark versiegelten Siedlungs-, Tourismus-, Freizeit- und Verkehrsflächen sorgen für einen sehr hohen und schnellen oberirdischen Wasserabfluss, der vermehrt Hochwasser verursacht.
- Das mangelnde Gefahrenbewusstsein und die falsche Überzeugung, die Naturprozesse technisch beherrschen zu können, führen dazu, potenzielle Gefahren nicht mehr zu meiden.
- Während die Schäden, die durch die sprunghafte Naturdynamik in den traditionellen Bauerngesellschaften an Haus und Flur entstanden sind, oft innerhalb weniger Wochen und Monate behoben werden konnten, sind die Schäden, die durch das gleiche Ereignis heute hervorgerufen werden, sehr viel gravierender und langfristiger, weil auf weni-

gen Quadratmetern sehr hohe ökonomische Werte konzentriert sein können, die zudem auf Wasser oder Schlamm äußerst empfindlich reagieren. Die verursachten Schäden entkoppeln sich immer mehr von der Stärke des auslösenden Ereignisses.

Wie auch immer man diese Punkte inhaltlich gewichtet, *eine* Aussage kann sehr eindeutig gemacht werden: Während die traditionellen Bauerngesellschaften der Alpen den Naturgefahren stets hohe Aufmerksamkeit schenkten und sich für die ökologische Stabilität ihrer Kulturlandschaften unmittelbar verantwortlich fühlten, gibt es diesen Bezug heute immer weniger. Immer mehr Alpenbewohner leben einen städtischen Lebensstil, sind wirtschaftlich und kulturell eng mit der Welt außerhalb der Alpen vernetzt und kennen die Alpen nur noch in Verbindung mit Freizeitaktivitäten. Deshalb fehlt jede Grundlage für eine gemeinsame Umwelt- oder Lebensraumverantwortung, weswegen diese Aufgabe an Spezialisten (die staatlichen Stellen für Wildbach- und Lawinenverbauung) delegiert wird. Und wenn ein solches Ereignis eintritt, wird es entweder nur als Versicherungsfall behandelt oder man sucht nach „Sündenböcken", denen die Alleinschuld zugewiesen werden kann.

Es liegt auf der Hand, dass ein solcher Umgang mit den Naturgefahren im Alpenraum kontraproduktiv ist und das Gefahrenpotenzial noch zusätzlich erhöht. In dieser Beziehung stellt die moderne Gesellschaft einen Rückschritt gegenüber den vorindustriellen Bauerngesellschaften dar.

▲181 *Am Abend des 11. August 1995 zerstörte nach einem heftigen Gewitter eine Mure eine Brücke der Arlbergbahn bei Braz, 700 m, in Vorarlberg und riss den Intercityzug Wien–Lindau mit in die Tiefe. Der Abschnitt Bludenz–Arlbergtunnel–Landeck der Arlbergbahn gilt als die lawinen- und murengefährdetste Eisenbahnstrecke ganz Österreichs.*

◀ 182 *Tiefenerosion des Torrente Neraissa in den südlichen Cottischen Alpen (Juli 1988). Wie die waagerechten Schichtungen am oberen Rand der erodierten Fläche zeigen (Wiesen 1430 m, Talsohle 1320 m), handelt es sich um Seesedimente, die wenig Widerstand gegen den Abtrag durch fließendes Wasser bieten. Das alte Bachbett (links die dazugehörenden bewaldeten Steilhänge) tiefte sich zwischen 1888 und 1904 während einer Serie von Extremniederschlägen um 30 Höhenmeter ein, wodurch die vegetationsfreien Erosionsflächen entstanden, die sich bis heute nicht verändert haben.*

Die Bilder 182 und 183 zeigen alltägliche Naturphänomene, die typisch für die Alpen sind und gegenüber denen der Mensch relativ machtlos ist. Dabei stehen die leicht erodierbaren Seesedimente von Bild 182 exemplarisch für zahlreiche leicht erodierbare Flächen im Gebirge (besonders weiches Gestein, Moränenablagerungen u. ä.); auch die Hangunterschneidung von Bild 183 ist ein typisches Phänomen und kann verschiedene Ursachen haben (Erosion von Lockermaterial, rückschreitende Eintiefung eines Wasserlaufs, Seitenerosion am Prallhang).

Die Alpen sind als junges Hochgebirge durch eine sprunghafte Dynamik vieler Naturprozesse geprägt (siehe Kapitel 2). Viele von ihnen besitzen eine solche Kraft und Gewalt und derart komplexe Ursachen und Wechselwirkungen, dass auch der moderne Mensch mit all seiner Technik ihnen hilflos ausgeliefert ist und sie bestenfalls nur marginal beeinflussen kann.

In dieser Beziehung sind aber die Alpen kein Sonder-, sondern der Normalfall: Nirgendwo auf der Welt hat der moderne Mensch die Natur oder Umwelt „im Griff", in den flachen Regionen der Welt ist es aber leichter, diese Realität zu verdrängen bzw. nicht wahrzunehmen; in den Alpen dagegen wird man fast tagtäglich mit der Nase darauf gestoßen. So betrachtet spielen die Alpen in Europa eine wichtige Rolle als ökologisches Frühwarnsystem, besonders was die so wichtige Umweltwahrnehmung betrifft.

Neben den großen dynamischen Phänomenen gibt es in den Alpen aber auch eine Vielzahl von mittleren und kleineren sprunghaften Naturprozessen, in die der Mensch schon früh mit dem Ziel eingegriffen hat, sie ihrer Sprunghaftigkeit zu berauben, um sich Lebensraum zu schaffen und zu sichern. Die traditionellen Bauerngesellschaften dachten und handelten dabei flächenhaft mit Blick auf die *gesamte* Kulturlandschaft, wobei die „richtige" Nutzung *aller* Nutzflächen die zentrale Rolle spielte (siehe Kapitel 3). Unsere moderne Gesellschaft zieht sich auch hierbei wieder aus der Fläche zurück und konzentriert sich auf ausgewählte kleine Flächen (Lawinenverbauungen) oder auf bandförmige Flächen (Querwerke an Bachbetten, Lawinengalerien an Straßen), weil alle diese Maßnahmen extrem teuer sind und daher nicht flächenhaft eingesetzt werden können. Dabei stellt sich aber die Grundsatzfrage, ob es überhaupt möglich ist, die Siedlungs- und Verkehrsflächen vor Naturgefahren zu sichern, wenn man die Verantwortung für die Fläche aufgibt.

Eine zweite Frage in diesem Zusammenhang stellt sich angesichts der hohen Kosten: Wenn es so teuer ist, den Wirtschafts- und Lebensraum Alpen vor Naturgefahren zu sichern, haben dann diese Standorte angesichts steigender weltweiter Konkurrenz in Zukunft überhaupt noch eine Existenzmöglichkeit? Dies betrifft zahlreiche Gewerbe- und Dienstleistungsbetriebe, die stärker mit der Weltwirtschaft vernetzt sind als mit den benachbarten Alpentälern, und dies betrifft die Wohnstandorte zahlreicher Pendler, die außerhalb der Alpen arbeiten. Es ist vorstellbar, dass das starke Wachstum von Bevölkerung und Wirtschaft in den letzten vier Jahrzehnten in den gut erreichbaren tieferen Lagen der Alpen aus Kostengründen schnell zu Ende geht.

▶ 183 *Tiefenerosion im Neraissa-Tal (September 1980). Wenn ein Berghang von unten her durch Eintiefung der Talsohle unterschnitten wird (Bild 182 zeigt die Ursache), dann bietet auch ein dichter Wald keinen Erosionsschutz mehr.*

Welche Zukunft für die Alpen?

184 *Die Gemeinde Campione d'Italia, 273 m, am Steilufer des Lago di Lugano; links der schweizerische Ort Pugerna, 472 m, oberhalb von Campione im Wald der schweizerische Ort Arogno, 606 m; im Hintergrund der Gipfel der Sighignola, 1314 m (September 1993). Der ausgeprägte Gegensatz zwischen der Verwaldung der Hanglagen und der Verstädterung der Ufergebiete wird hier noch durch die politischen Grenzen verschärft: Die Gemeinde Campione liegt als politische Insel mitten im Territorium der Schweiz, was die Ursache für eine besonders starke Wirtschafts- und Siedlungsentwicklung (Spielcasino) ist.*

Die Modernisierung der Alpen im Gefolge der Industriellen Revolution und der Globalisierung hat zur Folge, dass die traditionellen Kulturlandschaften mit ihrer dezentral-flächenhaften Siedlungs- und Landnutzungsstruktur aus den Alpen verschwinden. Das Grundprinzip der modernen Wirtschaft, eine Fläche entweder „richtig", also auf eine konkurrenzfähige Weise, oder gar nicht zu nutzen, prägt daher auch die Landschaftsentwicklung im Alpenraum, was einerseits zur Verwaldung und Entsiedlung, andererseits zur Intensivnutzung und zur Verstädterung mit Zersiedlung führt. Diese genau gegenläufigen Prozesse verzahnen sich teilweise sehr kleinräumig, wie die Bilder 184 und 185 zeigen.

Drückt man diese räumlichen Entwicklungen in Zahlen aus, dann sind 36 % aller Alpengemeinden mit 27 % der Alpenfläche und 59 % der Alpenbevölkerung im Jahr 1990 bereits verstädtert, während 33 % der Alpengemeinden mit 33 % der Alpenfläche und 11 % der Alpenbevölkerung große Bestandsprobleme aufweisen (von Arbeitsplatzverlusten bis hin zur völligen Entsiedlung). Nur noch 31 % aller Alpengemeinden mit 40 % der Alpenfläche und 30 % der Alpenbevölkerung sind heute weder Verstädterungs- noch Problemgebiete; hier haben sich häufig traditionelle Siedlungs-, Wirtschafts- und Kulturformen mit modernen Formen auf eine innovative und nachhaltige Weise verbunden.

Prognostiziert man auf der Grundlage des abgelaufenen Wandels die zukünftige Entwicklung der Alpen, dann kann man ziemlich eindeutig Folgendes feststellen: Die wirtschaftlichen und demographischen Probleme der Problemregionen werden sich weiter verschärfen und die Entsiedlung wird sich beschleunigen. Die verstädterten Gebiete werden weiter wachsen, wobei der Platzmangel in den Kernräumen Stagnation und Verdrängungswettbewerb (meist zu Lasten der einheimischen Wirtschaft) hervorruft, was den Druck in der Peripherie der Stadtregionen erhöht und die räumliche Ausweitung vorantreibt. Und der übrige Alpenraum wird im positiven Fall in die verstädterten Gebiete integriert, oder er wird im negativen Fall zur Problemregion.

Da durch die gegenwärtige Liberalisierung von Wirtschaft und Politik und den Rückzug des Staates aus zahlreichen sozialen Aufgaben (auch aus

der Berggebietsförderung) ein dezentral-flächenhaftes Wirtschaften und Leben noch zusätzlich verteuert und erschwert wird, dürfte sich der skizzierte Wandel in Zukunft sogar noch erheblich beschleunigen. Wohl schon im Jahr 2015, spätestens aber im Jahr 2020 dürfte es in den Alpen nur noch verstädterte *oder* Entsiedlungsgemeinden geben.

Direkt damit ist die Vervorstädterung der großen Alpenstädte verbunden: Im Laufe dieses Prozesses werden sie immer enger mit den europäischen Metropolen in der Nähe des Alpenrandes vernetzt, wobei sie wegen ihrer relativ geringen Größe immer mehr an Eigenständigkeit verlieren. Und am Ende werden Innsbruck, Bozen, Trient, Chur, Aosta usw. zu „Vororten" von München, Mailand, Zürich oder Turin, genauso wie immer größere Alpenregionen zu Wohngebieten der außeralpinen Metropolräume umgewandelt werden.

▲185 *Blick vom Monte San Salvatore, 912 m, nach Osten auf den Lago di Lugano, 271 m. Links die Ausläufer der Stadt Lugano an den Hängen des Monte Bre, ganz im Hintergrund (verschneit) links die Berge des südlichen Bergells in den Engadiner Alpen und in der rechten Bildmitte – jenseits des Lago di Como – die Bergamasker Alpen (September 1993). Der Gegensatz zwischen Verwaldung und Entsiedlung auf der Südseite (rechts) und Zersiedlung auf der Nordseite (links) ist hier sehr ausgeprägt.*

Auf diese Weise verschwinden die Alpen: Nicht in dem Sinne, dass die Berge und Gipfel verschwinden, aber so, dass die Alpen in die Einzugsgebiete der verschiedenen europäischen Metropolen zerfallen, von denen sie jeweils *direkt* dominiert werden. Diese Einzugsgebiete werden durch Entsiedlungsregionen voneinander getrennt sein, an denen niemand Interesse hat und in denen im besten Fall einige räumlich isolierte Tourismuszentren eine ortlose Scheinwelt à la „Heidiland" pflegen. Auf diese Weise wären die Alpen so vollständig in die europäischen Wirtschafts-, Gesellschafts- und Siedlungsstrukturen – als Peripherie, als abhängiger Raum – integriert, dass sie als (relativ) eigenständiger Lebens- und Wirtschaftsraum in Europa verschwinden.

Wenn *diese* Zukunft nicht erwünscht ist, dann ist es wichtig, sowohl den Prozess der Verstädterung als auch den der Entsiedlung zu bremsen und alle Formen eines dezentral-flächenhaften Lebens und Wirtschaftens gezielt aufzuwerten. Eine alpenweite Zusammenarbeit ist zum Erreichen dieses Ziels dringend erforderlich, damit einzelne Alpenregionen nicht gegeneinander ausgespielt werden können. Mit der „Alpenkonvention" gibt es dafür bereits die angemessene politische Struktur, die jedoch noch deutlich gestärkt werden muss.

186 *Der Talboden im Gasteiner Tal in den Hohen Tauern in 850 m Höhe zwischen den 6 km voneinander entfernten Orten Bad Hofgastein und Bad Gastein wird immer weiter zugebaut, sodass hier allmählich ein durchgehendes Siedlungsband zu entstehen droht (Juli 2001). Diese verbreitet anzutreffende Realität wird in vielen Alpenkalendern und Alpenbildbänden ausgeblendet, weil sie nicht in das vertraute Alpenbild passt.*

Die moderne Siedlungsstruktur der Alpen ist dadurch charakterisiert, dass sie sich auf die gut erreichbaren Tallagen und auf einige wenige, gut erreichbare Standorte im eigentlichen Hochgebirge konzentriert, die touristisch genutzt werden, und dass sie sich in Form einer chaotischen Zersiedlung abspielt. Auch wenn derzeit wohl erst 4–5% der Alpenfläche aus Siedlungs- und Verkehrsfläche bestehen, so ist dies die Nutzungsart, die mit großem Abstand das stärkste Wachstum in den letzten Jahrzehnten zeigt.

Diese modernen Strukturen zeichnen sich dadurch aus, dass sie jeden konkreten Alpenbezug verlieren: Die Siedlungsbänder in den Talräumen sehen in den Alpen genauso anonym, gesichtslos und austauschbar aus wie im übrigen Europa. Gleiches gilt für die Architektur der neuen Wohn-, Gewerbe-, Tourismus- und Verwaltungsgebäude, die nur in wenigen Ausnahmefällen zeitgemäße Funktionen und traditionelle Baustrukturen auf eine neue, innovative Weise zu verbinden suchen.

Auch die Wirtschaft im Alpenraum wird immer stärker durch hochspezialisierte Betriebe mit großer räumlicher Arbeitsteilung geprägt, die überall in Europa liegen könnten und deren Standort in den Alpen nur mit ihrer guten Lage und Erreichbarkeit im Europäischen Binnenmarkt, nichts aber mit der Nutzung irgendwelcher spezifischer Alpenpotenziale zu tun hat. Der gesellschaftliche Wandel, der mit dem wirtschaftlichen Wandel eng verbunden ist, führt auch in den Alpen zur Ausbildung von städtischen Lebensstilen, sodass sich der Alpenbezug der modernen Alpenbewohner nicht mehr von dem der Touristen und Ausflügler unterscheidet.

Selbst in der Landschaft geht die „alpine" Dimension zurück: In den großen und kleineren Alpentälern wird das Landschaftsbild immer stärker von der ausufernden Zersiedlung im Talboden und den verwaldenden Hängen geprägt, und in der Höhe sind die touristischen Zentren technisch inzwischen so stark aufgerüstet und ausgebaut, dass die Landschaft in den Hintergrund rückt.

Deshalb kann man feststellen, dass die modernen Siedlungs- und Wirtschaftsstrukturen eigentlich nicht mehr *in* den Alpen, sondern nur noch *an* den Alpen liegen und dass die Alpen im besten Fall die Rolle eines „weichen" Standortfaktors (unter vielen anderen) haben.

Wenn *diese* Zukunft nicht erwünscht ist, dann ist es wichtig, die zahlreichen Ressourcen und Potenziale des Alpenraums wirtschaftlich auf umwelt- und sozialverträgliche Weise zur Herstellung von Qualitätsprodukten zu nutzen (Grundlage für einen *inhaltlichen* Alpenbezug, der weit über einen Freizeitbezug hinausgeht) und in neuen Formen wieder eine Verantwortung für die Alpen als Lebens- und Wirtschaftsraum aufzubauen, die auch künftige Generationen mit einschließt.

187 *Der Ort Zermatt ist dank des Tourismus seit 1870 so stark gewachsen (1870 = 482, 2000 = 5500 Einwohner und knapp 20 000 Gästebetten), dass er inzwischen den gesamten Talboden ausfüllt, während die eigentlichen Bergregionen davon nicht betroffen sind (August 2003).*

188 *Blick vom Bantiger-Gebiet bei Bern auf die Berner Alpen mit Eiger, Mönch und Jungfrau (September 1991).*

Jede Zukunftsperspektive, die die Alpen zu „retten" versucht, indem sie sie von Europa und von der globalen Weltwirtschaft abzukoppeln oder abzuschotten versucht (Bild 188), ist zum Scheitern verurteilt.

Die Alpen waren bereits in der Phase der Agrargesellschaft stark mit der außeralpinen Wirtschaft und Kultur vernetzt, was häufig für beide Seiten von Vorteil war. Ab 1880 werden die Alpen als abhängige und periphere Regionen wirtschaftlich in die neuen Nationalstaaten industrieller Prägung integriert. Diese Integration und Abhängigkeit verstärkt sich noch ab 1965 und wird zugleich um die gesellschaftliche Dimension erweitert.

Die wirtschaftlichen Verflechtungen der Alpen mit Europa sind daher seit 1880 so eng, dass jeder Versuch einer Abkopplung der Alpen – z. B. durch Aufbau einer Selbstversorgerwirtschaft – zum schnellen wirtschaftlichen Zusammenbruch führen würde. Aber darüber hinaus wäre eine solche Abkopplung auch kulturell gar nicht erwünscht: Die Alpen waren in ihrer gesamten Geschichte nie ein isolierter Lebensraum, und der kulturelle Austausch wirkte sich in der Vergangenheit oft sehr bereichernd aus – dies gilt auch noch heute. Und drittens sind zentrale Probleme der aktuellen Alpenentwicklung so eng mit europäischen Problemen verbunden (z. B. Verkehrsbelastung, Rückgang der Landwirtschaft), dass räumlich isolierte Problemlösungen allein für die Alpen gar nicht greifen können.

Wenn die Abkopplung der Alpen von Europa keine Zukunftsmöglichkeit ist und wenn die Integration der Alpen in die neuen europäischen Metropolregionen zum „Verschwinden" der Alpen führt – was bleibt dann noch für eine Perspektive?

Die Leitidee der „ausgewogenen Doppelnutzung" könnte den Alpen eine Zukunft eröffnen: Für ein Leben in und mit den Alpen ist die wirtschaftliche Nutzung der Alpenpotenziale in umwelt- und sozialverträglichen Formen unverzichtbar (eine Nichtnutzung führte zu einem nur durch Freizeitinteressen oder durch Umweltschutz geprägten Alpenbezug, bei dem die Alpen beide Male ihre besondere Qualität als menschlich geprägte Landschaft verlören), aber sie besitzt den Nachteil einer geringen Wertschöpfung. Die mit Europa und der Welt eng vernetzten Wirtschaftsaktivitäten in den Tallagen der Alpen verfügen dagegen über den Vorteil einer deutlich höheren Wertschöpfung, aber den Nachteil des fehlenden Alpenbezugs. Wenn es einem Alpental oder einer Alpenregion gelänge, beide so unterschiedliche Wirtschaftsformen in ein ausgewogenes Verhältnis und in eine gewisse Gleichberechtigung zueinander zu bringen, und wenn es dann noch

189 *Blick von Beatenberg im Berner Oberland auf den Niesen, 2362 m (Februar 1992).*

möglich wäre, beide Wirtschaftsformen in Teilbereichen miteinander zu vernetzen, dann könnte es gelingen, die jeweiligen Vorteile zu stärken und die Nachteile zu reduzieren. Auf dieser Grundlage wären dann auch erste Schritte für den Aufbau einer gemeinsamen Umwelt- und Lebensraumverantwortung durch *alle* Akteure vorstellbar.

In politischer Perspektive bedeutet ausgewogene Doppelnutzung dagegen die tendenzielle politische Gleichberechtigung zwischen den Alpen und den europäischen und staatlichen Strukturen. Solange die Alpen nicht nach außen einheitlich auftreten, bleiben sie ein Spielball der starken Wirtschafts- und Gesellschaftskräfte im außeralpinen Raum, die ihre Interessen an den Alpen jederzeit durchsetzen können, indem sie eine Alpenregion gegen die andere ausspielen. Mit der Alpenkonvention verfügen die Alpen seit 1991 erstmals in ihrer Geschichte über eine politische Struktur, die ihnen ein einheitliches Auftreten in Europa ermöglicht. Zugleich sind diese politisch verfassten Alpen mit 190 000 km^2 Fläche und 14 Millionen Einwohnern so groß, dass sie in Europa nicht leicht übergangen werden können.

Da andere europäische Großregionen sich ähnlich wie die Alpen ebenfalls bereits eine eigene politische Struktur gegeben haben, um die gemeinsamen Probleme grenzüberschreitend besser lösen zu können (Nordsee-Konferenz, Ostsee-Konvention, Arktischer Rat u. a.), und da die Europäische Union Überlegungen für föderale Strukturen innerhalb der EU anstellt (noch als Minderheitsposition), wird die Möglichkeit denk- und vorstellbar, dass die Alpen eine von vielleicht zwölf europäischen Großregionen werden. Sie könnten dann zentrale Probleme ihrer Entwicklung eigenständig lösen, jedoch nicht in räumlicher Isolation, sondern in enger Vernetzung mit dem übrigen Europa.

Anhang

Bildnachweise

Der Großteil der in diesem Band abgedruckten Bilder stammt vom Autor. Darüber hinaus haben folgende Personen dankenswerterweise Bilder zur Verfügung gestellt:

Jörg Bodenbender (Eschenlohe): Bilder 1, 18, 24, 33, 62, 112, 117, 133, 143, 145, 152, 187 und Umschlagbild.

Erika Hubatschek (Innsbruck): Bilder 74, 97, 99, 101, 104. Diese Bilder stammen aus ihren Büchern „Bauernwerk in den Bergen" und „Bergbauern im Stubai", die zur Vertiefung sehr empfohlen werden, weil sie auf eine einmalige Weise traditionelle Kulturlandschaften in historischen Fotografien darstellen.

Gesellschaft für ökologische Forschung (München)/ Oswald Baumeister: Bild 17, 181/Wolfgang Zängl: Bild 135. Diese Bilder stammen aus dem Ausstellungskatalog „Schöne neue Alpen" (München 1998), der eine sehr interessante fotografische Gesamtaufnahme der Alpen entwirft.

Ulrich Hanzig (Erlangen): Bild 189 und S. 4.

Andreas Gensior (Elz): Bild 180.

Günther Seufert (Gemonio/Italien): Bild 134.

Die folgenden Bilder und Bildvergleiche sind im Rahmen von Examensarbeiten entstanden, die vom Autor betreut wurden:

Urs Frey (Soglio/CH): Bilder 45, 46, 76.

Lars Keller (Weilheim): Bilder 174, 175.

Markus Pingold (Erlangen): Bilder 156, 157, 169.

Eva Schneider (Meißenheim): Bilder 130, 154, 155, 165, 166.

Andrea Walter (Erlangen): Bilder 54, 55.

Literatur

Die folgende Zusammenstellung wendet sich an alle, die zum Thema „Landschaft Alpen" gern mehr wissen wollen und die leicht verständliche Bücher mit aufschlussreichen Fotos und Abbildungen suchen. Aus der unüberschaubaren Fülle an Alpenbüchern werden daher zum einen thematisch interessante Bild-Text-Bände ausgewählt, die eine Erweiterung und Vertiefung dieses Buches darstellen, und zum anderen allgemein verständlich geschriebene Einführungen in die Alpen. Als Ergänzung werden einige Wanderführer genannt, die es in besonderer Weise ermöglichen, in den betreffenden Alpenregionen die Landschaften genauer wahrzunehmen. Und wer mehr über die Alpen insgesamt wissen möchte, der sei – wenn es kurz und knapp sein soll – auf mein „Kleines Alpen-Lexikon" bzw. – wenn es etwas ausführlicher sein soll – auf mein Buch „Die Alpen" hingewiesen; dort finden sich auch viele Hinweise auf die einschlägige Fachliteratur.

Bätzing, Werner: Die Alpen – Geschichte und Zukunft einer europäischen Kulturlandschaft. Verlag C. H. Beck, München 2003, 431 S.

Bätzing, Werner: Grande Traversata delle Alpi. Der große Weitwanderweg durch die Alpen des Piemont. Rotpunktverlag, Zürich 2003, 4., aktualisierte Auflage, Teil 1: 184 S., Teil 2: 284 S.

Bätzing, Werner: Kleines Alpen-Lexikon. Umwelt – Wirtschaft – Kultur. Verlag C.H. Beck, München 1997 (Beck'sche Reihe 1205)

Bini, Gianfranco: Dort oben die Letzten. Edizioni Virginia, Pero/Mailand 1972, 500 S. (Nachdruck der italienischen Ausgabe „Lassu gli ultimi": Ivrea 2002)

Bodini, Gianni: Menschen in den Alpen. Arbeit und Brot. Rosenheimer Verlagshaus, Rosenheim 1992, 157 S. (ARUNDA Bd. 31)

CIPRA: 1. Alpenreport. Daten, Fakten, Probleme, Lösungsansätze. Verlag Paul Haupt, Bern/Stuttgart/Wien 1998, 472 S.

CIPRA: 2. Alpenreport. Daten, Fakten, Probleme, Lösungsansätze. Verlag Paul Haupt, Bern/Stuttgart/Wien 2001, 434 S.

Colombo, Alessandro/Garbuglio, Paola/Gianazza, Giampiero: Almen – Alpen – Bergdörfer. Bäuerliches Leben und Bauen in den Alpen. Tyrolia-Verlag, Innsbruck/Wien 1998, 472 S.

Donatsch, Peter/Pult, Chasper/Vieli, Rolf: Ikarus über Graubünden. AT-Verlag, Aarau 1995, 208 S.

Erhard, Benedikt/Pechtl, Willi: Menschen im Tal. Bilder und Berichte von kargem Leben. Haymon-Verlag, Innsbruck 1985, 174 S.

EURAC (Hrsg.): Lebensraum Alpen – Nationalparks in Geschichten und Bildern. Tappeiner Verlag, Lana/Bozen 2000, 228 S.

Frey, Urs: Alpine Kulturlandschaften zwischen Wandel und Erstarrung. In: Topos – European Landscape Magazine Nr. 6, 1994, S. 15–22

Giovanoli, Diego: Alpschermen und Maiensässe in Graubünden. Bäuerliche Bauten, Betriebsstufen und Siedlungsstrukturen außerhalb der Dörfer Graubündens von der frühen Neuzeit bis 1960. Verlag Paul Haupt, Bern 2004, 2. Auflage, 536 S.

Gorfer, Aldo/Faganello, Flavio: Die Erben der Einsamkeit. Reise zu den Bergbauernhöfen Südtirols (1975). Tappeiner Verlag, Bozen 2003, 307 S.

Groth-Schmachtenberger, Erika/Kleiner, Alfons: Bergbauern. Bilder aus vergangener Zeit. W. Ludwig Verlag, München 1991, 160 S.

Gruber, Herbert (Red.): Kulturweg Alpen. Zu Fuß vom Lac Léman ins Val Müstair. Limmat-Verlag, Zürich 1999, 382 S.

Gstrein, Franz Josef: Die Bauernarbeit im Oetztal einst und jetzt. Faksimile-Nachdruck der Erstauflage von 1932 mit einem Bild- und Textbeitrag von Erika Hubatschek. Verlag Dr. Hubatschek, Innsbruck 1995, 127 S.

Haid, Hans: Vom alten Leben. Vergehende Existenz- und Arbeitsformen im Alpenbereich. Rosenheimer Verlagsanstalt, Rosenheim 1986, 343 S.

Haid, Hans: Vom alten Handwerk. Rosenheimer Verlagsanstalt, Rosenheim 1991, 248 S.

Haid, Hans: Aufbruch in die Einsamkeit. 5000 Jahre Überleben in den Alpen. Rosenheimer Verlagsanstalt, Rosenheim 1992, 224 S.

Hamberger, Sylvia/Baumeister, Oswald/Erlacher, Rudi/Zängl, Wolfgang: Schöne neue Alpen. Eine Ortsbesichtigung. Raben-Verlag, München 1998, 241 S.

Hubatschek, Erika: Bauernwerk in den Bergen. Arbeit und Leben der Bergbauern in Bilddokumenten aus einem halben Jahrhundert. Verlag Dr. Hubatschek, Innsbruck 2000, 8. Aufl., 240 S.

Hubatschek, Erika: Bergbauern im Stubai. Von Neustift und seinen Bewohnern vor sechzig Jahren und heute. Verlag Dr. Hubatschek, Innsbruck 2003, 253 S.

Kos, Wolfgang (Hrsg.): Die Eroberung der Landschaft: Semmering – Rax – Schneeberg. Katalog zur niederösterreichischen Landschaftsausstellung 1992, Falter Verlag, Wien 1992, 655 S.

Kos, Wolfgang: Über den Semmering. Kulturgeschichte einer künstlichen Landschaft. Edition Tusch, Wien 1984, 207 S.

Maeder, Herbert/Kruker, Robert/Weiss, Hans: Landschaft Schweiz. Bedrohung und Bewahrung. Orell-Füssli, Zürich 1989, 191 S.

Maeder, Herbert/Kruker, Robert: Hirten und Herden. Alpkultur in der Schweiz. Walter-Verlag, Olten 1983, 211 S.

Messner, Reinhold: Berg Heil – heile Berge? Rettet die Alpen. BLV, München 1997, 191 S.

Nowotny, Peter: Alpwirtschaft. Die Entstehung unserer Kulturlandschaft im Alpenraum. Verlag für Heimatpflege, Kempten 1991, 139 S.

Rattelmüller, Paul Ernst: Bergbauernleben – Bilder einer vergangenen Welt. Verlagsanstalt Bayerland, Dachau 1996, 144 S.

Schneider, Wolf/Mangold, Guido: Die Alpen. Wildnis – Almrausch – Rummelplatz. GEO im Verlag Gruner + Jahr, Hamburg 1984, 360 S.

Seitz, Gabriele: Wo Europa den Himmel berührt – die Entdeckung der Alpen. Artemis-Verlag, München 1987, 238 S.

Stahr, Alexander/Hartmann, Thomas: Landschaftsformen und Landschaftselemente im Hochgebirge. Springer-Verlag, Heidelberg 1999, 398 S.

Stürzlinger, Gerhard: Kulturweg Alpen (Österreich). Pichler-Verlag, Wien 2002, 2 Bände, 344 + 376 S.

Stutzer, Beat (Hrsg.): Der romantische Blick. Das Bild der Alpen im 18. und 19. Jahrhundert. Bündner Kunstmuseum, Chur 2001, 155 S.

Werner, Paul: Almen. Bäuerliches Wirtschaftsleben in der Gebirgsregion. Verlag Callwey, München 1981, 220 S.

Werner, Paul: Der Bergbauernhof. Bauten, Lebensbedingungen, Landschaften. Verlag Callwey, München 1979, 221 S.

Winding, Norbert/Meszaros, Martin/Schlamberger, Michael: Die Alpen – im Reich des Steinadlers. Verlag Styria, Graz/Wien/Köln 2000, 240 S.

Winkler, Jürgen: Das andere Bild der Berge. Bergverlag Rother, München 2000, 144 S.

Wüthrich, Franziska: Lebenswelt Alpen – sehen, kennen, verstehen. Verlag Sauerländer, Aarau 2001, 286 S.

Zängl, Wolfgang/Hamberger, Sylvia: Gletscher im Treibhaus. Eine fotographische Zeitreise in die alpine Eiswelt. Tecklenborg Verlag, Steinfurt 2004, 271 S.

Im Frühjahr 2006 erscheint das Buch „Landschaftswandel im Oberallgäu und im Tannheimer Tal/Tirol" (ca. 150 Seiten mit zahlreichen Fotovergleichen), das die Ergebnisse eines Projektes der CIPRA-Deutschland, des Landkreises Oberallgäu und der Gemeinde Tannheim/Tirol präsentiert. Informationen darüber bei Werner Bätzing.

Zur Karte „Gliederung der Alpen in Gebirgsgruppen"

Es gibt bislang keine alpenweit einheitliche und anerkannte Gliederung der Alpen nach Gebirgsgruppen, sondern lediglich unterschiedliche Entwürfe aus nationaler Sicht: Der Deutsche und der Österreichische Alpenverein untergliedern aufgrund ihrer alpinistischen Tradition die Ostalpen zwischen Rhein und Enns ganz besonders stark und weisen im übrigen Alpenraum aber recht große Gebirgsgruppen aus; der Italienische und der Französische Alpenclub verfahren in „ihren" Alpengebieten ähnlich, während beim Schweizer Alpenclub die Kantonsgrenzen, also politische Grenzen, die oft auf Berggraten verlaufen, bei der Abgrenzung der Gebirgsgruppen eine wichtige Rolle spielen.

Deshalb wird hier der von Paul Zahn (Ottobrunn) erarbeitete Entwurf präsentiert, der die Gebirgsgruppen der Alpen nach einem alpenweit einheitlichen Konzept gliedert. Der Kerngedanke besteht darin, sog. „Knotenpunkte" festzulegen, an denen sich die beiden Systeme „Gratstruktur" und „Wasserläufe" schneiden. Nach dem gleichen Konzept können die einzelnen Gebirgsgruppen auch noch weiter in Untergruppen aufgegliedert werden.

Über die Definition der einzelnen Knotenpunkte (ihre Lage und ihre Zahl) kann und soll diskutiert werden; der Grundgedanke der Gliederung erscheint alternativlos.

Westalpen

Nr.	Gebirgsgruppe	km²	Höchster Gipfel	Hm
1	Ligurische Alpen	3600	P. Marguareis	2651
2	Seealpen (Var A.)	6700	C. d. Argentera	3297
3	Provenzalische Alpen	4000	Tete d. Estrop	2961
4	Cottische Alpen	5500	Monte Viso	3841
5	Aig. d. Arves-Gruppe (mit Thabor)	1910	Aig. d. Arves	3510
6	Chaine de Belledonne	1200	P. d. Belledonne	2978
7	Dauphiné-Hochalpen	3200	Barre d. Ecrins	4102
8	Nördliche Dauphiné-Kalkalpen	6400	l'Obiou	2790
9	Südliche Dauphiné-Kalkalpen	5100	M. Ventoux	1909
10	Östliche Grajische Alpen	4100	Gran Paradiso	4061
11	Vanoise (Westliche Grajische A.)	2110	Grande Casse	3855
12	Montblanc/Beaufort-Massive	1640	Mont Blanc	4807
13	Chablais-Alpen (mit Dents du Midi)	2200	Haute Cime	3257
14	Aravis und Bornes	2000	Pointe Percée	2752
15	Bauges (Cheran-A.)	1500	Pointe d'Arcalod	2217
16	Chartreuse	1600	Chamechaude	2082
17	Walliser Alpen	6500	Monte Rosa	4634
18	Ticino-Alpen (Lepontinische A.)	3770	M. Leone	3553
19	Urner Alpen	1330	Dammastock	3630
20	Emmentaler Alpen	1850	Brienzer Rothorn	2350
21	Berner Alpen	2800	Finsteraarhorn	4274
22	Freiburger Alpen	2400	Wildhorn	3248
23	Glarner Alpen	1780	Tödi	3614
24	Schwyzer Alpen	1400	Bächistock	2914
25	Appenzeller Alpen (St. Gallener A.)	1300	Säntis	2502
26	Adula-Alpen	2480	Rheinwaldhorn	3204
27	Luganer Alpen	2000	Camoghe	2228

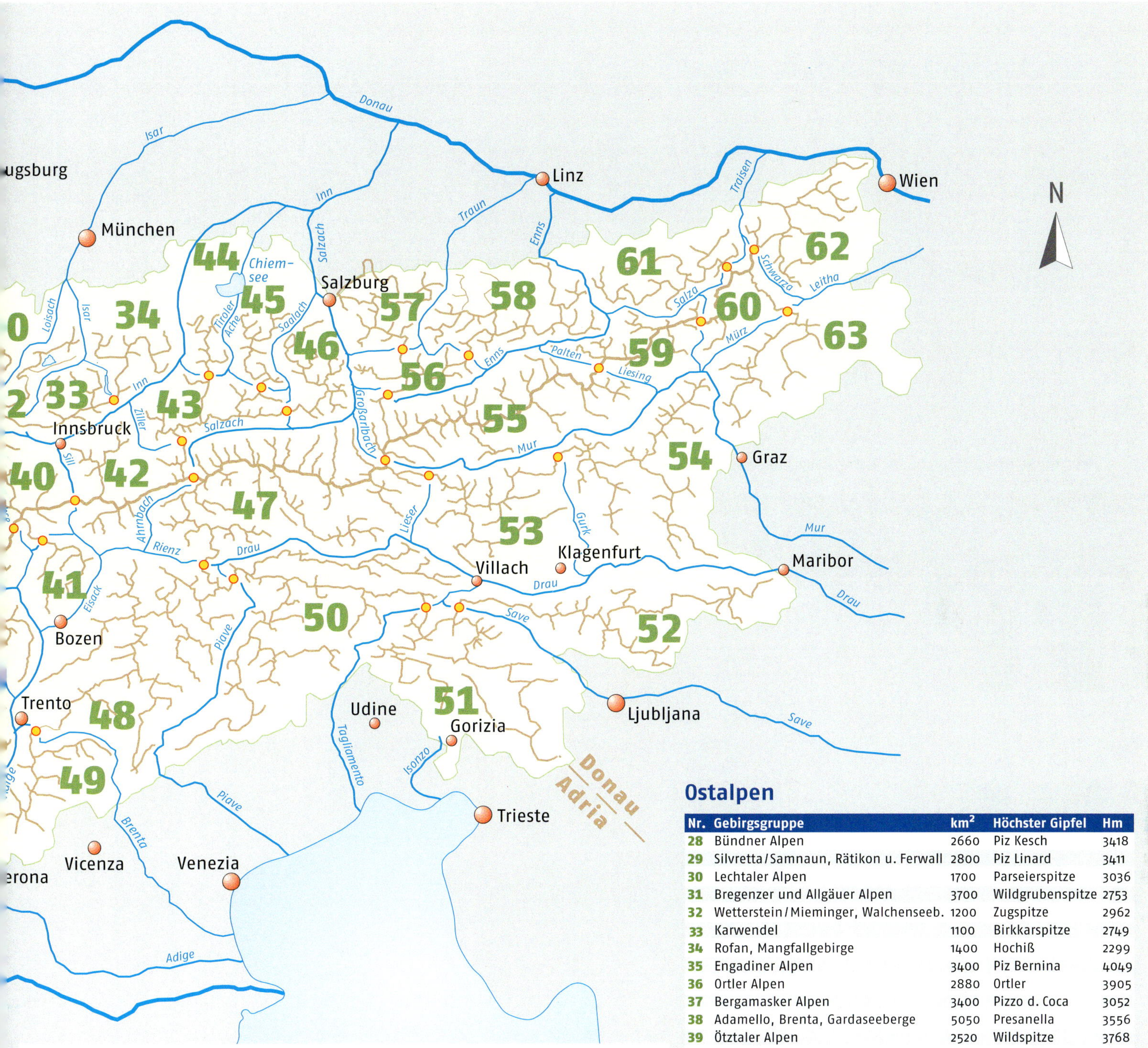

Ostalpen

Nr.	Gebirgsgruppe	km²	Höchster Gipfel	Hm
28	Bündner Alpen	2660	Piz Kesch	3418
29	Silvretta/Samnaun, Rätikon u. Ferwall	2800	Piz Linard	3411
30	Lechtaler Alpen	1700	Parseierspitze	3036
31	Bregenzer und Allgäuer Alpen	3700	Wildgrubenspitze	2753
32	Wetterstein/Mieminger, Walchenseeb.	1200	Zugspitze	2962
33	Karwendel	1100	Birkkarspitze	2749
34	Rofan, Mangfallgebirge	1400	Hochiß	2299
35	Engadiner Alpen	3400	Piz Bernina	4049
36	Ortler Alpen	2880	Ortler	3905
37	Bergamasker Alpen	3400	Pizzo d. Coca	3052
38	Adamello, Brenta, Gardaseeberge	5050	Presanella	3556
39	Ötztaler Alpen	2520	Wildspitze	3768
40	Stubaier Alpen	1730	Zuckerhütl	3507
41	Sarntaler Alpen	1100	Hirzer	2781
42	Zillertaler Alpen (mit Tuxer A.)	2460	Hochfeiler	3509
43	Kitzbüheler Alpen	1840	Kreuzjoch	2558
44	Kaiser-Gebirge, Westl. Chiemgauer A.	630	Ellmauer Halt	2344
45	Steinberge, Östliche Chiemgauer A.	1060	Birnhorn	2634
46	Berchtesgadener und Dientner Alpen	1440	Hochkönig	2941
47	Hohe Tauern	6010	Großglockner	3798
48	Dolomiten	6670	Marmolada	3343
49	Vicentiner Alpen	2600	Cima Dodici	2341
50	Karnische und Gailtaler Alpen	5900	Hohe Warte	2780
51	Julische Alpen	5000	Triglav	2864
52	Karawanken und Bacher Gebirge	5400	Grintavec	2558
53	Nockberge	3760	Eisenhut	2441
54	Lanvanttaler Alpen und Gleinalpe	4600	Zirbitzkogel	2396
55	Niedere Tauern	4560	Hochgolling	2862
56	Dachsteingebirge und Tennengebirge	1100	Hoher Dachstein	2995
57	Salzkammergutberge	1800	Gamsfeld	2027
58	Totes Gebirge und Nördl. Ennstaler A.	3000	Großer Priel	2515
59	Eisenerzer Alpen (mit Hochschwab)	1690	Hochtor	2369
60	Mürzsteger Alpen	1190	Heukuppe/Rax	2007
61	Türnitzer und Ybbstaler Alpen	2330	Hochstadl	1919
62	Gutensteiner Alpen und Wienerwald	2100	Klosterwappen	2076
63	Randgebirge östlich der Mur	2600	Stuhleck	1782

Um die Alpen nach einem alpenweit einheitlichen Konzept in Gebirgsgruppen einzuteilen (siehe dazu Seite 189), werden auf dieser Karte die Wasserscheiden oder Grate und die Wasserläufe dargestellt. Beide Systeme schneiden sich an ausgewählten Sattelpunkten (tiefe Pässe innerhalb der Grate) oder „Knotenpunkten". Mittels der Wasserläufe und ein bis vier Knotenpunkten kann dann eine Gebirgsgruppe sinnvoll abgegrenzt werden.

Um diese Karte übersichtlich zu halten, werden innerhalb der Alpen nur diejenigen Wasserläufe dargestellt, die zugleich Grenzen einer Gebirgsgruppe sind.

Die hier vorgestellte Unterteilung der Alpen in 63 Gebirgsgruppen stellt eine Möglichkeit dar, mittels Wasserläufen und Knotenpunkten die Alpen nach einer einheitlichen Methode zu untergliedern.

Alpenraum (Abgrenzung nach Alpenkonvention, leicht modifiziert durch Bätzing)

Knotenpunkt

12 Gebirgsgruppe mit Nummer

Über den Autor und die Konzeption dieses Buches

Werner Bätzing, geboren 1949 in Kassel, studierte nach dem Abitur zunächst Evangelische Theologie und Philosophie (1968–1974) und war dann sieben Jahre lang als Sortimentsbuchhändler, Buchhersteller und Verlagslektor tätig. Die Grundidee für die Text-Bild-Gestaltung pro Doppelseite dieses Bandes konnte so von ihm entwickelt werden. Seit 1977 beschäftigt er sich wandernd, fotografierend und analysierend mit den Alpen, zuerst in seiner Freizeit, von 1983–87 als Student der Geographie in Berlin, von 1988–95 als Assistent/Dozent in Bern/Schweiz und ab 1995 als Professor für Kulturgeographie in Erlangen. Neben seiner wissenschaftlichen Tätigkeit engagiert sich der Autor als wissenschaftlicher Berater der internationalen Alpenschutzkommission CIPRA und als Beiratsmitglied im internationalen Verein „Pro Vita Alpina".

Besonders intensiv studiert er den ablaufenden Wandel der Alpen in der Valle Stura di Demonte/Cottische und Seealpen des Piemont (Entsiedlungsregion) und im Gasteiner Tal/Hohe Tauern des Salzburger Landes (Tourismusregion); aus beiden Gebieten stammt ein maßgeblicher Teil der hier präsentierten Aufnahmen.

Der Autor hat in den Alpen Landschaften „sehen" und „verstehen" gelernt, wobei sich im Laufe der Zeit der Blick des Auges und der fotografische Blick wechselseitig gefördert und vertieft haben. Ziel seiner fotografischen Aufnahmen ist es, relevante Elemente und Teile der Landschaft so ins Bild zu setzen, dass ihre natürlichen und menschlich geschaffenen Strukturen und Veränderungen deutlich sichtbar und damit *direkt* wahrnehmbar werden. Im Gegensatz zu aktuellen Konzeptionen, bei denen fotografische Bilder bestimmte subjektive Stimmungen und Eindrücke hervorrufen oder – wie in der Werbefotografie – einfach nur die Aufmerksamkeit des Betrachters auf sich ziehen wollen, beansprucht die Ästhetik der hier abgedruckten Fotos keinen Eigenwert oder Selbstzweck, sondern dient dazu, das „Wesen" der Dinge auf eine sinnlich-eindrückliche Weise sichtbar zu machen („Gebrauchswert-Ästhetik") und damit das Verständnis für den ablaufenden Landschaftswandel zu fördern.

Diese Art und Weise des Fotografierens setzt eine bewusste Bildkomposition voraus, die berücksichtigt, dass das menschliche Auge anders sieht als der Fotoapparat. Da ein Normalobjektiv der Perspektive des menschlichen Auges am nächsten kommt, fällt es hierbei am leichtesten, diese wichtige Differenz zu übersehen. Die Kleinbildaufnahmen des Autors, die aus den Jahren 1977–2004 stammen, wurden daher sämtlich mit einem 35-mm-Weitwinkel- und einem 135-mm-Teleobjektiv, selten mit einem 300-mm-Teleobjektiv aufgenommen. Damit wird ein eher ungewohnter Blick auf die Landschaft gerichtet, der leicht zu übersehende Aspekte besser sichtbar machen und den Betrachter motivieren soll, die Landschaft aufmerksamer und aktiver wahrzunehmen und damit intensiver zu erleben.

Zusätzlich wurden die Legenden zu den meisten Bildern etwas ausführlicher gestaltet, um dem Betrachter dabei behilflich zu sein, die Strukturen und Veränderungen auf den Bildern zu entdecken. Immer wird bei den Bildern eine Reihe von Höhenangaben genannt, denn alpine Landschaften lassen sich nur dann angemessen verstehen, wenn man ihre Höhenlage – einer der wichtigsten Faktoren der alpinen Ökologie – kennt. Die konkrete Nennung von Gipfel-, Orts- und Gewässernamen soll es darüber hinaus ermöglichen, bekannte Täler und Gemeinden besser zu identifizieren; bei unbekannten Alpengebieten soll die Lust geweckt werden, diese vielleicht selbst einmal aktiv zu entdecken.

Kontakt:
Prof. Dr. Werner Bätzing,
Institut für Geographie der Universität Erlangen-Nürnberg,
Kochstr. 4/4, D-91054 Erlangen
www.geographie.uni-erlangen.de/wbaetzing
Auf dieser Internetseite gibt es Literaturhinweise zum Thema „Alpen", eine Link-Liste von wichtigen Alpenorganisationen sowie eine Publikationsliste von W. Bätzing mit einer Reihe von Downloads seiner Alpenartikel.